极度调查

告诉你一个『立体中国』

李斌 主编
新华社记者集体创作
张宿堂 作序

红旗出版社

图书在版编目（CIP）数据

极度调查：告诉你一个“立体中国”/李斌主编.—
北京:红旗出版社，2018.4

ISBN 978-7-5051-4633-4

Ⅰ. ①极… Ⅱ. ①李… Ⅲ. ①社会问题—社会调查—
中国 Ⅳ. ①D669

中国版本图书馆CIP数据核字(2018)第071455号

书　名	极度调查：告诉你一个“立体中国”		
主　编	李　斌		
出品人	唐中祥		
总监制	褚定华	责任编辑	张佳彬
出　版	红旗出版社	内文设计	柳淑燕
邮政编码	100727	地　址	北京市沙滩北街2号
编辑部	010-57274497		
发　行	北京华景时代文化传媒有限公司	电　话	010-83638551
印　刷	北京文昌阁彩色印刷有限责任公司		
开　本	690毫米×980毫米　1/16		
字　数	322千字	印　张	25
版　次	2018年5月北京第1版	印　次	2019年11月北京第5次印刷
ISBN	978-7-5051-4633-4	定　价	68.00元

作者谱

第一章 资本中国

新庄股时代

赵晓辉 刘诗平 潘清 刘开雄 陶俊洁 高亢 华晔迪 张辛欣

第二章 交通中国

叩问“高铁之国”

刘诗平 樊曦 齐中熙 苏晓洲 褚晓亮 阳建 吴昊 史卫燕 谢樱

第三章 网络中国

繁荣背后的忧思——中国电商痛点调查

李斌 王敏 高亢 王优玲 冯璐 潘晔 张遥 南婷 雷敏

中国开启“互联网+”时代大门

李斌 杨步月 李峥巍 高亢 叶健 黄筱 马晓澄 翟永冠 邓中豪
孟昭丽 张遥 徐冰

经济“黑马”，改变中国

崔俐莎 顾瑞珍 赵文君 郭宇靖 方益波 叶锋 高亢 萧海川 闫祥岭

第四章 生态中国

中国水安全形势调查

王宇　于文静　熊争艳　蔡敏　周楠　郭雅茹　吴锺昊　张炼　林晖　刘羊旸

第五章 健康中国

中国到了对癌症“宣战”的时刻吗？

李斌　李亚红　吕诺　顾瑞珍　胡浩　仇逸　吴晶晶　周婷玉　帅才

姚贝娜捐献眼角膜引发的调查

顾瑞珍　胡浩　李亚红　廖君　仇逸　帅才　王莹　朱旭东　杨梅菊　李思远　周畅　朱青

中医药：究竟处于黄金发展期还是低谷期？

李斌　杨步月　吴小军　吴晶　王思北　李亚红　王艳明　顾玲　岳冉冉　高皓亮　孙闻　刘奕湛　胡浩　陈尚营

第六章 乡村中国

确保贫困人口到 2020 年如期脱贫——扶贫调查

李柯勇　刘诗平　王清颖　王丽　周相吉　夏军　邹欣媛　梁军　杨洪涛　陈地　李亚楠　马姝瑞　侯文坤　李丹　林晖　谭飞　荣启涵

没有好的乡村教育，就不会有美丽乡村

袁汝婷　李亚楠　丁静　刘奕湛　王莹　顾瑞珍　李斌

探访健康乡村守望者

胡浩　王思北　董小红　高皓亮　彭卓　陈弘毅　帅才　顾瑞珍　李亚红

推荐语

中国是一个不断变化的复杂共同体。人人试图看懂中国，但中国发展之迅速，往往出乎人们的意料，让世界惊讶。《极度调查》无疑为读者提供了一个十分高效的工具，透过这本书，读者能够认识一个更加全面、真实、立体的中国。

——王传福（比亚迪股份有限公司董事长兼总裁）

当调查记者日渐成为“罕见物种”，而感性、表象、应景、碎片化的报道并不罕见时，我们需要警惕和反思。中国需要理性、真实、全面、立体、科学的调查和报道。《极度调查》就是“罕见物种”的产物，它从资本、交通、网络、健康等多个方面深刻而全面地告诉你一个真实的当今中国！我们期待这个“罕见物种”，成长为时尚的“优势物种”。

——汪建（华大基因董事长）

静水深流。喧哗的时代大潮，往往掩盖了经济社会发展的规律。从电商江湖到高铁社会，从活水中国到宣战肿瘤，《极度调查》一书揭示了事物背后的本质，展现了社会发展规律，告诉人们在健康、生态、乡村等方面我们究竟面临一个怎样的形势，当务之急应该做什么。

——姚劲波（58 集团董事长、创始人）

移动互联网时代，情绪表达容易过剩，事实呈现往往阙如。在优秀调查报道稀缺的当下，一群新华社新闻人，以专业水准、赤子情怀，奉献出这本《极度调查》，从资本、交通、网络、生态等方面，告诉你一个真实的中国。

——十年砍柴（文史作家、《财经》新媒体主笔）

真实是新闻的生命，追寻真相是记者的天职。一篇篇文章的背后，是这些可爱同事的专业、努力和担当，拨开迷雾，终见蓝天，让人感佩。他们，永远在路上！

——刘洪（“牛弹琴”微信公号创始人）

序言

让发现的眼睛更加明亮

张宿堂

中国，究竟是一个怎样的国家？

在历史上、现实中，不同人，也许有着不同的“印象”……

马可·波罗时代，中国是西方人眼中的乌托邦。

近代以来，中国人变成了西方人眼中的“东亚病夫”。

现在呢？尽管中国坚持改革开放，坚定不移走和平发展道路，稳居世界第二大经济体多年，还是有一些人戴着“有色眼镜”看我们这个东方大国、文明古国、社会主义大国，中国威胁论、中国崩溃论不绝于耳。

而放眼世界历史长河，一个国家尤其是一个大国的成长发展历程，都离不开挨打、挨饿、挨骂三个阶段。对中国来讲，伴随着站起来、富起来，到如今迈向“强起来”，挨打、挨饿的日子已经过去，但是“挨骂”的日子还没有结束……

究竟应该怎样看中国？《极度调查》就是这样一本围绕重大问题，通过深度调查乃至“极度调查”看中国、付出巨大心血形成的重大调研作品集：庄股魅影、高铁社会、电商江湖、经济黑马、大国水困、宣战肿瘤、中医之窘、贫困角落、教育天井……

对这类重大调研，我从来都是三句话：全要素、有思想、有影响。

全要素，就是公开、内参一起上，文字、图片和视频都要有，尤其是要有适应分众化、差异化趋势的新媒体作品。

有思想，就是要有思想的提炼、提升，要产生新的理念、新的概括，给人以思想上的启迪。

有影响，就是影响力标准，报道要对完善人们的认知、促进问题解决、促进经济社会发展产生推动作用。

《极度调查》中的一个个选题，都是经过我编辑乃至审定的，现在再看，当时的场景仿佛历历在目，对这些调研的深入程度、视野宽度、思想厚度、专业锐度和大家矢志不渝的那股劲头，我是掌握情况、感同身受的。那是一种信念，甚至是一种执念。

党的十九大报告提出："推进国际传播能力建设，讲好中国故事，展现真实、立体、全面的中国，提高国家文化软实力。"

怎样才能讲好中国故事，展现一个真实、立体、全面的中国？其途径又无外乎"四力"，即脚力、眼力、脑力和笔力。

要展现一个真实、立体、全面的中国，需要我们围绕一个主题，花相当长的时间，拼脚力，扎下去深入调研，使笔力成为有源之水。自媒体时代，也是谣言、传言动不动满天飞的时代，只有这种调研传统回归，才能形成和治国理政相适应的新闻品格和新闻力量。

要展现一个真实、立体、全面的中国，就要吃透"两头"，即上头和下头，既接"天气"，也接"地气"。只有点和面结合，上和下结合，眼力和脑力相结合，才能更加全面、辩证掌握情况，剖析问题，提出富有建设性的意见和建议。

要展现一个真实、立体、全面的中国，就要主动设置议题，对重大主题进行重点经营，唱响主旋律，弘扬正能量，在正面战场提升影响力。

让前行的步伐更坚定，让发现的眼睛更加明亮。

祝贺《极度调查》出版！

注：张宿堂，新华社副社长，高级记者。

前言

从“电商江湖”到“高铁社会”
——极度调查里的“立体中国”

李斌

“横看成岭侧成峰，远近高低各不同。”这是苏轼描述江西庐山的经典诗句。

一座山如此“各不同”，那么一个国家呢？一个国家有多少个“方面”？

毫无疑问，一个国家的“面孔”是复杂多元、多面立体的。

揭秘电商江湖、庄股魅影重重、高铁社会透视、经济黑马奔腾、贫困角落直击、聚焦教育天井、大国水困破局、肿瘤亟待宣战、中医之窘探问、器官捐献之惑……

从2014年起，在时任新华社国内部主任张宿堂同志和国内部部务会的直接领导下，我们新成立了一个以重大调研为主要任务的重大报道策划中心，由国内部副主任秦杰兼任主任，我和刘诗平、顾瑞珍、王敏、熊争艳、杨步月等一起组织新华社中央新闻采访中心、各个地方分社乃至海外分社记者，实施了一系列重大调研，展示一个“立体中国”：资本中国、交通中国、网络中国、健康中国、生态中国、乡村中国……值得一提的是，这些重大调研选题有许多是由领导直接点题，至少是要经过批准才能实施。

这些调研，我原来用一句话形容，就是“五度俱全，痛并快乐”。五度是高度、深度、锐度、长度和温度。每一个“度”都有特定的含义。站得高，才能看得远，高度，就是要站在习近平总书记的“高度”去想问题，要围绕着习近平总书记的“心事”展开调研；深度，是要通过调研总结出新的理念、新的概括，要有思想的冲击力；锐度，就是不回避问题，直面矛盾；长度，是要有一定的报道量，不局限于以往的篇幅；温度，就是要从人出发，写出感染力。

因为要“五度俱全”，所以每次重大调研往往一跑就是两三个月，这两三个月里，往往行程“万里”，披荆斩棘、夜以继日进行调查，苦思冥想、绞尽脑汁进行提炼。

“五度俱全”概括了这类调查的特点，但还不能“一目了然”，一听就明白；一般的词语，像“深度调查”，感觉也已经不足以形容从2015年开始的这一系列重大调研。想来想去，怎样用一个词就能形容这种调查？忽然有一天，“极度调查”这个词就从大脑里蹦出来了，让人眼前一亮。

什么是“极度调查”？都“极度”到什么程度？

——“极度调查”的第一面，是深入程度的“极度”。

有的调查，深入怒江峡谷，在陡峭的峡谷地带采访，耕地坡度竟达80度左右，几乎是“挂”在山上，有村民摔死，牛、马摔死更是时有发生。

有的调查，深入一个个偏远村落，有闻之令人色变的“麻风村”，有位于大山深处、只有一条蜿蜒十几里的山路通往外界的小山村，有位于四川省大凉山区深处的彝族极贫村庄，有贵州边远山村，那里还有不少茅草房……

有的调查，深入中国四家快递企业，即“三通一达”——申通、圆通、中通、韵达创始人的共同老家：浙西北山区的桐庐县钟山乡。

有的调查，深入采访电商企业、实体店和工商等部门，不偏不倚，全面客观反映，共同探讨“电子商务究竟是否进入寡头时代”，探讨“繁华的背后存在哪些隐忧”。

——“极度调查”，在于能听到一个个来自最一线、富有思想冲击力的声音。

这是一位全国人大代表的水安全忧思：“越研究越令人畏惧。”

这是一位“老铁路”的高铁梦：“用高铁把世界连起来。”

这是苏宁“掌门人”张近东带领企业向互联网化转型、试图火中“重生”的切肤感受：“改变才刚刚开始。”

这是阿里旗下菜鸟网络总裁的乐观预言：“中国一定会产生世界级的快递巨无霸。”

这是北京大学肿瘤医院院长季加孚不假思索回答：“对癌‘宣战’不言而喻！”

这是国务院扶贫办主任刘永富指出的方向：“让有限资源更精准指向贫困群众。”

这是山区教育“天井县”人们的呼吁：“盼望政策阳光更多照耀我们。”

这是传统村落保护“痴人教授”胡彬彬的心声：“我不想民族的家园也断壁残垣！”

…………

——“极度调查”，还在于丝毫不回避问题和旗帜鲜明的态度、富有建设性的建议。

面对股市“五大争议”，我们提出“搞活股市对推进转型升级至关重要”，呼吁“坚定市场化改革方向搞好搞活股市”。

面对“庄股”魅影，我们呼吁“斩断‘庄股’黑手”。

面对电商九大痛点，我们呼吁电商业须“刮骨疗毒”“让电商活力激活实体之水”。

面对“高铁究竟跑多快最科学”这一焦点问题，我们全面反映各方声音，从多角度诠释“设计时速350公里”恢复的必要性。

面对“快递中国”呼之欲出的现实，我们建议“养好快递业这匹‘黑马’”。

面对水危机，我们提出要用法治破解“多龙治水”之困，破解水困局，治水当提速。

面对凶猛癌情，我们强烈呼吁“打响肿瘤防控阻击战”，“推动肿瘤个体化治疗进入无创基因检测时代”。

面对歌手姚贝娜捐献眼角膜引发的热议，我们紧急展开调研，呼吁“别让器官捐献‘卡’在细节”上，要“让生命走得更远”。

——“极度调查”，还在于视野超越国界，调动起新华社在全球的报道力量，借他山之石以攻玉。

印度洋上，仅有2000万人口的斯里兰卡竟是全世界最大的眼角膜捐赠国，而其眼角膜捐赠网络是由一个个骑在摩托车上的乡村医生构成的，“每一任总统都捐献了眼角膜”，《2000万人口小国成为“世界之眼”的启示》给人以启示。

——“极度调查”，更在于影响力上的“极度”。

有的“极度调查”影响了中央决策，像“扶贫调查”直击贫困角落，建议以超常手段“攻坚拔寨”，为中央进一步了解贫困现状、制定精准脱贫政策提供了决策参考。

有的创造了新概念、新理念，如“高铁社会”“癌症旅馆”“锅底人群”“活水中国”等。

有的直面电商九大痛点，聚焦经济“电商化”之路，剑锋直指“电商寡头”现象，发稿时又恰逢工商总局和阿里爆发“大战”……

而这些，事实上都遵循了新华社主要领导对重大调研的要求：有思想、有影响。

——“极度调查”，还在于极力推动。

什么是极力推动？比如说，一次调查不够，就做两次。

“水危机”调查就是如此，2014 年年底我们就站在水安全的角度做了一次“叩问水危机”的调研，披露“全国水源地水质逾一成未达标”的事实，揭示水危机这个“心腹之患”的严重性，提出“守护水安全，是当代每个人必须肩负的重大责任，任务艰巨、光阴紧迫”，呼吁“以最严格的水资源管理制度和踏石留印的劲头保护、开发、利用好现有水资源，实现天蓝、地绿、水净的美丽中国目标”。

时隔一年多，2015 年年末，在张宿堂同志要求并直接参与下，我们再次启动“水安全”调研，在水利部召开座谈会，倾听专家意见，记者奔赴全国多地，走近水困角落的“锅底人群”，直面中国“水困局”，披露“大水漫灌”的水浪费现象无处不在，呼吁重塑中国“水战略”……

乡村扶贫、乡村教育、乡村医生……“乡村中国”的连续调研也是如此。

盯住一个领域，“咬住”重大问题，长期进行跟踪调研，直到推动进步。这是使命，也是宿命……

——“极度调查”，还体现在身心的极度疲惫。

每次重大调研，从策划、立项、调研、成稿、提炼修改、再研讨、最终定稿的全过程，往往历时一两个月，连续作战，全力投入，参与者尤其是牵头者往往像脱了一层皮。极度疲惫，也许是“极度调查”另一个角度的诠释。

作为记者，就应该是政策主张的传播者、时代风云的记录者、社会进步的推动者、公平正义的守望者。从“极度调查”的深度、影响力等角度讲，这是一部调研作品集，又超越了作品集。

爱之深，责之切，呼之也切。

习近平总书记曾经强调，在全面对外开放的条件下做宣传思想工作，一项重要任务是引导人们更加全面客观地认识当代中国、看待外部世界。

当代中国，究竟是一个怎样“多面立体”的国度？

这是一个既有发达的东部地区，又有极度贫困角落的中国。

这是一个正在建设“健康中国”而肿瘤发生形势异常严峻的国度。

这是一个“发展起来以后”的问题依旧不少，却在以习近平同志为核心的党中央带领下充满自信、坚定迈向民族复兴的东方大国。

…………

中国特色社会主义进入了新时代。

“新时代中国特色社会主义的航线已经明确，中华民族伟大复兴的巨轮正在乘风破浪前行。在这艘巨轮上，每一份力量都不可或缺。时间不等人！我们必须走在时间前面，成为时代的弄潮儿。我们坚信，有中国共产党掌舵领航，有中国改革发展的浩荡东风，有全国各族人民扬帆划桨，中华民族伟大复兴的巨轮一定能够抵达光辉的彼岸。”

时光的列车，已经驶入 2018 年——就在 2017 年 12 月 29 日上午，全国政协新年茶话会上，习近平总书记的讲话铿锵有力，掷地有声！

一千个人头脑中，有一千个哈姆雷特。

期待你走进这本小书，跟随我和我的同事们一起到大江南北、长城内外，走进山寨乡村、医院企业，认识一个个鲜活的生命，认识一个更加全面真实的中国——一个“立体中国”，认识世情国情的复杂性、任务使命的艰巨性……

用脚步丈量中国，用笔和镜头记录、推动历史。让我们共同努力，推动“立体中国”变身“多彩中国”！

行文最后，还要再次追问：究竟什么是“极度调查”？

极度深入，极力采访，极度鲜明，极力推动，极大影响，极度疲惫……这，就是极度调查！

是为记，以纪念那几年紧张而又忙碌、充实而又疲惫的调研岁月、战斗时光。

注：李斌，新华社北京分社副社长、总编辑，高级记者。著有《二探北极》等书，主编有《领跑力：企业、城市和国家的引领之道》等书。

目录

第一章

第二章

第四章

第五章

第六章

后记

第一章
资本中国

新庄股时代

导言 “庄股”身影，像幽灵一样在股市上空游荡

“庄股”身影，像幽灵一样在股市上空游荡。操纵股价，正在成为这个市场上“财富再分配”的重要方式。

中国的流动性充裕甚至泛滥，加上监管不力等因素，导致股市成为投机者的天堂：2014 年新一轮牛市来临时的情形就是如此——“在市场活跃度提升的同时，很多股票无厘头上涨，换手率惊人，‘庄股’身影频频闪现。”

异常的资本运作和股价操纵成为中国股市的一颗毒瘤。然而，市场上的操纵行为仍或明或暗存在，严重危害股市的健康发展。

2014 年 11 月，新华社记者经过深入调研，剑锋直指“新庄股时代”：在具体描述“上海新梅”和“永泰能源”两只股票的大规模换手和股价异动现象后，就股价离奇的股票和各种概念股、新题材、新玩法进行了分

析，如并购重组失败概念股、故弄玄虚的“科技”题材股、越减持越涨的股票、“摇身一变”的改名族，并尖锐指出，这些毫无基本面支撑的股票之所以动辄连续涨停，源于背后的操纵者“翻手为云，覆手为雨”。

作者还将当前在市场上较为常见的坐庄操纵分为三大类型，即内外勾结型、投资者主导型和上市公司主导型。

专家甚至做出“A股已经重回‘庄股’时代”的判断：“一个直观的表现是：市值大小几乎成为当前市场影响股价涨跌的决定性因素，而概念、题材不过是机构操纵、拉升股价、吸引散户跟风的道具而已。”有人甚至直指A股市场是“大魔小魔共舞的名副其实的‘新庄股时代’”。

作者指出，A股市场的坐庄操纵行为，不仅导致市场配置资源功能的扭曲，而且最终危害的正是中小投资者的利益，是市场的“三公”——公平、公正、公开。由于信息不对称、资源不对称，在证券市场这条食物链上有高端和低端，有虎豹豺狼和小绵羊，而散户无疑正处于食物链的低端。通过“操纵”，庄家的坐庄收益成为散户的投资损失，财富从散户转移到庄家。

作者大声疾呼：中国股市的健康正受到市场操纵等违法违规行为的危害。这些行为不仅扰乱市场秩序，更让股市的功能难以有效发挥。中国股市需要“法治信仰”，厉行法治使其更加健康运行：再好的法律，如果执行不到位，则形同虚设，难以让人“心生敬畏”。如果执法不严，法律丧失威慑力，面对股市上巨大的利益，有人就会铤而走险。

2014年11月，“新庄股时代”，折射出了一个“多面股市”、复杂股市，成为“立体中国”的有机组成部分。

中国股市“庄股”身影频繁闪现

2014年以来，低迷多年的中国股市呈现出喜人的活跃景象：市场人气积聚，股指节节攀升，股价翻番的股票不在少数。然而，在市场活跃度提升的同时，很多股票无厘头上涨，换手率惊人，“庄股”身影频繁闪现。

从“赛马会”消息真假之间带来的赛马概念股过山车行情，到虚实难辨的并购重组概念股，再到改个名字就能拉几个涨停的“改名概念股”，很多股票异动的背后都有资本运作的影子，难逃操纵嫌疑。

十多年前，德隆系、亿安科技、中科创业等多只大庄股倒塌，似乎为“庄股时代”画上了句号。随后进行的股权分置改革，更让全流通时代的操纵难以实现。然而，记者调研发现，一个不容忽视的事实是：市场操纵从未离开过股市，只是在关注度低、人气低迷的熊市中不那么凸显。

在新的市场形势下，坐庄改头换面，重新横行市场。与“老庄股时代”不同的是，新的坐庄手法更加隐蔽，参与者更加分散，查证更加困难。不过，一个明显的共同特征是高换手率。

统计显示，2014年，创业板平均换手次数高达11.08次，很多股票日换手率为40%甚至50%，这意味着一天之内近一半股票完成换手。

“高换手率是坐庄的一个典型特征，庄家为了吸引散户跟风，通过自买自卖对倒操作，制造价涨量升的走势。”深圳紫金港投资管理有限公司首席研究员陈绍霞说，如果没有庄家操纵，仅有散户参与，很难出现如此高的换手率。

这场资本游戏中，玩家有上市公司，有大股东，有私募，有民间游资，也不乏券商、基金等机构的身影。这些拥有资金和信息优势的群体，或联手，或单独，策划出一个个动人的故事，吸引着人数众多的散户，从中获取不菲收益。

在这场资本游戏中，的确有一些“货真价实”的公司受益，也有一些“幸运”的小股民搭了顺风车。“可是，总体来看，短期操纵炒作带来的上涨缺乏基本面支撑，最终让股市成为‘财富再分配’的场所。”中央财经大学教授鲁桂华说。

魅影重重：中国股市操纵调查

2004 年左右，随着“最后一个强庄”德隆系轰然倒塌，加上股权分置改革带来的股票全流通，市场一度作出“中国股市将告别庄股时代”的乐观判断。到 2014 年，中国股市的制度进步不言而喻，法治也在不断加强，然而操纵行为却如影随形，从未离开。

2014 年以来，伴随着市场人气回升，股市操纵再度凸显，“庄股”身影频繁闪现，严重危害股市健康。

若隐若现的“操纵之手”

2014 年 6 月 13 日，星期五，在公开信息没有任何利好的情况下，股价徘徊多日的“上海新梅”突然涨停，而当天该股票所在的沪市股指仅上涨 0.93%。

“巧合”的是，一篇专访稿件在随后的第二个交易日被广泛转载。其中，正与“上海新梅”实际控制人进行股权争斗的大股东之一——上海开南相关负责人详细阐述了拟对上海新梅进行“资产重组”和转型的规划蓝图。

在 6 月 13 日、16 日、17 日 3 个连续交易日中，上海新梅持续暴涨，涨幅累计达 20%。与此同时，股票换手率从平时的 1% 左右蹿升到 16 日的13.24%和17日的9.73%，一些证券营业部出现大额集中交易。

“是否有某些力量在主导股价的上涨？先低位进货，然后通过各种方式透出重组等消息，吸引散户跟进，再高位出货，这已经成为当今A股一个典型的操纵手法。”中央财经大学教授鲁桂华说。

实际上，早在2013年七八月份，上海新梅就曾显示出被操纵的痕迹。记者获得的一份资料显示，由上海某集团实际控制的6家公司分别买入、卖出、再买入上海新梅股票。在这样的操作下，上海新梅股价从2013年7月1日收盘价的3.88元连续上涨到8月30日的5.56元，涨幅达43%。

在随后的2013年11月6日至21日，法定代表人一致的上海两家公司，一家不断减持，一家同步增持，在双方进行股票交易的大部分交易日中，减持股份数和增持股份数基本相当。

“作为两家关联企业，这两家公司的上述行为涉嫌在实际控制的账户之间对敲、对倒股票，操纵上市公司股票价格。”北京问天律师事务所律师张远忠说。

在2014年的A股市场，类似上海新梅的股价异动屡见不鲜。

2014年7月24日，一则所属公司项目区域内“初步勘查页岩气储量2000亿立方米”的重磅利好，让股价趴在2.3元左右长达月余的“永泰能源”犹如火箭般上升。从7月23日收盘的2.74元到8月18日的5.62元，16个交易日股价翻番。

与上海新梅类似，在经历2014年7月24日、25日两天涨停后，永泰能源从7月28日开始出现大规模换手，当日换手率达到20%，7月30日上海证券交易所发出风险提示。这只股票在股价翻番上涨的16个交易日中，有7个交易日换手率超过20%。

探明巨量页岩气储量的股价上涨理由看似合理，然而问题在于储量是否符合事实，能否给公司带来效益。相关页岩气专家指出，无论是永泰能源勘探公告的发布，还是对公司“资产增值”的判断，都不科学、不严谨，永泰能源的“发现”还处在“自我发现”阶段，尚未见到国家权威机构对其成果的确认。可公司在公告中还特别说明：“该项目将对公司的资产增值产生较大影响，成为公司未来的效益增长点。”

更让人无法不产生联想的是，业绩不佳且背负巨额债务的永泰能源正在进行资本运作，在“页岩气公告”后不到3个月内，先后提供4次担保帮助关联企业融资，并拟非公开发行募资不超过100亿元。

“很难想象，一个专业做能源的公司不了解页岩气勘探的难度和成本。公司如此匆忙而有倾向性地发布利好，是否与资本运作密切相关？这其中是否存在‘信息操纵’的嫌疑？”张远忠说。

在各类有“操纵”“炒作”嫌疑的股票中，“小”成为一个共同点，也是被操纵者看中的主要原因。

根据深圳紫金港投资管理有限公司首席研究员陈绍霞的统计，截至2014年9月30日，A股市场股价涨幅前十的股票中，4家为创业板，1家为中小板，5家为主板股票。

“这些股票有4家2014年中期业绩亏损，市值小是其共同特征，2014年年初总市值都在100亿元以下，其中8家公司年初总市值小于50亿元。”陈绍霞说。

分析显示，这些股票大多有重组、并购或高送转题材，表明小盘股的大幅上涨，并不都是基于其盈利能力和成长性，更多是基于各种概念、题材的炒作，其暴涨和高估值，不排除是机构坐庄、操纵股价的结果。

令人费解的上涨

盘点2014年以来的股市，不难发现股价离奇的股票并不在少数，各种概念股、新题材、新玩法俯拾皆是。

——并购重组失败概念股。并购重组带来股价上涨不稀奇，稀奇的是失败之后依然涨停：因筹划重组而停牌的中小板公司“兔宝宝”在2014

年 8 月 18 日公告终止重组之后，公司股票当天复牌后涨停，换手率为 6.95%；第二天再次涨停，换手率为 20.98%。

分析人士认为，并购重组是一段时间以来 A 股炒作的热点，虽然重组失败，但暴露了重组预期，一些主业明显呈现颓势或市场估值低的个股，在“重组仍会继续”的预期下，仍易成为炒作操纵的对象。

——故弄玄虚的“科技”题材股。在经济转型期，新经济无疑是未来的发展方向，一些前沿科技类股票由此备受青睐，由此引来浑水摸鱼者。

自 2014 年 6 月开始，石墨烯板块异军突起，招商证券数据显示，该板块指数从 946 点涨至 2014 年 10 月 9 日的 1359 点，不到 4 个月的时间内涨幅达 43%。对此，研究石墨烯的权威专家质疑道：“石墨烯的开发和应用离工业化仍有很长的路要走，从论文到工业化转化，至少需要 30 年以上，如此涨法难免泡沫。”

——越减持越涨的股票。大小非减持，在 A 股市场曾长期被视为洪水猛兽。然而，2014 年以来，众多小盘股大小非减持，股价却不跌反涨。以“中超电缆”为例，2014 年 8 月至 9 月间，其大股东先后 8 次减持，减持数量占总股本的 24.98%。如此大规模减持之下，其股价却由 7 月末的 8.75 元涨至 9 月末的 11.59 元，涨幅高达 32.5%，远高于同期中小板指数涨幅。

“大小非越减持，股价涨得越高，这显然有悖常理。不排除一些上市公司大股东与市值管理公司联手坐庄、操纵股价，以实现高位减持的可能性。”陈绍霞说。

——“摇身一变”的改名族。如果实在没有题材炒作，改改名字同样能带来股价的上涨。根据交易所公开资料，＊ST 天龙更名为“山水文化”后，从 2014 年 3 月 26 日公告更名至 2014 年 6 月 11 日，股价涨幅 143%，换手率 421%。“绿大地”2014 年 7 月 10 日更名为“云投生态”，迎合市场生态环保热点，到 2014 年 9 月 15 日股价上涨 30%，区间换手率达 106%。

“盘点这些走势异常的股票，高换手率是一大特点。而高换手率是机构坐庄的一个典型特征，庄家为了吸引散户跟风，通过自买自卖对倒操作、制造价涨量升的走势，成交量大幅提高。”陈绍霞说。

谁是背后的力量

这些毫无基本面支撑的股票，动辄连续涨停，背后的操纵者可谓“翻手为云，覆手为雨”。那么，究竟是谁有这么大的能量？他们依靠的又是什么？

“股权分置改革之前，横行市场的庄家大都是几个资金实力雄厚的机构或个人，现在操纵者的组成更加分散而复杂，可能是上市公司、机构或者大户，是一种新型的‘信息操纵’。”鲁桂华说。

一位有着近 20 年资本市场从业经历的人士说，10 年前的庄股，可简单概括为“蛮庄”，单独或联合坐庄的机构相对大但数量少。最常见的“坐庄”手法，是利用资金优势控制有限的流通股市场价格，一些股票的控盘比例甚至高达 70%。

2014 年，在监管层对拖拉机账户、对敲等行为严厉打击下，坐庄的技术含量更高，形式也更隐蔽。“近些年的庄股，可以称之为‘阴庄’，联合坐庄的机构相对小但数量多，参与人数众多且分散，以‘信息操纵’为主。”上述资本市场人士说。

在市场上较为常见的坐庄操纵大致可分为三大类型。

——内外勾结型。“拥有大量低成本股票的部分上市公司股东与有实力的投机者形成利益同盟，上市公司运作炒作题材或利好，投机者负责借题材操纵股票价格，配合上市公司股东减持，吸引中小散户入场。”英大证券研究所所长李大霄说。

他认为，近一年来火热的并购重组很多看似是向新兴产业转型，或美其名曰“产业链整合”，但很多难以带来协同效应，主要就是为了制造炒作题材，引发股民对其股票的追捧。这其中，一些上市公司扮演了合谋的角色。

——投资者主导型。一些“盘子小、机构少”的股票往往成为此类操纵的目标。

“股吧、网站、微信等新媒体群，都可能成为操纵者合作的对象，他们通过多种渠道诱导股民投资事先埋伏好、并已出现快速上涨行情的股票，待受骗股民入市时逢高派发。”李大霄说，这一现象较突出，也较易界定。此类操纵中，往往不乏私募机构和大户的身影。

——上市公司主导型。一些上市公司为了“大股东脱困”散布虚假信息，有意识地公布利好、回避风险披露，或通过“改名”等噱头，吸引散户，拉抬股价，最终解决大股东的资金难题或直接套现。

“可以说，现在股市的庄家，有点儿‘潜伏’的意思。”有着20年左右股票投资经验的陈绍霞说。

A股进入“新庄股时代”？

“庄股”身影，像幽灵一样在A股市场上空游荡。操纵股价，正在成为这个市场上“财富再分配”的重要方式。

“一个直观的表现是：市值大小几乎成为当前市场影响股价涨跌的决定性因素，而概念、题材不过是机构操纵、拉升股价、吸引散户跟风的道具而已。”陈绍霞甚至做出“A股已经重回‘庄股’时代”的判断。

一位上海私募界人士更直指，当前的A股市场是“大魔小魔共舞的名副其实的‘新庄股时代’”。

“‘庄股时代’从来就没有结束过。”北京聚锐投资管理中心总裁张向阳说，“和股权分置改革之前的庄股时代相比，现在的股价操纵、坐庄，本质上没有区别，只是当年可以明目张胆，现在更加隐晦，操作技术和手段有所提高。”

“如果抓得严一些，监管力度强一些，执行力度大一些，加上大盘环境不好，他们会显得相对‘老实’。不过，一旦有环境并出现机会，立刻就会死灰复燃。”张向阳说。

也有人对此并不认同。华鑫证券投资总监仇彦英说：“不应该看到股价上涨突出就理解为‘庄股’或者股价操纵，毕竟在成熟的欧美市场几乎每个交易日都有股价翻倍，甚至更大涨幅的股票出现。”

“在有真实题材的情况下，在公平信息披露的前提下，理论上证券市场可以容忍‘适度投机’，成熟市场也存在此类投机，但绝不能触碰公平、公正、公开的‘三公’底线。”前述上海私募界人士反驳。

有人认为，A股经过七八年熊市之后，市场人气好不容易积聚，对操纵的适度容忍有利于活跃市场。对此，张远忠说：“这就好比说‘适度腐败有利于搞活经济’一样，这样的逻辑是不对的。如果任由操纵活跃下去，将后患无穷。”

实际上，A股市场的坐庄操纵行为，不仅导致市场配置资源功能的扭曲，而且最终危害的正是中小投资者的利益，是市场的“三公”——公平、公正、公开。

“由于信息不对称、资源不对称，在证券市场这条食物链上有高端和低端，有虎豹豺狼和小绵羊，而散户无疑正处于食物链的低端。通过‘操纵’，庄家的坐庄收益成为散户的投资损失，财富从散户转移到庄家。”鲁桂华说。

勿让“坐庄毒瘤”妨害股市秩序和经济运行

公平有序、诚实守信是市场健康运行的基石，也是市场生存发展的必要条件，股票市场也不例外。在股市中，通过坐庄操纵市场、操纵股价，从中获取非法利益，好比一颗寄生在股票市场肌体的毒瘤，既直接危害市场的健康，更损害广大中小投资者的利益。若任其发展扩张，股市终将变得“气若游丝”，为广大投资者所抛弃。

长期以来，A股市场或明或暗存在着坐庄谋利行为，从而为人所诟病。虽然近年来监管机构加大了打击力度，但沉疴难治，坐庄操纵行为沉渣泛起。合谋串通、恶意操纵、关联交易、散布虚假信息，不一而足。尽管随着现代网络通信技术的进步，操纵手段变得更加隐蔽和复杂，但万变不离其宗，无非是利用信息不对称，利用一方的资源优势、信息优势，行欺骗广大中小投资者之实，达到攫取不义之财的目的。

资本市场可谓整个经济的“活水”，在引导资金流向，促进经济发展中扮演着至关重要的角色。我国经济持续快速发展，某种程度上也得益于逐步完善的资本市场体系。一个健康的资本市场，尤其是股票市场，对提高直接融资比重、完善市场经济体制，促进中国经济加快从要素驱动向创新驱动转型至关重要。在中国经济进入“三期叠加”和转型发展的关键阶段，一个健康的资本市场，更是推动经济持续健康发展的客观需要。

正是在这个意义上，必须高度重视魅影重重的庄股，建立完善的制度体系，打造既有质量又规范健康的股市生态。

党的十八届三中全会提出了完善金融市场体系、落实金融监管改革措施等要求。党的十八届四中全会提出全面推进依法治国。在作为中国经济“活水”的资本市场中，法治金融建设既是社会主义市场经济的需要，也是“法治中国”建设的重要内容。

2014年下半年，股票市场人气上升、交投活跃，一改较长时间以来死气沉沉的局面，从一个侧面反映了投资者对我国经济和改革的信心，股市生态也显现出改善的迹象。这个良好的状态理应为各方所爱护、所珍惜，如果庄家继续弄市，市场的本质功能无法校正，投资者终将失去信心，用脚投票，市场的生机也终将被扼杀。

市场的活力源自投资者信心，而投资者信心源自对市场的信任。要保持市场的活力，必须警惕和解决庄股操纵问题，必须强化监管，保持高压态势，让违法者付出沉重的代价，得到应有的惩罚。

“庄股”魅影下的股民众生相

在股票市场的利益链条上，股民是至关重要的一个群体。面对每天发生的那些蹊跷的大涨大跌现象，他们或因“有门路”而成为受益者，或在盲目跟风中饱受损失。在这个躁动的市场中，能够保持定力坚守价值投资的，也不乏其人。

“一度浮亏幅度达到 27%。”提起W股在 10 余个交易日里的暴跌暴涨，炒股多年的老周依然记忆犹新，他在 7 月中旬追高进了不少W股。

出人意料的是，在基本面没有明显利空的情况下，这只体育行业的题材股，毫无征兆地连续 3 天跌停，接下来，则是延续近 10 个交易日的拉涨，其中数个交易日出现涨停，触及某个点位后，又开始缓慢回落……

浸淫股市多年的老周并不甘心。通过一些渠道，他了解到，W股大落大起背后，是分别来自基金和游资的两个庄家在轮番坐庄：三个跌停板后，游资在低位接手，接下来几个交易日将股价拉回相对高位，此时，游资开始出货，股价大幅震荡之下，受损失的都是散户。老周则在游资拉涨的第一个涨停中“出货”：“赔了不少”。

好在接下来的Y股，让老周扳回一城。由于提前获知一些利好消息，老周赶在主力拉高Y股前，大举买入这只受益于“海上丝绸之路建设”的概念股。类似这样庄家要大力炒作的股票，“一般获利要到 60% 才出货，但也有运作不好时亏本的。”老周坦言。

并不是每一个在股市摸爬滚打的股民都如老周这么“幸运”。

有6年炒股经历的小李就没有什么可靠的信息渠道，也不具备自己做技术和基本面分析的条件，他的炒股选择通常来自朋友或同学的推荐，而这里面，有不少是道听途说。

小李加入了一个炒股QQ群，几百个跟他情况差不多的散户常常会一起讨论市场走势和个股动向。QQ群里不时会有自称知悉庄家意图的网友推荐一些股票，“一开始我只是看，后来发现，很多时候推荐的股票还真涨得不错，就开始跟着做”。

不过，令小李比较郁闷的是，知悉庄家动向的网友一般只会在QQ群里告知股票代码，而对于买入、卖出价位并不会提醒。一些股票确实涨了，但是涨了没多久就可能掉头向下，常常是刚进去没两天“就又被套住了”。

“我也知道，这样跟庄，有些盲目，风险也很大，但是当你看到股价以20%的幅度上涨，投进去10万元，短短几天就能赚上2万元，还真是没办法不动心。”小李坦言，几年下来，回过头算算，在股市上的投资基本是亏的时候多、赚的时候少，“总体上还是小亏”。

相较小李，有着20多年投资经历的陈绍霞则是个定力十足的老股民。2008年，具有重组概念的Z股一度成为炒作热点，重组公告发布前，一位提前知悉公告内容的朋友告知说Z股会涨停，但这样的信息并没有让陈绍霞动心。

具有财务会计专业背景的陈绍霞在认真分析公司基本面后发现，这只股票没有什么价值，果断没有跟进，Z股后来的走势印证了他的判断：之后的重组失败给一大批跟风者带来惨痛的教训。

“不管别人怎么推荐，我一定要自己研究一下公司的价值。如果自己分析的结果是没有这个价值，就算是知道第二天它要涨停我也不会买的。”陈绍霞说。

股市永远不乏跟风者，尤其是中小股民。在散户居多的A股市场，这是操纵之手“阴魂不散”的重要原因。

让陈绍霞记忆犹新的是，曾经有一段时间，证券营业厅里，散户都在讨论带有“网络”“科技”字眼的股票，一些股票没什么价值，就因为名字带这些字眼被炒作起来。

“跟风炒作也许能赚取一些收益，但是如果没有公司基本面支撑，最终还是要失败。”陈绍霞说。

斩断“庄股”黑手

今天的中国股市，无论是市场环境，还是制度环境，都与“混沌初开”的早年岁月不可同日而语。缘何“庄股”依旧魅影重重？从未放弃过打击“坐庄”行为的监管者，该如何斩断伸向市场的“操纵黑手”？

监管新挑战：道高一尺，魔高一丈

伴随股市的渐趋活跃，异动此起彼伏，“操纵”之手若隐若现。

与老“庄股时代”相比，今天的股市制度更严密，监管更严格，执法更严厉，然而操纵行为依然屡现。是市场参与者变聪明了，还是制度体系、执法手段在应对市场变化时滞后了？

“不可否认，证监会对股市操纵等违法违规行为的打击从未放松。尤其是近两年来，无论是监管理念转型，还是稽查队伍扩充，都透露出了执法力度加大的信号。”张远忠说。

“金融执法总是‘道高一尺，魔高一丈’。”在张远忠看来，以“信息操纵”为核心的新型操纵，已经成为摆在监管层面前的新难题。而其“难”，主要体现在定性和取证上。

在华鑫证券投资总监仇彦英看来，与境外成熟市场相比，A股市场更易出现股价的短期剧烈波动。但是，不宜轻易将市场中出现的股价异常上涨，归结为股价操纵或者“庄股”。

“从法律角度而言，基于股价上涨预期而进行的投机性炒作无可厚非。若的确存在股价操纵和内幕交易等问题，则有赖严刑峻法予以惩处。”上海市法学会金融法研究会副会长宋一欣律师说。

游走在“合法”与“违法”之间，正是新型操纵定性难、取证难的主要原因。

目前，我国证券法明确定义了三种形式的市场操纵：单独或者合谋，集合资金优势、持股优势或者利用信息优势联合或者连续买卖，操纵证券交易价格或者证券交易量；与他人串通，以事先约定的时间、价格和方式相互进行证券交易，影响证券交易价格或者证券交易量；在自己实际控制的账户之间进行证券交易，影响证券交易价格或者证券交易量。此外，还设置了“以其他手段操纵证券市场”的兜底条款。

“我国股市当前出现的新型操纵行为，都可囊括于其中。”张远忠说，问题在于监管层的调查权力和执法手段有限，加上司法机关配合力度不足，使得打击操纵难度较大。

与老“庄股时代”利用多个账户“吸筹、对倒交易、拉抬股价”的操作手法不同，围绕信息进行的新型操纵，更分散更隐蔽，从而往往成为监管的“盲点”。

此外，新形势下，论坛、微博、微信等社交平台和工具成为股市信息传递的新渠道，为操纵者所利用。而这些地方，仍然是股市监管难以顾及的“法外之地”。

操纵横行探因：市场仍存薄弱环节

庄股再度活跃的原因何在？对此，英大证券研究所所长李大霄认为，我国股市以散户为主的投资者结构，是导致操纵横行的首要原因，散户众多给坐庄提供了肥沃土壤。

目前，我国股市的参与主体是中小投资者，在资金、信息、专业能力上都处于劣势的他们，正是“庄家”猎杀的对象。

“‘庄家’选股一般要满足两个条件，一个是盘子小、易操纵，一个是股东中机构少，因为散户容易盲从。”一位接近“庄家”的人士如是说。

制度缺失是操纵横行的第二大原因。

调研发现，2013年以来，最容易出现“信息操纵”的股票就是并购重组概念股。并购重组活跃的背后，确实有经济转型和产业升级的真实需要，但就市场层面而言，新股发行渠道不畅也在很大程度上导致了并购重组的迅速升温。

“新股发行节奏处于严格管控中，无论是拟上市公司还是中介机构，都有巨大的动力去进行资产重组，这也让很多操纵者有了浑水摸鱼的机会。”李大霄说。

上海财经大学教授杨剑波认为，做空机制缺乏，以及现有做空工具单一，也是助长“坐庄”复燃的因素之一。“如果有反向操作工具，操纵者就不敢不顾基本面一味‘做多’，因为会有‘明白人’反向操作盈利。”

监管缺位是操纵横行的第三大原因。

“信息操纵”的核心在于信息。五花八门的上市公司公告，抑或借助论坛、微博、微信等社交平台传播的小道消息，导致股价异常的这些信息，其披露内容、形式、时点是否符合“三公”原则?

在“永泰能源”的案例中，公司第一时间披露的仅仅是探明2000亿立方米页岩气储量可能给公司带来的资产增值，却有意无意地忽略了对实现可能性、难度以及风险的告知义务。这样的“选择性”信息披露充斥市场，不仅监管机构难以悉数察觉，更让无数中小投资者迷了眼、动了心。

此外，执法能力不足也成为导致操纵横行的因素之一。李大霄表示，坐庄等股价操纵有了新形式，甚至演变成为监管层“不管不行，管又难有证据”的新难题，这使股市存在根据需要周期性执法和选择性执法的现象，执法力度不够必然减弱法律效应。

“对症下药”：制度与法治并进

投资者结构不合理，供求失衡，制度缺失，已然成为“庄股”沉渣泛起的根源。面对“庄股”之祸，如何斩断其“操纵”之手？面对操纵病症，如何“对症下药”？

“根治‘庄股之祸’，是一个系统工程。”上海证券交易所首席经济学家胡汝银认为，首先需提高实体经济运行效率，让市场能够在公平竞争中实现优胜劣汰。从这个角度而言，“第一味药”应该是改变当下政企不分的现状，改变政府在银行贷款、税收政策、财政补贴，特别是并购重组等方面过度介入导致的上市公司业绩扭曲。

其次是完善供求关系。“第二味药”针对供应端，即加快推进注册制改革，放松对IPO的管制，实现真正的市场化发行，由拟上市公司和承销商自主决定发行时机、发行价格和发行规模。“第三味药”针对需求端，即通过引入养老金、住房公积金、保险资金等大型机构投资者，优化A股市场投资者结构，改变其“散户化”的特征。

“股票市场发行达到一定规模，将改变目前供需失衡的状况。只有‘开前门、堵后门’，才能降低目前畸高的壳资源价格，才能解决由投资者非理性行为模式导致的‘新庄股’问题。”胡汝银说。

而在中央财经大学教授鲁桂华看来，股市之所以形成不健康的“食物链条”，主要原因在于存在大量易被欺诈的散户。若投资者具有等量的资金实力和专业能力，机构势均力敌就能形成平衡。

完善做空机制，同样是治理市场操纵“药方”中必不可少的部分。杨剑波等专家和多位市场人士呼吁，应尽快改变沪深300股指期货“一枝独秀”的现状，针对波动率更高的中小板和创业板推出股指期货，利用其价格发现功能降低操纵行为发生的概率。

除了市场运行机制本身，法律层面同样需要“对症下药”。专家认为，面对纷纷涌现的各类新型操纵的挑战，应借鉴美国等成熟市场的经验，建立举证倒置的法律制度。

“当监管层发现股价异动、成交量放大等市场操纵的要素，而对某些投资行为产生怀疑时，投资者必须证明自己买卖这只股票的合理动机。”张远忠说。

加大惩罚力度，被视为打击新型操纵行为的另一剂“猛药”。“重典的存在，使人们不敢轻易违法，改变为非作歹者的贪念。”鲁桂华说。

在此基础上，专家呼吁建立集体诉讼制度，在保护投资者合法权益的同时，让其成为市场操纵等违法行为的监督者。

“当不断有违法违规者付出惨痛的代价，整个市场的环境就会逐渐得到净化。”仇彦英说，这样的话，即使出现再多的股价剧烈波动情形，投资者也不会轻易得出操纵市场或内幕交易的结论。从这个角度而言，有效的制度、监管和执法，是市场能否获得信任的基础。

事实上，中国股市这个发展中的市场，不仅需要“治疗”，更需要“调养”。一方面，理顺政府与市场的关系，让股市回归其高度市场化的本源；另一方面，通过提升回报水平、强化股东价值理念，让价值投资取代投机成为主流。

对于年轻的中国股市而言，彻底斩断“庄股黑手”或并非易事。但人们有理由期待，伴随监管与执法的不断成熟，“庄股”沉渣泛起的病根将最终消除，还股民一个公平高效、健康理性的市场。

中国股市亟须厉行法治

中国股市的健康正受到市场操纵等违法违规行为的危害。这些行为不仅扰乱市场秩序，更让股市的功能难以有效发挥。中国股市需要“法治信仰”，厉行法治使其更加健康运行。

党的十八届四中全会指出，坚持依法治国、依法执政、依法行政共同推进，坚持法治国家、法治政府、法治社会一体建设。这对股票市场而言，无疑是一根指针，必须积极推动股票市场加强法治建设，维护市场的公平交易与公正透明。

法治强，则市场兴。股市说到底应该是一个法治市场。

从根本上说，当前股市泛起的各类操纵行为，破坏的是资本市场公平、公正、公开的“三公”原则。要解决好这些问题，必须采取规则治理和法律治理，必须牢固树立法治信仰。

牢固树立法治信仰，必须建立健全一套完备的制度规则，完善市场机制。面对股市操纵乱象背后的制度性缺失，必须加快改革，从源头上让市场具备健康运行的制度基础。

牢固树立法治信仰，必须建立健全一个与时俱进的严明的法律体系。针对市场出现的新问题，立法的脚步必须跟上，把公平、公正、公开原则贯穿立法全过程，增强证券市场法律法规的及时性、针对性和有效性。

牢固树立法治信仰，必须依法治市、厉行法治。再好的法律，如果执行不到位，则形同虚设，难以让人“心生敬畏”。如果执法不严，法律丧失威慑力，面对股市上巨大的利益，有人就会铤而走险。

当前，中国股市正处在重要的发展阶段，必须紧紧围绕依法治市的理念，树立起法治信仰，让“三公”原则切实成为市场的基石，使股市在深刻变革中既生机勃勃又井然有序。只有这样，中国股市才能走上健康发展之路。

1994—2004：那些曾经的庄股

炒股年头较长的股民，一定还能记起1994年至2004年那段人称“庄股时代”的岁月：千股千庄，股价暴涨暴跌、成交量忽大忽小、业绩大起大落、交易诡异莫测……自中国股市诞生那天起，“庄股”二字就始终缠绕资本市场，干扰市场运行，践踏“三公”原则，损害投资者合法权益，市场操纵是为投资者和市场各方最深恶痛绝的行为。

一般认为，我国证券市场有案可稽的“庄股”，发生在1994年的界龙实业：在大户操纵下，界龙实业股票连涨32天，从12元一直上涨至33元，同期上证指数却从年初的800点下跌到7月末的333点。“界龙模式”在较长时间内成为庄家操纵市场的“典型”，其后中科创业、亿安科技、“德隆系”等操纵案，无不遵循类似“操作规律”。

中科创业——“最豪华”的一次坐庄

中科创业的前身为康达尔公司，而康达尔的前身为深圳宝安县养鸡公司，1994年11月改制后在深交所上市，主营业务为饲料生产和养殖。1997年，一场鸡瘟席卷香港地区，使康达尔的鸡成千上万地死去，康达尔股票直线狂跌。

股价狂跌套牢持有康达尔流通股90%以上的深圳大户朱焕良。1998年，朱焕良与K工作室吕梁共谋操纵康达尔股票，他们着手对公司进行资产重组，把这家养鸡企业包装成主营医疗设备、电子商务、生物制药的“高科技加金融”概念的投资控股公司。

在吕梁等人的操纵下，中科创业被许多媒介评为风险最小的股票，并被选为大牛股，甚至入选道琼斯中国样本指数。

与此同时，股价“突飞猛进”：从1998年4月的10元起步，向上涨升，1999年12月康达尔更名为中科创业之时，股价达42元多，股价背后并无业绩支撑：1999年中科创业每股收益只有0.21元，市盈率高达200倍，到2000年2月，股价涨到84元，市盈率达400倍。

这个惊天大骗局，最终在监管压力下，因系内人马内讧而崩塌。

亿安科技——首只“百元股”背后的陷阱

亿安科技案10年前名动一时，“亿安科技”是中国首只股价突破百元的股票，也是首只跌幅达到百元的股票，它编织了许多暴富神话，但却是更多股民的噩梦。

“亿安科技”前身为深圳市锦兴实业股份有限公司，于1992年5月在深交所上市交易。从1999年10月到2000年2月，短短70个交易日中，该股股价由26元左右不停歇上涨并突破百元大关，引起市场极大震动。

股价飞涨背后是4家公司集中资金，利用627个个人股票账户及3个法人股票账户，进行几乎没有成本的对敲买卖，影响证券交易价格和交易量，联手操纵股价，大肆牟利。截至2000年2月，4家公司通过控制股票账户共实现盈利4.49亿元。

其中，令业内人士印象极深的是凶悍的跌停板洗盘吸筹法：1998年12月16日，市场突然传闻亿安科技庄家透支过度强行平仓，股价接连3天放量暴跌，令所有人都相信传闻是真的，人人都夺路出逃，巨大的抛盘之下，第四天股价停止下跌。

2001年1月，证监会宣布正在查处涉嫌操纵亿安科技股票案，已对持有亿安科技股票的主要账户进行重点监控。受此影响，亿安科技随后接连跌停，成交量极度萎缩。

“德隆系”——“庄股时代”的终结者

200 亿元市值在 10 余个交易日里，灰飞烟灭……

这是时至今日，还屡屡被提及的“德隆系”覆灭时令人震愕的场景。

1992 年，新疆德隆实业公司成立，这是“德隆帝国”的开始，1996 年至 1997 年，德隆相继入主新疆屯河、合金股份、湘火炬，并陆续在 3 只股票上建仓，开始了疯狂操纵股票的历史。

操作手法是：通过二级市场收集 3 只股票筹码，拉高股价，然后利用高股价进行抵押贷款，再进行实业收购。这种操作中，最关键的就是股价一定要维持住，一旦股价下跌，银行就要追加抵押品或者追索贷款。

在 2001 年至 2004 年的 3 年间，A 股市场大盘从高位回落超过 30%，而“新疆德隆”控制的 3 家上市公司新疆屯河、合金股份、湘火炬，股价却分别上涨 1100%、1500% 和 1100%。为维持股价，德隆只有自己花钱来“扛”，持有的 3 股流通筹码一度超过 90%。

2004 年 4 月，“合金股份”高台跳水，“德隆系”正式宣告走上覆灭之路，一周时间，德隆系股票彻底崩盘，危机爆发后最终盘点，“德隆系”总负债高达 570 亿元，其中金融企业负债 340 亿元，实业负债 230 亿元。

紧随其后，泰山石油等庄股也相继崩塌……2004 年似乎成为庄股的送葬年，“德隆系”的轰然倒下，发出一个极具象征意义的信号，“个体庄家”行走股市江湖“杀人如麻”的时代已经终结。

第二章

交通中国

叩问“高铁之国”

叩问“高铁之国”

导言　首个迈进“高铁社会”大门的国家

有人说，高铁之于今日中国，是一场经济地理革命，将改变中国的经济格局。

有人说，高铁之于国人，是一场时空观念上的革命，将中国变小、世界变大……

高铁正日益影响中国人的生活，也正作为一张“中华名片”，日益影响世界。

2018年的今天，回头看3年前那次“极度调查”，所作出的结论无疑是极为正确的一个判断——我们在深入调查、反复思考后首次提出，并和专家进行论证：中国，这样一个100年前还处于农业社会的东方大国，已经成为世界上第一个迈进“高铁社会”的国家。

3年后再看当初的判断，毫无疑问是正确的，因为伴随高铁铁轨的延伸、动车的提速，中国正进一步被“驮”在了高铁列车上……

2014年，恰恰是中国高铁发展10年。风雨十年路，从无到有，到运营里程、运送旅客数居世界第一，高铁发展为何如此迅猛？发展是否过快、是否安全？有何启示？高铁到底给中国社会带来怎样的影响？作为在国际上叫得最响的一张“中国名片”——中国高铁应该怎样“走出去”？

2014年岁末、2015年年初，刘诗平、樊曦、齐中熙等多位新华社记者做足了功课：不仅仔细琢磨习近平总书记、李克强总理涉及高铁的每一次论述，也细细研究“一带一路”倡议、国内经济新常态背景下经济转型的相关政策，关注国际政治经济演进，以及国内外高铁发展的历史和现状。

可以说，还没有采访，他们就已经通过各种资料，对中国高铁史乃至世界高铁史了然于胸。之后，他们背起行囊，深入北京、上海、武汉、长沙、株洲、青岛、长春等地，和当地同事合作，探究中国高铁快速发展背后的秘密。一个多月里，采访了中国铁路总公司，国家铁路局，铁科院，中国中车（青岛四方、株洲、长客），中国铁建，第四铁路勘察设计院，中土集团，中铁隧道集团，北京、上海和武汉铁路局，广铁集团以及同济大学、北京交通大学、西南交通大学等单位参与高铁规划设计和研究的教授和研究宏观经济和发展战略的专家。

正因为有了“极度调查”中的这种“铁鞋踏破”精神，才绘就了一幅比较精确、相对完整的“中国高铁运行图”。

正如刘诗平所说，“高铁社会”等“一个个意象鲜明的概念的提出，无一不是望尽天涯路、衣带渐宽终不悔和众里寻他千百度的结果。唯有如此，才会有‘踏破铁鞋无觅处，得来全不费工夫’的效果，也才会有‘蓦然回首，那人却在灯火阑珊处’的惊喜”。

这，不是“极度调查”，是什么？

还记得，当时我们为了提炼思想，在办公室里反复讨论，有时候甚至面红耳赤……

“高铁社会”理念就是在这种状态下“蹦出”脑海的，和专家再反复沟通、探讨，赢得认可。有一次，我和中国铁路总公司一位负责人聊起这个理念的形成过程，他也欣然同意，并认为，这个理念可以作为一个课题，进一步研究……

而报道中关于恢复“350公里设计时速”的呼声，在这组报道发出后的今天，已经变成了现实……

我国迈向“高铁社会”

“我当跨城上班族已经好几年了。”每天一大早，家在北京的小陈就出门，乘京津城际高铁赶往天津上班，下午下班后回到家不到8点。

从2004年制订高铁发展规划图开始，到2014年覆盖中国大陆除宁夏、西藏、云南外的28个省份，离高铁“全覆盖”仅“一步之遥”，新华社记者在北京、上海、武汉、长春、株洲、青岛等地调研后发现：无论是高铁的长度、密度、与人民生活的紧密度，还是对经济、社会的影响度，短短10余年间，高铁越来越深地影响着社会方方面面，中国正在迈向一个崭新的“高铁社会”。

贵广、南广、兰新、沪昆高铁杭州至南昌段、成绵乐客专……伴随一批高铁新线的开通运营，2014年，我国高铁里程突破1.6万公里，较上一年增长约5000公里，成为2008年第一条新建时速350公里高铁——京津城际开通以来，高铁开通最多的一年。

“高铁覆盖面迅速扩大，呈现大众化、经常化、生活化的特点。中国已经进入高铁社会的雏形。”北京交通大学教授石培华说。

据中国铁路总公司统计，2014年，我国铁路固定资产投资8000亿元、新线投产8000公里，其中高铁新增里程占到一半以上。

发展已远超规划：根据国家批准实施的《中长期铁路网规划》，到

2020 年，中国将新建高速铁路 1.6 万公里以上。而事实上现在高铁运营里程已经实现这一目标，高铁社会正在加速到来。

高铁在整个铁路网中的“密度”越来越大，与人民生活的联系日益紧密。两个比例值得关注：2014 年，中国旅客列车开行总数达到 2673.5 对，其中 1556.5 对是动车组，占 58%；全路动车组运送超过 8 亿人次，超过铁路总运输量的 35%。

“高铁让中国变‘小’，各地联系更为紧密。”中国铁道科学研究院常务副院长康熊说，以“九省通衢”武汉为例，如今凭借高铁，北抵北京，南达广州，东至上海，西连重庆，4 小时高铁圈覆盖约 10 亿人口。

“一个占世界人口 1/5 的国家迈向‘高铁社会’，对中国乃至整个世界来说都是一个重大课题，值得重视和研究。”经济学家张其佐说。

叩问“高铁之国”

很难有人想到，这一切就在短短 10 余年间发生——

从无到有，从备受争议到大力推广，10 余年间，中国高铁列车以超乎想象的速度呼啸而来，改变中国，震撼世界。

高铁发展为何如此迅速？发展是否过快？它为中国带来了什么，又折射出了一个怎样的中国？

真的是天翻地覆

从发展路线图出炉，到第一条高铁开通，到 2014 年年底高铁已连接全国 28 个省份，中国正悄然迈向“高铁社会”。

“有了高铁，今年要多回几趟家，多看看老人和孩子。”贵州技工潘金奎满怀欣喜。

潘金奎的欣喜来自贵广高铁开通。在广东三水打工的他，每年回家路上都十分不易。

贵广高铁开通前，从贵阳到广州有两条通道：一条经过湖南，全程1560公里；另一条经过广西，全程1440公里，都要走20多个小时。

“现在，坐高铁从广州回贵阳，4个小时就到了。”潘金奎说。

贵广高铁是几条最新开通的高铁之一。2014年年底，中西部地区迎来“高铁季”，沪昆高铁杭州至南昌段和长沙至怀化段、贵广、南广、兰新、成绵乐等高铁相继开通。

速度是交通运输之魂。以速度取胜的高铁快速发展，正在改变中国交通运输版图，并成为国际铁路界的“明星”。

截至2014年底，中国高铁运营里程达到1.6万公里，超过全世界高铁总运营里程的一半。

从平原水乡到戈壁沙漠，从高原冻土到热带雨林，高铁的身影处处闪现。2014年逾8亿人次乘坐高铁往来于全国各地。

“中国是一个最需要优先发展铁路的国家，幅员辽阔、人口众多，民工流、学生流、探亲流、旅游流，人口流动频繁，对作为大众化交通工具的铁路需求巨大。当铁路成为运输‘瓶颈’亟须发展时，高铁于是走上了前台。”交通运输专家谷中原说。

发展高铁上升为国家意志，高铁建设拉开帷幕。短短10余年，中国高铁从无到有，筑起了高速铁路网。

“真的是天翻地覆。从2007年铁路大提速动车组亮相，到2008年时速350公里的京津城际铁路开通，再到现在‘四纵四横’高铁网初具规模，高铁发展之快，是我当初来铁路系统工作时无论如何也想不到的。”高铁快速崛起，让在铁路系统工作了30多年的康熊感慨不已。

从筹建之初是否符合中国国情，能否吸引足够客流，到现在节假日期间“一票难求”，一些线路运能趋近饱和，高铁的需求与供给一样，呈现快速增长。

京沪高速铁路股份有限公司原董事长蔡庆华告诉记者，2014 年，京沪高铁发送旅客突破 1 亿人次，日均超过 250 列列车运行，依然无法满足高峰时期旅客出行需求。

中国铁路总公司计划统计部副主任韩树青说，快速发展的高速铁路已成为铁路客运的主力军，而且为推动区域协调发展、优化交通运输结构、促进产业升级和新型城镇化建设等提供有力基础支撑。

“2014 年年底，京广、沪昆两大高铁干线交会，形成的运能不可估量。随着高铁网络完善，需求会继续增长。”中国铁路总公司运输局营运部副主任黄欣说。

这意味着，高铁运营里程不仅提前实现规划目标，也将进一步成为铁路客运的主力军。这也意味着，中国正在迈向高铁社会，高铁对社会方方面面的影响将日益显著。

理性看待“中国速度”

人们在享受“高铁红利”的同时，期盼高铁快慢有“度”。

人们现在已经很难想象，就在一二十年前，高铁是否应该建设，以及怎么建设的争论曾经喧嚣一时。

今天，争议已成烟云。高铁线路不断延伸，高速列车风驰电掣。

高铁的“中国速度”是怎样炼成的？

“20 世纪 90 年代初，中国铁路人就为高铁到来，打下了扎实的技术和人才基础。集中力量办大事的体制优势，引进国外技术消化吸收和自主创新的技术优势，管理上的科学高效和一支能打硬仗的筑路铁军，可谓高铁快速崛起的法宝。”中铁第四勘察设计院集团有限公司董事长蒋再秋说。

中国南车首席技术专家丁叁叁认为，就供给而言，这是经济发展的内在动力需求，以及国家战略的有力支撑。从需求来说，中国幅员辽阔、人口众多，人员流动频繁。同时，引进国外技术消化吸收和自主创新，为高铁快速发展提供了可行的路径。

然而，高铁发展并非一帆风顺。人们在享受“高铁红利”的同时，也在讨论着发展的一些重要话题，其中“高铁究竟跑多快最科学”便是一例。

“既然设计时速是 350 公里，最高试验时速超过 486 公里，安全冗余是足够的。”中国工程院院士、南车株机专家咨询委员会主任刘友梅说。

也有人认为，就京沪高铁而言，虽然没必要全线跑 350 公里时速，但枣庄到蚌埠间等一些线路较好的区段完全可行。这样，4 小时 10 分钟左右就可以从北京抵达上海。

而同济大学轨道交通学院教授孙章认为，目前 300 公里时速符合高铁运行的经济性，如果提速将会提高运营成本，加快列车损耗，因此保持目前的时速是合理的。

列车时速该快须快，该慢同样要慢。业内人士指出，一些城际铁路应根据实际情况调整速度。

同济大学运输管理工程系教授徐瑞华认为，城际铁路与高铁干线功能不同，分别用于城市群内部、城市群之间。一般来说，城际铁路速度目标值应与高铁不同，时速 160~200 公里能更好地满足城市化、城镇化需求。

“应该理性看待‘中国速度’。时至今日，实践已经给出了答案。高铁的发展适应国民经济持续发展的需要，反过来又会促进经济发展。”蒋再秋说。

高铁让中国变小

有人说，高铁之于今日中国，是一场经济地理革命，将改变中国的经济格局；有人说，高铁之于国人，是一场时空观念上的革命，将中国变小、世界变大。

当年，铁路在中国兴起时，出现了一批“火车拉来的城市”，郑州、石家庄就是其中代表。如今随着高铁兴起，一批城市的面貌同样在发生改变。

如果说，京沪高铁像条金丝带把沿线珍珠一颗颗穿起，那么，世界上运营里程最长的高速铁路——京广高铁全线开通运营，则把环渤海经济圈、中原经济区、武汉城市圈、长株潭城市群、珠三角经济圈等南北五大经济区紧密地联系在了一起，沿线 28 个城市进入 8 小时经济圈。

“京广高铁的开通，有效推动相邻城市的‘同城化’，加快沿线城镇化、工业化、信息化进程，促进区域经济社会协调发展。”中国铁路总公司科技司司长周黎说。

在乌鲁木齐高铁新区，一座座高楼正在拔地而起。可口可乐、大众等 18 家全球 500 强企业已在这里落户。

“以前根本想象不到，有一天，遥远的大西北也和中东部一样，共享高铁时代发展的机遇。”新疆社会科学院经济研究所研究员王宁说，兰新高铁全线开通运营，将为丝绸之路经济带建设注入活力，有效促进“一带一路”沿线地区的互动与合作。

“当前，中国经济步入新常态，高铁对于加速全社会物流效率，高铁装备研发对于提升经济产业层次、促进转型升级，具有革命性意义。”徐瑞华说。

青岛市南车四方所在的“动车小镇”，高铁带动其他产业转型升级的“辐射效应”已经显现。在南车四方周围，有 100 多家配套供应商。在全国，有 500 多家配套厂商，年拉动产值近千亿元。

“高铁装备的高标准，对提升传统工业基础工艺、基础材料研发、系统集成能力及制造水平，都有着积极作用。”刘友梅说。

高铁的巨大辐射作用，已经让各地重新认识到高铁的价值。高铁开通被沿线地区看作发展命运转变的契机，围绕高铁走向和设站的“争路运动”时有上演。

京津城际高铁修建时，毗邻北京的廊坊市由于种种原因没有设站。待高铁开通后，廊坊市体会到了不仅人搭不上高铁列车、地方也搭不上这趟“经济快车”的苦涩滋味。

在随后的京沪高铁建设中，廊坊市倾力支持。京沪高铁在廊坊境内30公里，廊坊站建成近万平方米，紧紧抓住高铁带来的发展红利。

高铁不只是一场经济地理上的革命，也是一场时空观念上的革命，影响着中国社会生态，改变着人们的观念和生活方式。

“高铁让中国变小，让人们生活圈扩大。异地工作、异地消费、异地置业，都成为可能。由于速度快，只要通了高铁的地方，外出旅游说走就走了。高铁像魔术师一样，悄然改变了我们的时空观念和生活方式。”曾参加“华东五市高铁五日游”的北京市民王杰说。

与王杰一样，因高铁而认为“中国变小了”的，还有英国《金融时报》的卡洛琳·艾登。艾登在讲述2014年5月从北京到桂林的高铁旅行时写道：新建高铁线路在不断改变中国的旅游版图，不断催生新的旅游线路，昔日背包客需费时几个月完成的旅游，如今变得异常快捷方便。

当艾登乘高铁从北京轻松抵达桂林站后，“突然间，感觉中国真成了‘小’国家”。

北京交通大学教授、国家旅游产业科技创新工程中心主任石培华认为，中国正在向高铁社会迈进，高铁已经给社会带来了深刻变革，影响到社会管理方式和人们的生活方式、思维方式，高铁对社会的改变将会进一步扩大。

“当中国大地被四通八达的高铁网连起来时，中国人在经济和社会，乃至私人活动的空间、时间等基本概念方面，都将发生深刻变化。原来由于距离远而不可能的事情，现在由于高铁成为可能，这将极大地刺激中国人的想象力。假以时日，这种想象力将会转变成伟大的创造力。”西南交通大学高铁战略研究中心主任高柏说。

创新能力还得靠自己

从“追赶者”到“引领者”，再到满怀信心“走出去”，中国高铁凭借不断创新和超越，铸就“高铁自信”。

2015年年初，在冰城哈尔滨一列CRH5A型高速列车正在进行“30万公里正线运营考核”：起步、加速、通过弯道……身姿矫健平稳。

这条贴地飞行的“巨龙”，对中国高铁而言意义非同一般，因为它装载的最核心部件——牵引电传动系统和网络控制系统，百分之百中国造。

“牵引电传动系统是‘高铁之心’，列车的动力之源；网络控制系统则是‘高铁之脑’，指挥着列车的一举一动。”负责带队研发的中国北车长客股份有限公司副总工程师常振臣说。

两大系统实现百分之百国产化，将大大提升中国高铁列车的核心创造能力。

“核心技术买不来，创新能力还得靠自己！只有自主创新，才能掌握自己的命运。”常振臣说。

10多年前，丁叁叁在美国参加高铁技术研讨会时，所有人都在关注西门子、阿尔斯通等老牌企业。2014年11月，当他赴美推介高铁时，已经是另一番情景。

“美方技术人员全程陪着我们。他们急切想了解中国高铁的技术发展。”丁叁叁说。

起步并不算早的中国高铁，已经跑在世界前列。后发先至的秘诀是什么？

“高铁发展的关键，就是持续的创新与超越。”丁叁叁说。

高速动车组是各种尖端技术的高度集成，涉及动车组总成、车体、转向架、牵引变压器、牵引变流器等9大关键技术及10项配套技术，共有5万多个零部件。各项技术、各个部件的协同运行，才能保障列车跑出高速。

中国大地上奔跑的高速动车组中，有一款就是以速度命名——380，这是一个堪比起飞速度的数字。

奔驰在京沪高铁上的 CRH380A，来自南车四方。如今，CRH380A 已累计运行约 1.9 亿公里，每百万公里的故障率不到 0.5 件，远低于 1.3 件的国际通行指标。

作为庞大高新技术的集合体，高速动车组的安全平稳，只是高铁“安全链”中的一环，线路建设、运营调度系统、通信和网络系统、机械、材料，都需要相互配合。

常坐郑西高铁的人可能很难注意到，列车行进的地区是湿陷性黄土区，因为在窗台上放杯水几乎没有晃动。

“高铁建设最怕线路不均匀沉降。”铁四院副总工程师许克亮说，设计时速达到 350 公里的高铁线路，其地基终生沉降不得超过 15 毫米。

在郑西高铁华山北站和临潼东站间，湿陷性黄土厚度达 2~3 米。为防沉降，施工者每隔 5 米打下一根 50 米的地下桩，上铺没有接缝的钢筋混凝土板，相当于把铁路“铆”在大地上，确保了高速列车的行车安全。

中国已经建成针对不同气候、不同地形的高铁：既有经过−40 ℃高寒地带的哈大高铁，也有穿越台风频发环境的海南环岛高铁；既有经过“大风区”和戈壁沙漠的兰新高铁，也有隧道长度超过总长度一半、有“超级高速地铁”之称的贵广高铁。这些覆盖各种地质和气候条件的高铁，为世界高铁建设积累了丰富的经验。

2014 年 12 月国家铁路局发布了《高速铁路设计规范》，标志着中国高铁设计标准体系日臻成熟。

过去有种说法，中国人要卖 8 亿件衬衫，才能换来一架波音飞机。如今，中国制造业已具备叫响“中国创造”的能力，高铁正是一张叫得响的“中国名片”。

“高铁是高新科技与现代产业深度融合的高端产品。中国通过在高铁领域不懈探索和自主创新，掌握了集设计施工、装备制造、车辆控制、系统集成、运营管理于一体的成套技术。”中国铁路总公司国际合作部主任陈觉民说。

短时间内从无到有，从赶超到领跑，中国高铁演绎了自主创新、快速超越的高铁自信。

“中国高铁列车 6 年内就跑到了世界第一速，这在于群策群力。仅研制 380A，就有 50 多家企业、330 多个科研院所参与，近 60 名院士、500 多名教授、近万名科研企业研发人员贡献智慧。”南车四方总工程师梁建英说。

“中国高铁坚持原始创新、集成创新和引进消化吸收再创新相结合的创新模式，打破部门、行业、院校、企业的体制壁垒，整合全国的科技资源，打造出了高铁这一战略性产业的公共创新平台。高铁自信正是制度自信、道路自信的具体体现。”康熊说。

高铁的创新和实践，对飞机制造、船舶制造、工程机械制造等行业，同样具有借鉴和启迪作用。

高铁崛起昭示人们：凭借世界独一无二的庞大市场，充分利用世界上一切先进的技术资源，坚定不移走自主创新之路，增强创新自信，就能够更快地追赶，甚至超越世界水平。

揭秘各地高铁“争夺战”

“没有高铁，城镇就是散落的珍珠；通了高铁，城镇就是项链上的珍珠。”

今天，在中国广袤大地，高铁的开通，不仅意味着人们出行方式的变革，更被沿线一些地区看作发展命运的转变。

也正因为如此，围绕高铁走线、设站而展开的“争路运动”在一些地方不时发生。新华社记者深入各地采访，探究“争路运动”背后的地方“高铁政治经济学”。

争路花样百出

要致富，先修路。自古以来，因为交通条件的改变，不少地方历经繁荣和沉沦的变迁……

当一条高铁规划修建后，高铁线路怎么走，站点设在哪里，成为很多地方关注与争夺的焦点。

官民齐上，内外联动，花样频出，争路运动在一些地方蔓延……

花样一：四处公关，广拜菩萨

高铁走线设站，往往要进行规划设计、行政决策，各地政府往往利用一切机会向上级部门或规划设计单位争取支持，要么打“悲情牌”，要么打“优势牌”……

一些地方广泛调动各种人脉资源，拜会知名乡友，奔走斡旋，推动调整高铁规划。

报道显示，中部地区一位市委书记利用在京参加全国两会的机会，带领市相关部门及县区负责人，拜访国家发改委等，请求调整郑渝高铁规划，将这个市纳入路经站点建设。

花样二：群众施压，官员“拼命”

沪昆高速铁路东起上海，途经浙江、江西、湖南、贵州，西至云南昆明，是一条正在建设中的高铁干线，连接华东、华中和西南地区。

湖南邵阳地处湘中，历史上，湘黔、枝柳铁路均绕邵阳而过，交通区位条件急剧变差，成为湖南发展相对滞后地区之一。

沪昆高铁规划制订时，湖南省邵阳市争取在市区设站，但在和相邻的娄底市的竞争中处在了下风，于是出现了许多现象：10 万邵阳群众高喊“争不到高铁，书记、市长下课”；小孩住院不去照顾，自己生病顾不上就医，过家门而不入……不少政府官员“舍身拼命”。

“那时市委常委会议天天开，我们每次都列席听取，会议到晚上十一、十二点散会，我们再通宵达旦继续撰写文件、整编资料。”邵阳一位曾参与“争路运动”的官员回忆说。

花样三：近邻反目，唇枪舌剑

为让高铁“落户”，“舆论战”往往在相邻市县间激烈展开。

某地民间改编“变身蜡烛燃烧自己，只为高铁你”的歌曲，将贴着标语的宣传车开进田间地头；相邻市县在外地工作的同胞，则拉起横幅声援家乡“争夺高铁”；市县部门官网连连发文，阐述铁路从当地经过的自身优势和政策依据。

博弈各有“盘算”

从过去“被高铁”到现在“抢高铁”，许多地方都充分意识到高铁对区域经济社会的巨大拉动作用，特别是一些老少边穷地区，更是将高铁视为改变命运的重大机遇。

对湖南娄底而言，高铁过境的“经济账”显而易见。娄底市发改委官员曾丹说，沪昆高铁在娄底设有两站，其中娄底南站位于距市中心仅约 7 公里，距娄怀高速入口仅 3 公里。这形成了一个“高铁 + 高速”的快速交通网络，大量的人流、物流、资金流将向高铁南站附近汇集，快速带动娄底城市南部的发展，推动形成新的区域中心。

交通“穷县”是很多争高铁的地方较为普遍使用的“悲情牌”。某地政府称，作为人口大县，因为没通铁路在交通上被边缘化，不仅给百姓出行造成不便，还阻碍了当地经济发展。当地人的一句宣传语写道：修高铁对交通发达地区是锦上添花，但对交通“穷县”则是雪中送炭。

各地发动的争路运动，还“从眼下打到了未来”。记者发现，在西部高速铁路通道（包海高铁）仍在规划时，网上就出现了大量请愿帖，希望包海高铁在湖南的怀化、邵阳、益阳以及广东的茂名等地设站。

有观察人士指出，高铁“争夺战”背后，也有地方官员以此作为形象工程的考量。“争路”成功，主政者对上对下均有交代，可谓良好的“政治遗产”；一旦失败则会招来“千古骂名”。

情感应让位于科学

随着高铁“争路运动”在一些地方愈演愈烈，弊端逐渐凸显，在一些地方和领域，甚至成为发展高铁的“负资产”。

高铁线路的走向，本该与经济社会发展规划密切相关。记者在中部两省间乘坐高铁，就遇上过一件闹心事。本来买了去中部一个地级市“某某北”的车票，但上车后从邻座小伙子口中才听说“某某北”站并非在该市市区，而是该市所辖的一个县。一旦在“某某北”站下车，到这个地级市城区还得再花一两个小时乘车跑 100 多公里。

同车的当地人说，这种情况是因为当初车站选址时，县里的“人脉”强过市里。如此设站，多年来不知导致多少不明就里的外地乘客耽误时间，多花了冤枉钱。

业内专家认为，“争路运动”凸显了高铁建设亟待遵循科学合理原则的重要性，尊重高铁设计自身的逻辑，不能因为哪里争了就要考虑，哪里不争就不管，而应从最大限度发挥高铁线路拉动效应的角度出发。

一是走线设站要有科学的分析和选择，寻求最佳平衡点。秦进认为，应做到现实需要与长远规划相结合、自然地理与经济版图相结合、惠及民生与服务国家战略兼顾。不能由“外行”“社会活动家”说了算，更不能“拍脑袋”决定。

二是公开征集意见，尊重主流民意，确保公平公正。有群众表示，高铁属于公共资源，沿线站点选址不能疏忽公众的感受，应尽量少打“利益牌”多打“民生牌”，以公平公正化解高铁之争的矛盾。

此外，还有专家强调，我国应建立一套“依法修路”的体制，要用制度和执行力来挤压人为因素、权力寻租的空间。

京沪高铁：运营 3 年如何实现盈利？

2014 年京沪高铁运送旅客超过 1 亿人次，比上年同期增长 27%，首次实现盈利。这则来自京沪高速铁路股份有限公司的消息引起海内外关注。

铁路，尤其是高铁，建设投资大，回报周期长，世界上绝大多数的高铁都在亏本运营。京沪高铁为什么能够盈利，而且是运营 3 年多就实现盈利？京沪高铁带给我们什么启示？

意想不到的出行需求

“客运难以盈利是铁路的通病，高铁尤其如此。”京沪高速铁路股份有限公司原董事长蔡庆华说。

这个高铁运营的一般规律，硬是被京沪高铁打破了。

从 1990 年提出京沪高铁建设构想，直到 2008 年开工，历时 18 年，其间起起伏伏。当初人们争论的焦点之一，就是要建一条什么标准的铁路、以什么方式建和建成之后是否有客流需求。

反复争论后，京沪高铁终于上马。历时 3 年半的建设，这条世界上技术标准最高的高铁，也是中华人民共和国成立以来一次投资规模最大的建设项目通车运营。根据最终批复，京沪高铁概算为 2088.4 亿元。

“高铁客流有一个逐渐培养的过程，初期不可能满负荷运营。当初预计的是：5 年建设周期，之后再运营 5 年，逐渐达到盈亏平衡，之后用 14 年还本付息。”蔡庆华说。

实际开通后，情况超出预想，运量和收益快速增长。

2011 年 6 月 30 日至 12 月 31 日，京沪高铁日均发送 13.2 万人；2012 年全年日均发送 17.8 万人次；2013 年日均发送 23 万人次；2014 年日均发送超过 29 万人次。

“2014 年京沪高铁发送旅客突破 1 亿人次，日均超过 250 列高铁列车运行，就这样还是不能满足高峰时期旅客出行需求，上行上午时段、下行晚上时段已无空间再安排列车开行，特别是蚌埠到徐州间能力明显受限。”蔡庆华说。

他指着京沪高铁地图说：“照这样发展，说不定哪天就要修建京沪第二高铁了。”

辐射放大的经济效益

如潮的人流带给京沪高铁的，是直接的财富。2012 年，京沪高铁客票收入 173.8 亿元，亏损 37.16 亿元；2013 年客票收入 222.58 亿元，亏损 12.94 亿元；到了 2014 年，客票收入约 300 亿元，按营业税口径计算，有望实现利润约 12 亿元。

据中国铁路总公司统计，2014 年，全国铁路动车组运送旅客超过 8 亿人次，而京沪高铁就占到 1 亿人次以上。

收获财富的不仅是铁路企业，京沪高铁对沿线经济的拉动作用巨大。

蔡庆华说，京沪高铁的兴建，带动了一出“二十四城记”的上演，高铁串起的 24 座城市，几乎都搭上了“高铁经济”这趟列车。

仅以山东曲阜为例，京沪高铁开通以来，这座历史名城旅游接待人次和社会总收入实现大幅增长：2012 年分别达到 1295.4 万人、107.1 亿元，同比增长 16% 和 20.3%；2013 年上升到 1446.7 万人、122.3 亿元，增长

11.7% 和 14.2%。

曲阜市原市长杨凤东介绍，由于高铁的拉动，修学游、特色游日趋成熟，乡村游蓬勃发展。高铁开通前，到曲阜主要是静态观瞻；高铁开通后，曲阜相继推出开城仪式、祭孔展等游客参与性活动，吸引了国内外大批游客。

中国高铁的“代表之作”

由于京沪高铁的良好表现，它当之无愧地成了中国高铁的“代表之作”，为国内乃至世界高铁树立起一面旗帜，也为中国高铁“走出去”提供了“样板”。

“京沪高铁的建设，形成了我国高速铁路自主技术标准体系和运营管理体系，通过协同创新、开放创新、集成创新，中国高铁技术已进入世界先进行列。拥有了勘察设计、工程施工、装备制造、运营管理等成套先进技术和建造管理能力，为推动我国高铁走出去奠定了坚实基础。”蔡庆华说。

他说，京沪高铁建设不仅完善了中国的综合交通运输体系，改善了京沪通道运输长期紧张的局面，而且促进了沿线经济发展。同时，在投资、建设、运营、服务等各方面进行了有益探索。

在股本结构上，京沪高铁更加合理。京沪高速铁路股份有限公司 2007 年年底由 11 家股东发起创立，1150 亿元资本金中，包括社保基金 100 亿元、平安保险 160 亿元。2010 年 10 月，经商务部批准，作为外资的中银集团投资有限公司受让了中国铁路建筑投资公司持有的股份，成为新增股东。

3 年多来，京沪高铁通过提升运力，改善服务，不断满足人们出行需求。2011 年至 2014 年，京沪高铁日均开行动车数分别为 143 列、175 列、198 列、259 列。运营 3 年多来，全线平均客座率持续提升，分别达到 67.7%、76.9%、77.9%。

“通过京沪高铁可以证明，中国高铁技术是先进的，质量是可靠的，速度是一流的，投资是可控的，效益是显著的。中国高铁的性价比高，京沪高铁理应成为中国高铁走出去的标杆。”蔡庆华说。

高铁“提速”中国

高铁在中国的发展可谓跌宕起伏，人们对高铁的感受也起起落落：从高铁“出生”时的新鲜和懵懂，到高铁通达28个省份，再到“蓄势出海”令全世界刮目相看。多年的发展实践证明，高铁“提速”，为中国的经济社会发展作出了重大贡献。

高铁改变了中国。不仅改变了昔日的出行难，也改变了经济、社会乃至人们心态。无论平时还是假日高峰，高铁承担起越来越重要的运输职能。时间大幅缩短，舒适度大为提高。“同城效应”“一小时经济圈”通过高铁搭建，人流、物流周转加快，带动了沿线经济转型和社会进步。向新疆等西部地区延伸的高铁，把遥远的边疆与内地更紧密地联系在一起。高铁催生了新的城市，也激发了人们更多地走出家门。仅2014年就有约8亿人次选择高铁出行，人们用“脚”把这一票投给了高铁。

高铁的发展，也为中国制造业赶超世界先进水平提供了样本。中国高铁从技术引进之初，就没有满足于“站在巨人的肩膀上”，而是不断地攻关研究，并始终坚持自我超越。把引进消化吸收国际先进技术和自力更生打造创新平台相结合，把关键核心技术的突破和走出自己的国产化、产业化之路相结合，不断增强创新自信，带来的也许不仅是高铁的崛起，也是包括“中国大飞机”制造等高端装备制造业的崛起。

高铁还改变了世界对中国的认识。从引进高铁的2004年开始，10余年间中国就建成了占世界总里程一半多的高铁线路，不仅技术上“后发先至”，而且还具备了系统工程总承包能力，这在国外根本是“天方夜谭”、不可想象。“高铁路径”昭示的，正是“中国路径”特有的力量。作为发展中国家，要实现强国富民的中国梦，中国必须充分发挥好体制的优势，利用好广阔的市场，走一条符合自身实际的赶超之路。未来，我们有理由期待，拥有高铁的中国将以“创造”的力量影响世界。

高铁拓荒者

从 2008 年中国第一条高铁京津城际开通，到 2015 年年初高铁里程达到 1.6 万公里，短短数年间，中国高铁飞速向前。

高铁“中国速度”的炼成，并非一朝一夕之功。从陈应先和刘友梅两位高铁拓荒者这里，我们能更深刻地理解高铁快速发展之因。

记者来到 80 多岁的中铁第四勘察设计院集团有限公司技术顾问陈应先老人家中采访时，他正在看自己在最新一期《铁道标准设计》杂志上发表的中国铁路网规划的论文。作为中国高铁设计研究的拓荒者，陈应先虽已是耄耋之年，但仍心系高铁建设。

“高铁最早让我产生震动，是 1964 年日本新干线建成通车。日本‘二战’战败，国内经济遭受重创，却能在这么短的时间里建好高铁，实在让人震惊！”陈应先说。

从那时起，已经做了 10 余年铁路人的陈应先开始关注高铁。当时，陈应先既为中国铁路现状着急，又隐隐看到了希望，他坚信中国早晚会有自己的高铁。

“搞国家基础设施建设，工程技术人员一定要眼光超前，要适应国家宏观经济发展。”陈应先说。

正是这种理念和信念，作为铁四院时任总工程师，陈应先开始组织设计人员搜集国际高铁动态和高铁领域的最新成果。1982 年，铁四院编译出版了惠及众人的《高速铁路》。

20世纪90年代，高铁建设开始在中国萌动。1994年12月22日，由陈应先挂帅研究设计的中国第一条时速160公里的广深准高速铁路建成通车。

“机遇喜欢有准备的人。如果不是早研究、早储备，铁四院不会有勇气主动请战广深准高速铁路。”陈应先说，当时广深准高速设计人员人手一本《高速铁路》，这本早期高铁研究的著作帮了大忙。

陈应先同时也是京沪高铁的大功臣。作为京沪高铁勘测设计项目的技术顾问，他解决了高铁勘测设计中的诸多重大技术难题。

陈应先是中国高铁勘测设计研究的拓荒者，80岁的中国南车株机公司专家委员会主任刘友梅院士则是中国高速列车设计研究的拓荒者。

半个世纪以来，刘友梅先后担任过我国第一代、第二代电力机车的总体设计，主持并组织了我国第三代、第四代电力机车的开发研制全过程，使我国电力牵引技术装备实现了由普载到重载、常速到高速、交直传动到交流传动、进口到出口的4次历史性跨越。

刘友梅最广为人知的，是2002年担任我国首列“中华之星”时速270公里高速列车研制的总设计师，并在秦沈高速实验线中创造了时速321.5公里的当时“中国铁路第一速”。

尽管后来中国高铁走上了引进消化吸收再创新之路，“中华之星”也退出了历史舞台，但刘友梅对高铁的关注从未停止，热情从未消退。

“‘中华之星’当年首屈一指。但是与今天的高铁制造技术相比，已经落后了。不过，当年研发‘中华之星’的那条路不能断，中国的高铁装备技术就是要走自主创新之路。”刘友梅说。

刘友梅所在的南车株机，就是高速列车CRH380A核心部件的诞生地。奔跑在京沪高铁上的CRH380A，其牵引传动系统等核心技术都由南车研究开发，是地地道道的中国创造。

在依然心系高铁的刘友梅看来，未来高铁将向绿色环保迈进。

“中国高铁的技术经过这些年运营实践，已稳居世界领先水平。未来，‘绿色智能’是包括高铁在内的轨道交通发展的目标。”刘友梅说。

中国高铁十宗“最”

2014 年，中国高铁以一日开通兰新、贵广、南广高铁的气势，献上了“收官之礼”。而且，国家领导人在出访中，经常介绍中国高铁。

从引进技术到领先全球，短短 10 余年，高铁不仅获得了国人点赞，也赢得了世界目光。那么，现在就来盘点一下中国高铁创造的“世界第一”吧。

运营里程最长

2014 年，贵阳至广州、沪昆高铁杭州至南昌段和长沙至怀化段、兰新等一批高铁新线相继开通。截至 2014 年年底，我国铁路营业里程达 11 万公里，其中高铁里程达到 1.6 万公里，超过世界高铁营业里程的一半，是当之无愧的“世界第一”。

建设速度最快

2004 年，中国高铁踏上引进消化吸收再创新之路，正式开始“加速跑”。短短 10 年间，“四纵四横”的高速铁路网骨架已基本成形。到 2015 年年末，我国高铁运营里程已达 2.36 万公里，一张以高铁为骨架，包括区际快速铁路、城际铁路及既有线提速线路等构成的快速铁路网基本建成，总规模达 4 万公里以上，基本覆盖 50 万人口以上的城市。

运营时速最高——486.1 公里

时速 486.1 公里——这是喷气飞机低速巡航的速度！2010 年 12 月 3 日，在京沪高铁枣庄至蚌埠试验段，CRH380AL 新一代高速动车组创造了时速 486.1 公里的世界铁路运营第一速。

轮轨试验时速最高——605 公里

2011 年 12 月，由中国南车研制的更高速度试验列车，又称 500 公里试验列车，在中国南车四方股份公司落成，设计速度 500 公里，在高速列车国家工程实验室中创造了时速 605 公里的最高轮轨试验速度。

世界等级最高的高铁——京沪高铁

2011 年 6 月，京沪高铁建成投产，这是世界上一次建成线路最长、标准最高的高速铁路。它贯穿北京、天津、河北、山东、安徽、江苏、上海 7 省市，连接环渤海和长三角两大经济区，全长 1318 公里。

要知道，连接中国最繁华城市的京沪高铁，可是非常受人欢迎的，2014 年客流量过亿。2014 年 7 月 1 日，在开通运营三周年之际，京沪高铁对外宣布正式盈利。

世界首条新建高寒高铁——哈大高铁

2012 年 12 月 1 日，中国首条也是世界第一条新建高寒地区长大高速铁路哈尔滨—大连高铁投入运营。哈大高铁营业里程 921 公里，设计时速 350 公里，纵贯黑龙江、吉林、辽宁三省，全线设 23 个车站。根据最近 30 年的气象记录，东北三省全年温差达到 80 ℃，是中国最为寒冷也是温差最大的地区。中国高铁在这样冷的地方经受住了考验，值得国人骄傲！

世界单条运营里程最长高铁——京广高铁

2012 年 12 月 26 日，全球运营里程最长的高速铁路——京广高铁全线开通运营。全长 2298 公里的京广高铁，是我国中长期铁路网规划中“四纵四横”高速铁路的重要“一纵”，北起北京，经石家庄、郑州、武汉、长沙等地，南至广州，全线设计时速 350 公里，初期运营时速 300 公里。有专题分析说，仅京广高铁京郑段 2030 年前对全社会经济的拉动作用就将达到 2758.44 亿元。建一条高铁，拉动一方经济，此言不虚。

世界上一次性建成里程最长的高铁——兰新高铁

2014 年 12 月 26 日，兰新高铁全线贯通。全长 1776 公里的兰新铁路是世界上一次性建成通车里程最长的高铁。除此之外，它还享有不少“第一”：一是它途经烟墩、百里、三十里及达坂城等四大风区，同时沿线有塔克拉玛干、古尔班通固特等沙漠，是首条穿越沙漠大风区的高铁；二是横穿我国海拔最低的吐鲁番盆地和海拔最高的祁连山高铁隧道，16.3 公里的祁连山隧道中的最高轨面海拔为 3607.4 米，被誉为“世界高铁第一高隧”。

谱系最全的动车组“大家庭”

我国拥有时速 200～500 公里各种等级的动车组，可谓世界上种类最丰富、谱系最完整。这个动车组“大家庭”融合了世界先进技术，并通过引进消化吸收再创新，打造出具有自主知识产权的高端产品。

来看这个“大家庭”的成员：初期引进的 CRH1、CRH2、CRH3、CRH5，时速 200～300 公里不等，引进后提升到 350 公里；后面自主研发的有 CRH380 系列，时速可达 380 公里。之后还有 CRH380AM 时速 500 公里试验车和为城际铁路研发的 CRH6 系列动车组。分不清没关系，看到银白色的“子弹头”多半就错不了。

最惊人的高铁运量

高铁建设之初，老有人担心客流量不够，没有人坐怎么办。这几年，高铁以方便、快捷、舒适征服了不少人的心。在京津、京沪、武广等线路，高铁也出现“一票难求”的情形。2014 年，有 8 亿多人次选择高铁出行，其中最繁忙的是京沪高铁，一条线就有过亿人次乘坐。

“高铁出海”四大焦点透视

这是一幅“高铁同心圆”规划图：以中国为圆心，以铁路线为半径，从东南亚直抵马六甲，向南到印度，向西经中亚诸国直达欧洲大陆，向北延伸到俄罗斯……

这是一列“中国”号高铁列车：从国家领导人出访期间不遗余力“推销”，到企业层面四处出击，中国高铁正加快“走出去”步伐，成为一张闪亮的“中国名片”。

国外媒体评论，中国雄心勃勃的计划是把全球用铁路线连接起来。中国人正在做的是，把这张蓝图一步步化为现实。

中国高铁到底如何海外布局？最有可能在哪个国家率先突破？“走出去”底气何在？还有哪些障碍需要突破？揭开高铁“走出去”这层面纱，四大焦点一一透视。

焦点一：如何全球布局？

“现在我手上一共有十几个海外项目在同时跟进，包括老挝、泰国、美国、俄罗斯、匈牙利—塞尔维亚、摩洛哥……同时还在跟踪印度高铁项目。”一走进中国铁路总公司国际合作部主任陈觉民的办公室，就感受到他的忙碌。

电话、手机响个不停。“由于是同时跟进，一天中我的大脑要不时切换到不同的国家。”

在他的办公室，一张中国高铁“走出去”规划图徐徐铺开。

亚洲及周边地区——中国构建互联互通大通道。

服务“一带一路”倡议，中国谋划铺设一条纵贯东南亚，直达马来西亚和新加坡的大通道；丝绸之路经济带，建设与中亚、欧洲连接的高铁桥梁。

2015年年初，中泰双方已就铁路合作达成协议；与印度签署政府间合作文件，确定了中印铁路合作的领域和行动计划；中巴经济走廊、孟中印缅经济走廊正在规划之中，互联互通铁路通道规划有望成形。

“中国到老挝的铁路目前项目设计基本完成，准备工作已经到位，希望很快启动。”陈觉民说，该项目如顺利开工，势必加快中泰铁路建设，继而带动马来西亚至新加坡高铁项目，构建中国出海的战略通道。

非洲—— 中国标准全线开花。

从西非到东非，中国修筑的“钢铁长龙”在将非洲多国联通。

2014年，横贯安哥拉全境的本格拉铁路全线竣工；尼日利亚连接首都阿布贾至卡杜纳铁路铺通，沿海铁路合同签订；连接埃塞俄比亚与吉布提铁路正在铺轨……

“阿卡铁路和沿海铁路都是尼日利亚‘三纵四横’国家铁路干线网规划和西非共同体互联互通铁路网的重要骨干网络。而中国企业对规划的制订起到相当大的作用。”中国铁建中非建设有限公司董事长曹保刚说。

欧洲 —— 中国铁路崭露头角。

中国企业在海外参与修建的第一条时速250公里高铁——土耳其安卡拉至伊斯坦布尔高速铁路二期顺利通车；中俄高铁合作已达成初步共识，签署了合作文件；积极推动中东欧、中吉乌等铁路合作项目。

美洲——中国企业有望破局。

2015年年初，中国、巴西、秘鲁三国已经成立“两洋铁路”联合工作组；美国西部快速铁路，由铁总牵头组成的联合体与美方商谈；虽然墨西哥高铁项目暂被取消，但中国企业仍参加新一轮竞标。

“国家层面的战略布局正在展开。我国提出的深化‘一带一路’，加强互联互通的战略部署，除美洲外，其他铁路合作几乎全部与此相关。”同济大学轨道交通学院教授孙章说。

焦点二：“高铁自信”从何而来？

在国际铁路市场，中国高铁拥有一份特有的自信，高铁也成为中国一张令人眼前一亮的“名片”。

这份自信从何而来？

“中国就是世界高铁博物馆。”陈觉民说，在中国东西南北纵深5000公里的广袤大地上，高铁线跨越了各种地形、地貌和气候特征，其运营总里程达到1.6万公里，超过世界高铁总里程一半以上。

无论哪个国家的代表团来铁总访问洽谈，陈觉民都要带他们去全国铁路调度指挥中心看一看。一看大屏幕，大家心里就都有了底。

俄罗斯代表团来，可以看哈大高寒高铁；热带国家代表团来，可以看海南高铁；阿拉伯国家代表团来，则有横穿大漠风沙区的兰新高铁；需要穿越山区，可以看郑西高铁；如果沿海修建，就看京沪高铁……

想要什么样的高铁，中国“总有一款适合你”。

中国目前已经成功拥有世界先进的高铁集成技术、施工技术、装备制造技术和运营管理技术，具有组团出海的实力，可以挑战任何竞争对手。

中国高铁的自信来自许多“第一”。

2015年，中国高速列车保有量1300多列，世界最多。列车覆盖时速200公里至380公里各个速度等级，种类最全；动车组累计运营里程约16亿公里，经验最丰富。

施工成本和效率方面，中国企业更具优势。据测算，国外企业修建高铁平均成本为每公里0.5亿美元以上，中国只需约一半，且中国企业的工期短，施工效率又是外国企业的一倍以上。

成本低，标准却更高。中铁第四勘察设计院集团有限公司董事长蒋再秋表示，安全性能上，中国标准与欧洲标准基本一致，施工标准远高于欧标。中国企业施工中用到的钢筋、水泥等材料等级和用量都偏高。

“中国铁路装备最大的优势，一是性价比高，二是交货能力强。”中国南车股份有限公司分管海外市场的副总裁徐宗祥说。

性价比高，并不是“故意低价换市场”。中国企业核心竞争力在于对成本的控制力。中国铁路的配套产业完整，包括上下游在内的完整产业链发达，这是一般国外厂商无法做到的。

“中国产品交货及时，工人劳动效率高。同样一列车，国外制造要18～22个月，我们最多12个月。”徐宗祥说。

焦点三：还要迈过几道坎儿？

有了“金刚钻”，才能揽上“瓷器活”。但拥有“金刚钻”的，不单单只有中国。

根据目前世界各国的高铁发展规划，到2020年，世界高铁总里程将达到5万公里，由此带来的直接投资达1.1万亿美元。面对巨大的市场诱惑，日本、德国、法国等国家的老牌高铁企业都虎视眈眈。

“高铁的世界市场前景是很好的，但将预期变为现实还有一段过程，中国企业要有这个耐心。”蒋再秋说。

一方面，世界上老牌高铁企业还不“服气”，不甘心让中国企业抢占这片市场。像印度高铁项目，铁四院刚和印度方面洽谈后不久，日本交通部门就带着企业过去。墨西哥高铁项目，除了中国企业竞标团外，还有多家外国企业参与竞争。

另一方面，世界经济受金融危机影响，不太“景气”。一些国家有修建高铁的意愿，但又要面对庞大投资的现实，往往希望中国提供贷款或融资。

“铁路建设本身就是长期项目，尽管好处很多，但涉及面广，周期长，技术含量高，每个环节都复杂。从程序上要进行可行性研究、地质勘探、设计，之后才是施工、交付、运营。另外，铁路投资大、回收慢，对资本要求高，融资难度大。”陈觉民说。

国家发改委综合运输经济研究所研究员董焰表示，铁路不像买普通东西那么简单，外国施工团队可以深入了解到本国的国土情况，这让各国不得不慎重考虑。

西南交通大学高铁战略研究中心主任高柏认为，过去中国的出口产品通常位于价值链的底端。许多中国生产的最终产品在国际市场上的营销，依靠的是跨国公司长期经营的全球销售网络。当中国高铁“走出去”时，还缺乏国际市场经验。

海外竞争，首先面临语言障碍。南车株机公司海外市场营销部副总经理张旻宇给记者讲了一个小故事。有一次出口某国的轨道车辆，英文说明书上把车上的“雨刷”翻译成了“抹布”，给谈判造成尴尬。

一些专家建议，中国高铁“走出去”，首先要立足于中国标准，尤其在周边，以及非洲、拉美国家。同时，高铁装备企业要尽快取得欧盟的“准入证明”，以便把中国高铁产品引入欧美等发达国家。

高铁走向海外，不仅要带技术，往往还要带资金。高柏认为，很多国家在引进中国高铁时需要从中国融资，日后用为中国提供能源和资源的形式偿还。

“国际市场不是专为中国企业准备的。要想分一杯羹，必须面对国际企业的竞争，包括资源、人才、标准、品牌形象等，还有可能会碰到保护主义。我们一要有充足的国际化人才储备，二要研发出质量过硬的产品，三要在商业模式创新上不断探索，四要增强国际化经营能力，与国际接轨。”丁叁叁说。

焦点四：“高铁红利”如何与世界分享？

塔吊林立，工地上一片忙碌景象……

昆明南站是“一带一路”倡议中辐射东南亚的重要基础设施。2015年1月20日下午，习近平总书记出现在这里，考察“八出省、四出境”铁路通道重要枢纽，以及建设面向西南大通道等情况。他说，千里之行，始于足下，关键还是要把我们自己的事情做好，把“接口”做好，才能实现互联互通。

在国内，高铁不仅仅是重要的交通基础设施，而且对促进地区经济发展、节能环保、提高地区间公共服务均等化、带动产业链延伸等各个方面有重大影响。

在海外，以高铁“走出去”为代表的铁路合作，不只是打造先进便捷的交通设施，更能将铁路红利带向世界各国。

“如果这条线建得好，成本低，运营也好，我们再商量接下来的线路如何合作。赶紧给我们泰国建好，让我们作为东盟地区交通枢纽跟老挝、柬埔寨联通。”2014年年底，来京访问的泰国总理巴育在体验京津城际高铁时说。

互联互通，更是互利共赢。

“以尼日利亚沿海铁路为例，一方面将带动近40亿美元的中国装备出口；另一方面，可以为尼日利亚提供近5万个直接就业机会、15万个间接就业机会，运营期间还可提供 2 万至 3 万个固定就业岗位。”中国铁建董事长孟凤朝说。

中国在海外的铁路项目促进了当地经济社会的发展。安哥拉本格拉铁路全线竣工后，沿线省份莫希科省的副省长弗朗西斯科 · 冈巴古说，中国公司重建本格拉铁路，给铁路沿线人民的生活带来了新的希望。

在铁路未通之前，用汽车将货物从首都罗安达运至莫希科省，路程超过 1300 公里，30 吨货物的运费高达 1.5 万美元。如今通过铁路，每吨运费只有 45 ～60 美元。

中国高铁“走出去”还带动当地技术水平提升和产业升级。在中泰两国就铁路建设达成进一步协议之际，中泰高铁联合研究中心即将落成。研究内容包括高铁技术研发、测试认证、实验和仿真能力、技术人员培训等。2014 年 12 月初，中国北车与印度企业组建的合资企业在新德里设立，代表中国一流水平的铁路牵引电机技术将在印度实现本地化生产。

不仅如此，延伸的轨道也许会带来更大的“蝴蝶效应”。

100 多年前，地缘政治学鼻祖——英国地理学家麦金德把俄罗斯、东欧、中东、中亚以及中国新疆称为“世界岛”的中枢。

如今，已开通的兰新高铁和建设中的兰渝高铁正在联通中国的大西部。专家认为，未来，高铁线如果绵延向西，贯通欧亚大陆，经济版图将随之改变。

高柏表示，在过去的 30 多年里，中国作为世界工厂向国际市场出口了无数产品，但多数停留在低端层次。高铁作为革命性的交通工具，对中国和世界都将产生深远影响。

“高铁出海”要算“大账”

回望2014年，“高铁出海”是关键词之一。在这一过程中，社会上有关“低价竞争”“亏本买卖”的担忧和质疑从未散去。如果把“高铁出海”仅仅看成一笔交易，未免会限于争取一城一地之得失。如果放大视野，把高铁走出去放到中国发展的整体布局中，就会发现其中的长久红利。

从当下看，“高铁出海”将是经济发展的一个新支点。结束了高速增长的中国经济已步入“新常态”，高铁“走出去”不仅有利于纾解国内产能过剩，还可以开拓市场，输出产品、技术、人力资源。与许多人认为的不同，中国在海外的铁路建设项目目前大多盈利，机车出口利润率也远高于国内。

以发展的眼光来看，“高铁出海”不仅是某种产品、某样技术的输出。高铁是高端装备技术的集成，代表着一国的制造实力和科技水平。改革开放40年来，中国作为世界工厂向全球市场输出了无数商品，但总被贴上“低端制造”的标签。高铁能够走出国门，是一个行业赶超世界先进水平的样本，更代表着后发经济体国家经济的转型，有利于提升中国整体竞争实力和国家形象。

对于未来的中国而言，“高铁出海”更意味着发展大格局的改变。在国内，高铁已经以速度之魅改变着中国的经济版图，走出海外，也将改写国际政治经济的大版图。从历史上看，重要交通工具的发展往往预示着国际发展格局的改写。以蒸汽机为动力的近代海洋交通技术把世界带向了“海权时代”，而高铁的出现，可能预示着以欧亚大陆为中心的陆权时代的来临。

为未来布局，意味着中国在“高铁出海”的“旅程”中要有更多的战略考量。以欧亚大陆为例，如果能够建设由中国通往中亚、南亚、中东、东欧甚至最后直至西欧的高铁路线，不仅将推动沿线国家和地区的经济融合，还将为中国的持续发展打造向西的“桥头堡”，大大增强中国的国际话语权。高铁的互联互通，也是世界的互利共赢。

不可否认，战略上的布局和财务上的分析未必能完全对等。铁路尤其是高铁，投资巨大回报期长，短期内运营很难有经济效益。但这只是就铁路而说铁路，如果把高铁对沿线经济、社会的拉动作用综合考量，其综合效益不可低估。中国提出了“一带一路”倡议，交通基础设施的互联互通是其中关键。如果能用快速铁路把中国与世界其他国家相连，产生的巨大经济、政治意义更难以金钱衡量。

前人栽树，后人乘凉。高铁建设、布局是一项长期战略，正如国内高铁建设也历经曲折一样，只有抓住当下难得的历史机遇期，精心布局“高铁出海”，若干年后中国和世界都会享受到高铁带来的红利。

一位“老铁路”的高铁梦：
“用高铁把世界连起来”

在中国工程院院士、著名铁路隧道专家王梦恕的心里，一直有着一个用高铁将世界连接起来的梦想。

其中，上万公里长的中俄加美高铁，是这一梦想中的狂想部分——中国漠河—俄罗斯楚科奇半岛（4000 公里）—白令海峡（200 公里海底隧道）—美国阿拉斯加—加拿大（1500 公里）—美国西雅图（1800 公里）—洛杉矶（2000 公里）。

“这条国际高铁如果能建成，旅客将可乘高铁，穿越白令海峡，两天内抵达美国。”77 岁的王梦恕指着世界地图说。

这个大胆的设想，面对复杂多样的地质和气候环境，技术上面临巨大挑战。其中最具挑战的，无疑是白令海峡长达200公里的海底隧道。不过，这在铁道系统工作了整整半个世纪的王梦恕看来，白令海峡海底隧道对我们并不是个事儿。

“我们国家的铁路隧道技术了不得。拿贵广高铁来说，全线新建隧道238座，总长达464公里，占整个高铁长度的54%，可谓‘超级高速地铁’。”王梦恕说。

从大瑶山隧道到秦岭隧道，从北京地铁到越海隧道，工程师王梦恕，攻克过一个又一个隧道难关，对地底下的事门清。

“特长隧道施工方面我们有丰富的经验，水下的也同样可以做。渤海湾打算修建全长125公里的海底隧道，项目规划已经完成。加上我们有成熟的高铁技术，白令海峡隧道打通，并非高不可攀的事儿。在风险控制、运营安全、建设速度、成本经济、质量百年方面，我们有成套成功的技术。”王梦恕说。

对于令人头疼的冻土和巨大温差问题，王梦恕说，哈大高铁的建设就是在高寒地区进行的，其沿线冬季极端最低温度达−40 ℃。哈大高铁顺利运营，充分显示我国已掌握在高寒地区修建高铁的技术。

在他看来，从中国去美洲，如果修通高铁，在飞机轮船之外，可以多一种交通方式，到美国、加拿大会非常方便，是不错的旅游和交通线路，而且消耗能源占运费比例低，将极大地改变目前的运力方式。

“当然，中俄加美高铁目前还只是个设想，高铁穿越几个国家的关系协调，巨额资金的筹集、运营管理，等等，都是挑战。但是，铁路修到哪里，哪里就繁荣，社会就发展。”王梦恕说。

在王梦恕的设想中，其他连接世界的高铁线路还有：分别从新疆和东北出发，一南一北建设两条洲际高铁连通欧洲；从昆明出发，建设一条高铁贯通东南亚诸国……

截至2015年年初，中国高铁运营里程达到1.6万公里，超过全世界高铁总运营里程的一半，从当年的高铁“追赶者”变为“引领者”，并在满怀信心“走出去”。

在亚洲及周边地区，中国正致力于铺设一条纵贯东南亚，直达马来西亚和新加坡的大通道，同时重建与中亚、欧洲联络的钢铁丝绸之路；从西非到东非，中国修筑的钢铁长龙正在将非洲多国联通；在欧洲地区，中国企业参与修建的第一条高铁——土耳其安伊高铁顺利通车，中俄高铁合作达成初步共识，同时积极推动中东欧、中吉乌等铁路合作项目；在美洲地区，中国企业在高铁方面也有望破局。

“中国目前成功拥有世界先进的高铁集成技术、施工技术、装备制造技术和运营管理技术。以高铁‘走出去’为代表的铁路合作，不只是打造先进便捷的交通设施，更能将铁路红利带向世界各国。”王梦恕说，希望在有生之年，中国高铁更多地走向世界，让世界互联互通，互利共赢，共同发展。

第三章

网络中国

- 繁荣背后的忧思——中国电商痛点调查
- 中国开启“互联网＋”时代大门
- 经济“黑马”，改变中国

繁荣背后的忧思——中国电商痛点调查

导言　“电商化”势不可当　“痛点”亟待消除

经过10多年发展，中国电子商务日益“走进”千家万户，发展迅猛。

同时，中国经济发展速度经历几十年的“狂奔”后，也放缓步伐，进入新常态。

电子商务能否成为未来经济增长的新引擎？究竟存在哪些亟待消除的痛点？

“触网”找死，不“触网”等死？电商浪潮冲击下，资金实力雄厚的百货集团、传统零售商努力转型寻求突围，涅槃能否重生？日子究竟怎么样？

中国电子商务一方面爆发式增长、“野蛮”式发展，一方面则频频上演“春秋争霸”“三国混战”。电子商务究竟是否进入寡头时代？“神仙打架”，是殃及池鱼还是让百姓得益？

假如电商是“江湖”，BAT（百度、阿里、淘宝）挟“用户”令诸侯，快速瓜分天下呈三国演义之势。用户战、价格战、物流战、品牌战、资本战……电商诸雄“明争暗斗”，一次次攻城略地。刀光剑影的背后，有多少不为人知的艰辛与不易？又有哪些是逃不出“江湖”的生死定律？

…………

2015年年初，调研组历时一个多月奔赴各地深入调研发现，快速发展的电子商务，面临诚信、恶性竞争、税收漏洞、监管等诸多长期存在的痛点，亟待刮骨疗毒、轻装前行。

这是一次极度调查。

——采访了阿里巴巴集团总裁金建杭、《创业家》董事长牛文文、聚美优品CEO陈欧、中国互联网协会常务副理事长高新民、中国教育在线总编辑陈志文、中国物流与采购联合会副会长蔡进、苏宁云商集团股份有限公司副董事长孙为民、中国电商协会副理事长郑砚农等大批业内人士。

——毫不回避问题，剑锋直指“互联网寡头”现象，全面反映各方意见；聚焦假货“横行”等电商九大痛点，进行探讨，发出“还要‘痛’到何时”的追问，文章发出后，甚至有的自媒体擅自把题目改为“新华社细数淘宝九宗罪”。

——指出了“电商化”即互联网化的趋势，告诉人们这是一个不可阻挡的发展趋势，是信息技术尤其是互联网技术发展的必然，这种趋势已经并还将对经济社会产生深远影响……

“政府部门还没有形成互联网经济的管理结构。”

行业恶性竞争频出，企业深陷车轮混战，不堪重负；低价促销成为常态，虽不断吸引消费者眼球，但使厂商生存环境进一步恶化；众多电商发迹于互联网，却受害于互联网上假货泛滥；电商的税务问题也屡遭质疑……电商积累的问题已经到了一定程度，渴望规范化发展，成为行业内外强烈共识。

这次调研，我们还采访了国家工商总局、北京市工商局有关人士。对之后爆发的工商局和阿里爆发“大战”，既感到意外，又觉得是一种必然……

“电商化”趋势比重首度超过 10%

北京的张伟打开支付宝 10 年账单时惊讶地发现，10 年时间，他已在线支付了 13 万元，其中绝大多数是用于网购。“10 年前，我还在上学，那时只是买零食和书，工作后买电器，现在几乎所有商品我都是网购。”张伟说。

中国经济发展“电商化”趋势日益明显：2014 年全年网上零售额同比增长 49.7%，达到 2.8 万亿元；中国电商交易规模和创新应用再创历史新高，网络交易量直线上升，社会零售品消费市场“电商化”比重首度超过 10%，从 2010 年的 3.3% 增长到 2014 年的 10.5%。

近年来，以网络零售为主的电子商务持续保持快速发展。2002 年，中国电子商务市场交易总额仅为 1 万亿元；2014 年，电子商务交易总额（包括 B2B 和网络零售）约 13 万亿元，同比增长 25%，在全球电商市场里名列前茅。

中国互联网协会副理事长高新民预测，到 2020 年，我国电子商务交易规模将逼近 50 万亿元，约为 2010 年的 10 倍，有望成为全球第一大电子商务交易市场，其中网络零售交易额将超过 10 万亿元，占社会零售总额比重将达 16.3%。

中国教育在线总编辑陈志文指出，近年来从消费品到大宗商品，从卖纽扣到卖房子，一切都在“电商化”，目前正向医疗、教育等垂直服务领域深度延伸。

统计数据显示，传统产业转型网购零售收益日渐明显，发展速度超出预期。像北京、上海、广州、深圳、杭州等一二线城市网购零售增速已达 20%～30%，比例远超全国平均值。通信专家项立刚表示，未来电子商务与传统零售的融合将进一步扩大。

业内专家用“辉煌”来形容十几年来中国电商的崛起。然而，值得警惕的是，在电商令人瞩目的辉煌业绩和传统产业“电商化”的背后，长期存在的痛点和问题亟待解决：价格“躲猫猫”，先提价后降价；快递变慢递，消费“爆棚”造成物流高压；假货“满天飞”，低价诱惑隐含购物风险；隐私被泄露，网络诚信体系缺乏监管……

此外，电商的税收漏洞也饱受诟病。由于电商征税制度的缺失，具有商品体积小、网点分散、非注册经营、交易主要靠电子支付等特点的电商卖家不开发票、不上税较为常见，影响了市场管理秩序。

“电商化是非常值得研究的重大课题。”陈志文说，电子商务领域只有消除长期存在的痛点，才能更好促进消费升级，促进传统产业转型，从而促进我国经济社会健康发展。

电商九大痛点：还要“痛”到何时?

中国接触互联网 20 多年来，电商化成为经济社会发展的重要特征和长期趋势。电子商务表面繁华的背后存在哪些隐忧？中国经济电商化之路怎样才能走得又稳又快？长期存在的痛点还要“痛”到何时？有何解决良方？就此，新华社记者做了深入调研。

痛点一：低价文化

打开“淘个团购宝”APP，9.9 元的袜子、手套、零食、化妆品，19.9 元的毛绒衫、大衣乃至床单比比皆是……

然而，在浙江省临安市昌化镇白牛村——全国四大淘宝村之一，村民们多年靠电商在全国卖炒货走上致富路，如今却日益发愁。

“低价竞争太激烈了，一些店主压价太厉害，过去卖炒山核桃还有利润，如今为了抢市场，大家把价格都压到成本价了！”村民、网店店主潘小忠向记者感慨，“这么做下去，是做死的节奏！”

“在电商行业中，至‘贱’者无敌，这和当前的社会发展阶段是不相符的。”《创业家》董事长牛文文认为，“价低者得”的竞价文化是走向温饱时期的消费者心态。而在电商领域，动不动就搞价格战，盛行打折文化，既不利于中国制造升级，也损害尊重创意的社会价值观。

更让业内人士忧虑的是，电商本来是高科技产业的代表，贯穿了供应链、零售链、仓储链等多个链条，本来可以对上下游产业转型升级产生更大的引擎动力，但“唯低价是举”将行业门槛降得很低，电商对相邻产业的正面带动效应“大打折扣”。

“创意产品不适合电商。”牛文文担忧，一旦在互联网上有了创意，就会迅速被拷贝、抄袭，低价产品横行，把创意的价值拉低，不利于全社会形成创新驱动的氛围。

痛点二：恶性竞争

传统商战中，不乏恶性竞争。日新月异的互联网时代，每个电商都拼命想抓住风口。时不我待的紧迫性，充分竞争的网络阵地，某种程度上异化了公平竞争，加剧了恶性争斗。

广州沃弗信息科技有限公司总经理陈延称：“电商都很注重网上口碑，但针对网络特点，电商业竟然产生‘差评党’，专门负责给竞争对手差评，更恶劣的是，有竞争对手专门雇人买了产品就‘七天内无理由退货’，电商的出库成本和销售成本大大增加。”

一位电商透露，自己花钱在淘宝买了“直通车”的链接，原本希望消费者能快速浏览货品，结果一些竞争对手专门找人点击，每点击一次就要付给淘宝 2 元，并没有形成购买量，这让他不堪重负。“现在我做了电商死，不做也死，我们在平台上就像骑在马身上不得不跑。”他无奈地说道。

北京市工商局相关负责人表示，恶性不正当竞争是破坏互联网经济的恶性毒瘤，如果不能及时规整，就容易助长“劣币驱逐良币”，从而危害公平、诚信的竞争秩序，严重破坏整个市场经济赖以存在的商业环境。

痛点三：假货帽子

假货，是线上线下都有的经济现象，然而，借由互联网平台传播后，网络假货备受质疑，有时网络甚至被有些人称为“假货集散地”。

国家工商总局公布 2014 年下半年网络交易商品定向监测结果，监测共完成 92 个批次的样品采样，其中有 54 个批次的样品为正品，正品率为 58.7%。其中，淘宝网样本正品率最低，仅为 37.25%。

淘宝网曾多次声明，其不直接销售任何商品。然而，来自北京的消费者刘畅说：“如果我在商场买到假货，我可以找商场。在淘宝上买到假货，我不找淘宝找谁？”不少消费者有着同样的想法。

国家工商总局表示，淘宝网假烟、假酒、高仿手机、假名牌包、假证等大量存在，对平台内商品信息的审查、日常监测、违规处置不到位，处理消费者维权诉求和监管部门的执法协查时门槛偏高、效率低下。

对于渴望正当经营的电商来说，互联网既是发家之地，有时也是伤心之地。不少电商深感名誉受损之害，记者走访中，他们不约而同地将“打假”作为重点。

“我们对造假者深恶痛绝。”阿里巴巴集团总裁金建杭表示，每年都在严打造假，阿里巴巴平台上的消费投诉率逐年下降。但他同时表示，某种程度上，消费者是假货的“同谋”。只有全社会对保护知识产权的认识都达到一定阶段，才不会给造假提供社会氛围。

化妆品是电商平台的标配，也是假冒伪劣产品的重灾区，消费者的疑虑也最多。聚美优品 CEO 陈欧这几年做了一件费时吃力的事：从一个小唇膏，到一套护肤用品，贴上聚美优品和品牌方联合推出的“防伪码”，消费者一旦怀疑真假，可在品牌方和购买方验货，追溯货品的来源。

“应该说，为了方便消费者辨别真假，我们想尽了各种办法，对每一批产品严格抽检，甚至为每件化妆品买保险。”陈欧说，假冒伪劣产品不解决的话，电商市场将难保健康。

痛点四：诚信危机

售卖假货，降低了消费者的信任。一旦出现信任滑坡，影响的不是一两家网店，而是整个电商行业。

2014 年 7 月，聚美优品第三方商户“祥鹏恒业”被媒体披露涉嫌造假，事后查证假货风波只限于第三方手表业务。当时聚美优品“壮士断腕”，砍掉了整个第三方奢侈品业务线。

“诚信是个大问题，不能仅仅依靠有关部门的授权书就相信第三方。”陈欧说，砍掉第三方，丧失了很多用户流量，但是如果是非良性利润部门，就必须砍掉。

假货是诚信问题的一个侧面。近年来，很多消费者网购时遭遇的劣货退货、霸王条款、先涨后降等不诚信行为屡见不鲜。

国家工商总局表示，尽管多次就不诚信问题约谈电商企业，但损害消费者权益的行为仍屡屡出现。“双十一”期间，淘宝网等平台出现多种违规促销，诱导消费者盲目消费。还有一些电商平台虚构网络交易额现象严重，一些卖家还通过“空买空卖”刷高交易数量提高信用。

专家分析，网络的电子化和虚拟性使得电商市场的信用基础极为薄弱。尽管电商在经济贸易中比重逐渐增大，但至今没有统一的部际协调机构。记者走访中，行业内外对秩序的呼唤越来越强烈，多个电商呼吁政府加强监管，并表示愿意共享多种数据。

痛点五：税收漏洞

电商的税收问题饱受社会质疑。购物数量小，卖方数量大而分散，非注册经营，交易主要靠电子支付等，电商商家有了“摆地摊”的机会，由于电商征税制度的缺失，“不开发票、不上税”现象随之衍生，不少人质疑这是对传统商贸的不公平，破坏了市场管理秩序。

记者走访后发现，京东、苏宁易购等自营 B2C 电商都是按照国家规定纳税；但是有些电商平台是 C2C 卖家，目前相当一部分不交税。

在浙江义乌，一位淘宝店主向记者坦言，淘宝上大量店主不交税。如果征税，那肯定就死了。

“我们合理纳税，一些电商不开发票却是常态，我们不怕市场竞争，就怕输在游戏规则上。”苏宁云商集团股份有限公司副董事长孙为民说。

中国电商协会副理事长郑砚农指出，电商的市场环境对线下大量小卖家不公平，容易导致线下卖家倒闭、失业，最终导致整个消费市场发展的畸形。“随着电子商务逐步成为经济中的常态商业模式，线上、线下应该采用公平的纳税规则。”

痛点六：创新之困

经过多年发展，我国电商结合本土需求，形成了独特业务模式创新的电商企业，但技术创新仍然薄弱。

调研中有业内人士指出，互联网时代电商不仅要重塑且进一步优化商业产业链，做好品质和服务，还要有更大层面的回溯和再造，成为传统产业提高效率、减少成本和提高附加值的引擎，而这一切都要靠创新。

“过去，电商业门槛比较低，电商化主要在消费品领域，解决人民群众的生活需求，现在向教育、医疗等垂直服务领域深度延伸，在这些领域，无论是技术还是商业模式都面临很大挑战，更长远的创新已经势在必行。”中国教育在线总编辑陈志文指出。

中国物流与采购联合会副会长蔡进表示，我国电子商务要注重方式和模式创新，通过优化供应链和管理模式，实现行业转型升级；注重技术创新，使整个流通包括物流、商品、资金流能有效衔接，从而推动模式、体制创新。

痛点七：物流短板

每年“双十一”是场消费盛宴，对我国支撑电商的社会物流系统和基础提出了严峻考验。国家邮政局提前部署十几家快递公司做好应对，大家都意识到，如果物流没有跟上，就是场灾难。

与国外发达国家相比，我国电商的社会物流系统远不成熟，供应链、配送、第三方物流的信息化和标准化水平仍然有待提高，国内快递行业鱼龙混杂，行业标准和服务质量良莠不齐。

“目前中国电商发展的最大瓶颈在物流，需要政府、企业去共同改进。”艾瑞咨询高级分析师王亭亭说。

在外界看来，苏宁易购、京东等至今未实现盈利。记者调研中发现，恰恰是电商们意识到物流短板，构建强大、高效的物流体系，导致企业利润受到影响。

“苏宁这些年主要搭建两个平台，一个是商品门户平台，另一个是后台的物流平台。”孙为民表示，物流体系将是电商盈利的关键。目前，苏宁已经打造覆盖全国的自动化物流体系，提供“半日达”“急速达”“一日三送”等特色物流服务。今后，苏宁物流部门将进一步实现社会化开放，由企业物流转变为物流企业，从成本中心转变为利润中心。

痛点八：融资之难

2014 年，聚美优品、京东、阿里巴巴接连在美国上市，掀起中国电商在全球市场的上市潮……在国内很多电商发展初期受到国外资本的青睐。这些现象发人深思：为何中国分享不了本土创新型企业的发展红利?

“国内资本市场尚不能支撑互联网企业的发展。”达晨创投基金 TMT 行业投资部副总经理何士祥告诉记者，一方面证监会要求上市企业必须达到盈利的一定标准，而电商初期都很难达到，另一方面证监会把关特别严，上市等待的时间太长了，瞬息万变的互联网企业折腾不起。

郑砚农指出，在融资、股市等金融手段和机制方面，希望可以放得更开些，以利于在资金、上市选择等方面让创业者有更多机会。

痛点九：监管之痛

这些年，从政府到民间，都高度重视且扶持互联网，支持电子商务发展。但面对快速发展的行业，不论从技术手段还是认识水平上，监管都远远滞后于发展速度。

记者了解到，目前涉及电子商务管理的有商务部、工信部、公安部、网信办、质检总局、工商总局、人民银行、银监会、交通运输部、海关、农业部、国家邮政局等约 20 个部门。走访多个部门后发现，各部门关于全国电子商务的数据统计都很少，更不用说权威部门数据进行共享。

淘宝平台上究竟有多少电商商户?“双十一”期间 571 亿元销售额是真是假?退货率有多少?几乎没有一个部门说得清楚。

“政府部门还没有形成互联网经济的管理结构。”北京市工商局有关负责人指出，在网络市场的虚拟性、广域性、一体性与行政管理的现实性、地域性、分立性之间存在矛盾和不适应。

价格战硝烟四起、口水仗不断、虚假宣传泛滥……违背市场秩序、侵害消费者权益的行为，必须进行监管。而目前规范电商的《消费者权益保护法》和《网络交易管理办法》的实施细则和行政处罚方式不够明确，面对复杂多变的网络违法行为，监管及立法的滞后影响了电子商务朝更健康的方向发展，电商革命绝非一片坦途。

针对电子商务领域的瓶颈问题，有关部门纷纷行动。

——电商立法呼之欲出。记者从多方获悉，电子商务法正在加紧起草中，将着力解决电子商务领域存在的诸多问题。

——跨境电商制度不断完善。商务部等出台《关于实施支持跨境电子商务零售出口有关政策的意见》等一系列文件，打造电子商务规范体系，财政部等明确跨境电商零售出口税收优惠政策等。

——工商总局提出，2015 年将重点建设“第三方网络交易平台监管系统”，对电商进行跨区域监管，将问题电商列入黑名单和灰名单，让监督在阳光下进行，包括监管者、经营者、消费者等全社会共同参与平台治理。

——证监会正研究在创业板设立专门层次，支持尚未盈利的互联网企业、科技创新企业上市，进一步拓展创业板对创新经济、新兴产业的覆盖面……

痛定思痛，消除痛点，中国电子商务才能真正获得健康持续的发展，为产业转型、经济发展注入动力。

当“店商”遭遇“电商”

“触网”找死，不“触网”等死？电商浪潮冲击下，资金实力雄厚的百货集团、传统零售商努力转型寻求突围，涅槃能否重生？日子究竟怎么样？新华社记者就此展开了调研。

电商步步紧逼，超六成零售商“触网”

开业 9 年从未盈利，位于北京西直门的华堂商场 2014 年 12 月关张，这也是该公司同年在北京关的第三家店。

不单是华堂，整个百货业日子都不好过。据中华全国商业信息中心的统计，2014 年 1 月至 11 月，全国 50 家重点大型零售企业（主要是百货企业）商品零售额累计同比下降 0.6%。

萧条，是中国实体商业遭遇电商冲击的惨烈注脚。

从服装用品、书籍刊物，到汽车电器、珠宝钻石，电商步步紧逼，店商节节败退。同时，实体店租金、人工、水电、物流等经营成本持续上涨，但商品销售毛利几乎没有增加。重压之下，2014 年上半年百强实体零售商关闭门店 160 多家（中国连锁经营协会数据），创历史之最，百货和超市是“重灾区”。

持续“关店潮”之后，负增长也开始成为困扰零售业发展的一大隐疾。公布 2014 年三季报的 88 家商贸零售企业中，31 家商贸零售企业净利同比下滑，占比高达 35%。

形成对比的是，电商保持高速增长态势。2014 年阿里巴巴三季度营收同比增长 53.7%，京东三季度净营收同比增长 61%。

“不‘触网’等死，‘触网’找死”——由于开网店投入巨大，会进一步压缩利润空间。业界流行的这句话，勾勒出传统零售商对待转型的纠结心态。

尽管如此，在生死关头选择拥抱互联网的零售商还是大多数。王府井、银泰百货、天虹商场等七成以上百货企业已开设网店；大润发、TESCO 乐购、步步高等传统超市也纷纷上线。据调查，国内 63% 的传统零售商已开展实体店、互联网、移动端等多渠道零售业务。

转型遭遇阻力，试水 O2O

“店商”开网店看上去很美，但转型之路布满荆棘，面临投资回报率低、盈利前景差等诸多困境。

据记者调查，目前零售商自建的网购平台规模较小，流量与销售额都无法与纯电商抗衡。2013 年连锁百强中，四成企业网络零售年销售额小于500万元。一半以上企业经营单品数在3000个以内，且缺乏特色，也毫无价格优势。

上市公司报表显示，2012年以来受经济放缓及电子商务投入影响，国美、苏宁等零售商相继出现业绩亏损。

为走出困境，原先势同水火的店商和电商开始探索线上线下O2O（线上到线下）融合发展。

早在20世纪90年代末，苏宁就提出电商构想，受制于当时互联网基础设施的滞后，才大力发展实体店。2013年，苏宁再度杀进互联网搏击，正式更名为苏宁云商，提出转型为“店商+电商+零售服务商”。当年6月，苏宁宣布线上线下同价，9月启动“苏宁云台”，全面整合前台后台，融合线上线下。

2014年，更多零售商“试水”O2O，这一年也因此被称为“O2O元年”。3月阿里宣布入股银泰百货，银泰加速了向O2O转型的步伐。同年8月，万达宣布与百度、腾讯合作打造全球最大O2O电商公司……

据中国连锁经营协会数据，43%的百强企业已开展O2O业务。

“标准化、同质化的商品，容易产生线上消费。但对于高端体验型、生活定制型商品，更容易产生线下的体验式消费，线上和线下具备各自优势，O2O融合将带来新商机。”盘古智库理事长易鹏说。

服务和品质仍是救命稻草

无论是店商还是电商，O2O转型探索仍在路上。“电商之所以大行其道，是因为实体店做得不够好。”一位业界大佬曾这样说。

改革开放以来，中国的实体店风生水起，极大满足了人民群众的物质生活需求。但如今看来，以百货商店为代表的许多零售商靠出租柜台、充当“二房东”获取高额收益，并未提供更精致的服务和产品。

放眼全球，发达国家的网购对实体店也造成一定冲击，但大型零售店中的佼佼者仍然用他们的办法留住人：美国梅西百货 90% 以上商品自营，德国阿尔迪折扣店 90% 以上商品为自有品牌，都是努力把商品经营管理的各个环节做到极致，“黏”住消费者。

“国外排名靠前的 10 家电商中，9 家有实体店。长久以来，中国百货业靠联营扣点盈利，超市靠进场费转嫁风险，这些经营模式都导致实体零售商核心竞争力丧失，回归服务本质刻不容缓。”中国连锁经营协会会长郭戈平说。

专家指出，移动互联网时代，传统零售商迎来了数字化变革的机遇。能否重生，要看店商能否抓住零售业的内核，推动 O2O 升级，转型成为“无缝零售商”。

2014 年下半年以来，一种叫“热地图”的技术开始在苏宁各大门店铺开。顾客只要使用 Wi-Fi，在什么时间点、品类楼层、品牌柜台，甚至在哪款商品前逗留等信息就会被搜集。根据数据分析，苏宁会定期调整场地布局、商品的摆放等，对顾客做出精准定位和个性化的营销服务。

“过去工业经济时代，工厂生产什么，商家就卖什么。如今我们通过大数据、云计算等，将消费者需求精准告诉厂家，消费者需要什么厂家就做什么。”苏宁云商集团股份有限公司副董事长孙为民说。

业内预计，各类电商、服务商、货品供应商与零售商的深度合作，将呈现更多体验、社交、生活服务和购物融合为一体的全新商业模式。

马云和王健林的 1 亿元豪赌，曾经掀起传统零售与电子商务谁与争锋的热议。这场“世纪赌局”，输赢判断为时过早。但更多的传统零售商正在闷头做事。银泰百货总裁陈晓东表示：“传统实体店如能在‘虚实融合’上创新，并将消费者体验的功课做到极致，他们自然会重返实体店的阵地。”

探秘淘宝村：“做活”还是“做死”

还没到村子，炒货的香味就扑鼻而来。

近年来，电商革命的浪潮席卷中国许多农村。其中，截至2014年全国有淘宝村即电子商务年交易额达到1000万元以上的村子212个，其中62个在浙江。

淘宝村究竟是怎么回事？记者走进“四大淘宝村”之一的浙江省临安市昌化镇白牛村。这既不是山核桃主产地，也不是城郊繁华地，为啥它是淘宝村？

2007年电子商务刚在民间流行。白牛村有2家炒货厂，收购山核桃仁炒制加工，主要做批发生意，市场销量不太好，生意渐渐萧条，厂子要关门。这时，村子里几个年纪大的人看着电子商务热闹，就开始尝试上淘宝网注册网店卖东西。

36岁的村民潘小忠，是淘宝“山里福娃”网店店主，现在还能想起当时：“我亲戚接触了互联网，回家教我，开始一天、一星期没有一单。但到下半年，单子逐渐多了起来，后来每天有十几单，年底我的店就有‘三颗钻’。”

在自家厂房里，潘小忠正在紧张地查货装货。网店20多个人，包括客服、包装、打包、分拣等各个工种。每天网上接单到夜里12点半，打包到晚上9点半，2014年销售额突破2000万元。

他家厂房斜对面，是全村最大的电商，在淘宝网上赫赫有名的“盛记”炒货，2014年仅山核桃仁就卖了10多万公斤，销售额超过2200多万元。

盛记炒货食品厂厂长叶盛，2015年41岁。

叶盛最早和父亲都在村里供销社上班，改制后下岗回家开炒货厂，欠了一屁股债。2008年4月注册了网店。买来电脑时字都不会打，靠亲戚帮忙才把店注册起来。父亲整天训斥："年轻人不到外面闯闯，老坐在电脑前有什么用？"10天后接到第一笔单，父亲不屑："这一两斤地卖，卖1000斤要卖到啥时候？"

叶盛告诉记者，触网后才发现做电商的甜头。以前批发卖炒货，撑死就是那个规模。可是一上网，口味质量好，形成口碑，就有成批成批的顾客找上门，不少回头客不但自己买，还介绍人买。

电商把整个村子做活了！白牛村目前有40多户从事电商，2014年销售额达到2亿元。过去村里年轻人通过打工赚钱，如今山核桃一整条生产链，把劳动力都带动起来。多的收入几千万元，少的一年也有四五万元。村里好些大学生毕业后也回来了。

的确，据阿里研究院介绍，当前，从淘宝村数量、涉及网店总数、就业人数来看，淘宝村都正在步入"大繁荣时代"。从最初的3个淘宝村到200多个，淘宝村已然"破茧成蝶"，成为影响中国农村经济发展的一股不可忽视的新兴力量。

"能成为淘宝村，主要因为我们起步早；交通靠近省道，镇上快递都很方便；虽然不是山核桃种植地，但附近有个大型加工市场，采购很方便；把周边村庄的资源也用上了。"网店店主、白牛村电子商务协会秘书长张青向记者总结道。

受益于电商，日子好过了，村民们不再外出打工漂泊，然而渐渐地，无论是大小电商，越摸爬滚打越发现生意难做，很多电商孤军奋战、甘苦自知。"农村电商人才十分缺乏，美工根本招不到。工资低他不来，工资高我又吃不消。"潘小忠很无奈。

为帮助大家解决问题，作为临安电子商务示范村，应政府和村民要求，2014年10月村里成立了电子商务协会，代表集体出去协商，和设计公司合作，帮助大家解决技术、人才等共性问题，抱团发展。

但还有更多问题让大家发愁：潘小忠算了一笔账，以前做这行还有

20% 的利润，可现在越来越不行了：2015 年山核桃行情不太好，1 斤进价 73 元，加工完成本达 81 元，现在市场上也就卖到 83 元。

“为抢市场，越来越多的店主开始搞恶性竞争，大家把价格压得太低了，根本不赚什么钱，甚至是亏本。这么下去，都会做死！”他苦笑了下，“65% 都是老客户，用质量口碑还能支撑，但小的网店就不敢保证了，估计马上就会倒闭一大批。”

以前，村里卖的炒货都是散货，后来市场上打着临安炒货旗号的仿冒货越来越多了。潘小忠觉得必须正规，2011 年申请了“山里福娃”的商标，但网上打假工作也令他头疼。

恶性竞争、侵权假冒、诚信缺失……在叶盛看来，这一系列问题，仅靠白牛村电子商务协会、临安市和浙江省相关部门都是解决不了的。他希望有国家层面上的政府部门、协会发力，有更加完善的法律法规，有更加公开透明的诚信体系……

电商业须“刮骨疗毒”

经过十几年发展，我国电商业迅速繁荣，电子商务交易额逐年上升。但在看到成绩的同时，也要看到一些深层次问题。记者经过调研感受到，野蛮生长的电商业不应继续无序生长，规范发展是当务之急，前期积累的问题亟须“刮骨疗毒”。

应该承认，我国电商业发展的前期，几乎没有或很少遇到外部束缚，使电商如雨后春笋般破土而出，生机勃勃。经历自由成长之后，人们却发现，电商业跑马圈地时的很多规则和做法，越来越不适应形势发展，既无益于自身发展，也给市场管理带来诸多挑战。

近年来，电商发展存在的问题开始集中显示：行业恶性竞争频出，企业深陷车轮混战，不堪重负；低价促销成为常态，虽不断吸引消费者眼球，但使厂商生存环境进一步恶化；众多电商发迹于互联网，却受害于互联网上假货泛滥；电商的税务问题也屡遭质疑……电商积累的问题已经到了一定程度，渴望规范化发展，成为行业内外强烈共识。

电商所面临的问题，既是线下问题的集中反映，又具有互联网时代的特性。作为新兴的正在发展的商业模式，在市场经济环境中，虽然看不见的手在维护着市场运行，但政府职能部门如何发挥作用，如何及时伸出“另一只手”等，成了新的课题。

互联网时代面对市场无力调节的新问题、新现象，政府部门不能无所作为，也不能乱作为。新的课题要求加强研判分析，完善相关法律法规，加强第三方监督平台建设，打造社会诚信体系。最重要的是，要适应互联网发展规律，用全新的思维、技术手段，在顶层设计上做好配套和服务，规范电商行业发展。

互联网寡头时代到来?

近年来，中国电子商务一方面爆发式增长、“野蛮”式发展，另一方面则频频上演“春秋争霸”“三国混战”。电子商务究竟是否进入寡头时代?“神仙打架”，是殃及池鱼还是让百姓得益?新华社记者就此展开调研。

巨头圈地：互联网时代筑起“柏林墙”

逛淘宝看上一件商品，想通过腾讯微信分享给好友，点击链接跳转后的屏幕会告诉你，浏览请求“已屏蔽”。坐拥数亿用户的这两款手机应用横扫中国移动互联网，却像是处于两个平行的时空。带有浓重 PC 时代印记的浏览器成了巨头之间的传送门。有人把这称为互联网时代的

“柏林墙”。

每每这时，资深网购“剁手党”刘欣习惯了和闺密交换网购心得的方式：会把带有淘宝店名的界面截屏，回到微信，把图片发给对方，自行上淘宝搜索。

假如是线下逛商场，这家不爽可以去那家，网购却很难。易观智库发布的行业分析报告显示，天猫占据了国内B2C市场半壁江山，与京东联手拿下3/4的份额。

如果说B2C电商领域已经是巨头林立，淘宝在C2C个人网店领域的份额更高，几乎成了个人网店的代名词——尽管淘宝一直申明，汇聚了数百万卖家的网购平台并不能简单地被视为一家企业。而至于网购的分享交流工具，不论阿里巴巴铆足劲推销的“来往”还是手机版“旺旺”，微信始终在移动社交领域一家独大，难觅敌手。

历经巨头疯狂并购“圈地”的2013年和2014年，中国互联网的区域版图越发清晰。一个典型移动互联网用户的一天可能是这样的：掏出手机，从出门打车、联络工作、订餐订座订机票到看新闻、查地图、听音乐、看视频、玩游戏，甚至是买菜洗衣找家政，绕来绕去都逃不出巨头们麾下的各类应用。

易观智库公布的2014年9月移动APP排行榜上，排名前10位的9个归属BAT阵营，剩下一个搜狗输入法也已经被腾讯入股。

并购入股“站队”愈演愈烈，随之而来的是加速割裂的格局。淘宝屏蔽了百度的搜索抓取，在京东购物再也不能用支付宝付款；淘宝和微信相互屏蔽；对于阿里寄予厚望的移动社交软件“来往”，微信进行了屏蔽。

观点交锋：电商行业是否已形成寡头格局？

电商行业是否形成了寡头格局，政府、企业、专家观点不一。

“我觉得目前互联网已形成寡头格局，但这必将是暂时的。”广州沃弗信息科技有限公司总经理陈延说，“我常常在想，你要是开个实体店，在路上好歹能被人看到，在互联网上找都找不到。销量越好，搜索的加权就越高，而小电商没有资源，刚创业又不参加平台上各种活动，被人搜都搜不到。这些都可以说是平台的潜规则。但也没有办法，平台毕竟是主要渠道。”

聚美优品 CEO 陈欧认为，在寡头时代，如果你是别人的子集，会很难受，更可怕的是资本注入，就会带来恶性竞争。大打价格战，看上去老百姓短期受益，最后却会遭殃，因为整个行业受到冲击，并没有得到良性发展。

淘宝与工商总局之间关于网上售假的交锋引发舆论广泛关注。工商总局相关人士表示，工商总局此前多次和淘宝网沟通，但效果并不理想。“市场占有率决定了话语权，容易造成店大欺客现象。监管部门一定要深入研究，防控系统性风险。”

一些较为乐观的受访者表示，电商领域形成今天的寡头格局，是近几年高速发展、市场竞争的结果，也是由互联网经济的特性决定的。互联网的特点是底层中心化，比如一个用户不可能同时用 8 个聊天软件。从全球互联网行业来看，高度的市场竞争会形成巨头的不断更迭，相比其他不少领域而言，互联网仍然是比较公平的。

不过，一些刚刚度过起步期的创业型电商网站坦言，他们感受到了电商寡头格局下的另一种压力。母婴类垂直电商网站“蜜芽宝贝”完成 C 轮 6000 万美元融资后，创始人、CEO 刘楠说，“蜜芽”在初创期就收到了来自大型 B2C 网购平台的提议，“要不然就让我投资你，要不然我就打你”。

从导购起家到转型做电商，2013 年的那场“淘宝屏蔽蘑菇街、美丽说等导购网站链接”一时成为业界焦点。蘑菇街联合创始人兼 CEO 陈琪认为，时至今日他反而会比较正面地看当年的这件事，“屏蔽与否，技术不是最关键的问题，转型是迟早要做的。我关心的是，消费者满意我吗？我的商家满意我吗？”

对于电商领域的创业者，互联网巨头之间割裂的格局对他们而言，影响比用户更为深远。近几年“草根网商创业难”“小卖家生存难”呼声渐起。尽管巨头们说，生意从来就没有好做过，但想在万亿元规模的网购市场里分一杯羹，经过阿里系、腾讯系等巨头的几番交战之后，网店流量入口一步步收紧，集中在平台手里。

“并不会形成寡头格局。”《创业家》董事长牛文文认为，资本和技术是逐利的、流动的。只有行政垄断会形成真正的垄断，但在电商行业，行政垄断并不存在。资本喜欢逐利，而寡头的增长相对慢，所以资本会去寻找别的势力，培育新的创新力量。

更新换代：大佬们就怕被颠覆

电商产业格局下，市场份额集中到一定程度，大平台对于资源的把控能力有目共睹。在美国，电商平台巨大的市场份额甚至让供货商式微。亚马逊和美国图书出版商之间 2014 年爆发了一场拉锯战。为了让出版商对电子书保持低价，亚马逊通过减少纸质书库存、减少折扣倾斜等手段对出版商施压，引发媒体广泛关注。

业界流传的一个说法是，中国市场足够大，选准了领域，垂直电商就是行业寡头。

“互联网寡头时代，意味着下一步机会在深度垂直领域。聚美优品接下去还是要加大自有品牌培育力度。互联网攻城容易守城难。这几年我们发现，互联网也是 1 比 9 的效应，就是 90% 都会死掉，必须走出自己的路子。”聚美优品 CEO 陈欧说。

观察者们发现，新的商业零售格局正在形成。腾讯、百度、万达结盟形成线上线下共同体，阿里巴巴入股银泰百货试图开展 O2O 试验，除了苏宁、国美、当当网等传统 B2C 平台迈向开放之外，2014 年赴美上市的聚美优品、唯品会等垂直类电商也正风生水起，完成 C 轮融资的口袋购物正在布局微商。

起家于大平台的电商创业者也在忙着打造自己的生态链——凭借在天猫销售美国车厘子走红的互联网鲜果供应商天天果园，通过社交网站力推折扣——用户有机会以两折价格购买一斤车厘子，但前提是要下载它的 APP。

2015 年 1 月 24 日，社区 O2O“破与立”研讨会暨惠民网资本起航仪式在京举行——即便前有京东后有若干垂直领域电商，立足社区的惠民网模式仍然引起投资人的青睐，包括洪泰基金等多家投资机构注资，不少基金排队想注资。

原来，惠民网是以全国近百万家社区超市为基础，建立一个覆盖全国的社区超市服务网络，一方面为超市和社区居民之间搭建一个网络交易和社区服务平台（B2C）；另一方面为社区超市和厂商或基地建立一个快捷的商业物流网络（B2B）。在投资者看来，这个模式打到了市场的“痛点”，既可以帮助供应商解决“最后 1 公里”的难题，又可以打通社区生活的“任督二脉”，创造新的服务模式。

“在互联网时代，三五年就是一代，大佬们都很焦虑，无时无刻不在担心自己被颠覆。”作为惠民网投资人，达晨创投基金 TMT 行业投资部副总经理何士祥表示，完全不用担心寡头垄断，只要保持创新，给用户提供最有效的服务，新的竞争者完全可以脱颖而出。

盘古智库理事长易鹏认为，互联网的魅力是不断跨界，在这种游戏规则下，政府要营造更加公平、开放的市场环境，鼓励大小电商都能进行更多的增量创新。

“对于中国互联网，我最担心的不是来自市场的寡头垄断，而是非市场因素。竞争者不断涌入，就会形成巨大的创新效应。”真格基金创始人徐小平说。

三问电商“江湖”：无本万利？任性烧钱？万能锤子？

天下武功，唯快不破。假如电商是“江湖”，各派新势力将“快”字演绎至极。BAT（百度、阿里、淘宝）挟“用户”令诸侯，快速瓜分天下呈三国演义之势。用户战、价格战、物流战、品牌战、资本战……电商诸雄“明争暗斗”，一次次攻城略地。

刀光剑影的背后，有多少不为人知的艰辛与不易？又有哪些是逃不出“江湖”的生死定律？

“无本万利”：线上成本都很低？

低价、省钱，一直是电商“吸睛”的“撒手锏”。从“双十一”“双十二”到“滴滴红包”“1 元门票”，纵观电商“江湖”中各种网络营销推广，均不会离开这一基本要素。据艾瑞咨询机构统计，48% 的消费者选择网上购物的原因是价格因素。

南京智儒投资管理有限公司董事长朱逸认为，电商与传统零售最大的区别在于其没有实体门店。这样一来，至少人工、租金、折旧摊销、水电气等费用都省了，从而为低价提供了可能。

90 后淘宝店主陈梦经营一家外贸服装店已经 5 年。在她看来，网上东西便宜主要还是供应链被“短路化”，中间运营成本被缩减。陈梦说，她更愿意开网店，一是相比实体店，毛利更高；二是“永不打烊”的网店可以实现 24 小时即时交易，这样她才能兼顾在南京大学审计专业的研究生学习。“但现在生意越来越不好做，新对手的威胁、奇葩买家的刁难……这些都需要投入大量人力成本，此外参与‘直通车’‘钻石展位’‘聚划算’以及微博、微信公众账号等营销花出去的银子也不少。电商成本看似‘轻’，实则‘重’。”

中银国际2014年发布零售业研究报告称，无论国内外，电商费用率在业态初期远远高于传统零售。有数据显示，近几年传统零售业平均综合毛利在20%左右，净利润率在4%左右；电商的平均综合毛利多在10%以下，净利润率则为负值。

“电商不是没有成本，而是产生了新成本。”华泰证券零售行业研究员许世刚说，对于垂直电商，至少需要承担物流配送、技术研发、广告销售等费用。平台电商的成本还包括平台交易撮合成本、获取新用户的成本、门户的营销推广费、订单履行费等。“电商经历了10年爆发式增长后，网购用户增速放缓至20%以下，流量红利锐减。未来电商价格弹性空间变得十分有限，电商成本也在水涨船高。”

“任性烧钱”：电商们都不差钱?

从2012年京东商城宣布“三年零毛利”并剑指苏宁电器、国美电器高调宣战开始，电商价格战逐步升级为“烧钱”大战，特别是2014年以来，以BAT和细分行业龙头电商为代表的企业凭借资本优势频频跑马圈地，并购和参股的动作不断，几大战略阵营初步成型，电商细分市场进入战国时代。

据不完全统计，2012—2014年，平均每年都有10多家B2C电商企业获得超千万美元级别的融资。

“历史上‘快的’和‘滴滴’在明争，阿里和腾讯是暗战。”南京大学商学院副教授吕伟说，巨头们的染指使得原本竞争激烈的细分电商市场变得更加风声鹤唳，而巨头们也因此骑虎难下、泥足深陷，任性“烧钱”之后，还有“骨感”的现实必须面对。

真格基金创始人徐小平说：“互联网上的竞争成本很大，经过几轮洗牌，九成的中小电商都死了。”

翻看上市电商年报，阿里巴巴 2014 财年收入约 525 亿元，其中国内零售占 85.96%，市场营销收入增速放缓、占比减小已是大概率。2014 年三季度，腾讯净利润 56.6 亿元，环比下降 3%，业绩略低于预期；京东净亏 1.64 亿元；去哪儿网继第二季度净亏 4.22 亿元后，第三季度又亏 5.66 亿元；迅雷上市半年股价几乎被腰斩。

看来电商们不是钱多了才开始“烧钱”，电商们坦言，资本对垒实则是为“占坑”。“有了‘坑’再谈盈利。”吕伟说，“烧钱”效应已经初显，移动互联的入口几乎垄断，用户习惯基本养成，随着用户黏性进一步增强，电商终将脱离这种不健康的经营发展行为。但短期来看，国内电商还难以摆脱“砸锅卖铁”用利润换取客户流量、“赔钱赚吆喝”的怪圈。

“万能锤子”：永远都是颠覆者？

微信“干掉”了运营商的短信，滴滴专车曾逼得出租车停运，天猫“双十一”一天销售业绩几乎相当于国内顶尖百货全年业绩……电商像一个能“摧毁”一切的锤子，颠覆传统、改变生活，让人产生了“插根扁担都能开花”的错觉。难怪消费者会感慨，“淘宝不是万能的，但没有淘宝是万万不能的”。

“蜜芽宝贝”创始人兼 CEO 刘楠认为，电商之所以能颠覆一切，是因为顺应市场。

“满足人群的需求，风就一定会来。”刘楠说，“我首先是一位孩子的母亲，误打误撞做电商。我的想法很简单，让中国妈妈们零焦虑，所以创办‘蜜芽’，第一只卖正品，第二只卖精品。我做不了追风少年，只能做好我能做到的，然后等风来。”

中国电子商务研究中心主任曹磊说，电商确实填补了传统商贸空白，让消费者足不出户就能购物消费，但电商也不是万能的，体验性、亲历性消费是无法替代的，比如和朋友吃一顿大餐、去美容院做个 SPA 、带孩子去游乐场等。“用户买的不仅仅是商品本身，还包括商品使用的场景体验和服务体验，这些在线上没有办法获得。”

盘古智库理事长易鹏说，实体零售与传统电商之间，不是谁干掉谁的关系。未来人们功能性需求可以通过信息化解决，但情感性、心理层面的需求还是要“面对面”实现。

苏宁云商集团股份有限公司副董事长孙为民进一步表示，传统电商粗放式盈利时代已经结束，回归零售本质，抓住信息流、物流、资金流才是渠道核心竞争力所在。

“与其说是电商倒逼实体转型，不如说是商业迭代升级。”朱逸说，电子商务的本质是商业，而商业的本质是洞悉人性。“没有垮掉的渠道，只有垮掉的品牌”“没有死掉的生意，只有死掉的生意人”……即使是“今日明星”，也有可能成为“明日黄花”，闪电般地生，闪电般地死，电商“江湖”的生老病死都是市场更迭规律使然，电商也在这飞速迭代中，没有例外。

让电商活力激活实体之水

经过十几年发展，借着互联网的东风，中国电子商务风生水起、方兴未艾。2015 年，近一半中国人已经通过手机或电脑进入互联网时代，但对电子商务而言，巨大的市场和商机才刚刚展现冰山一角。

与电子商务相比，传统商贸业虽然在改革开放以来满足了人民群众日益丰富的物质生活需求，然而，高地价、高流通成本的粗放式经营，使传统零售业愈来愈受到“冷遇”。起源于互联网的电子商务，拥抱着零售业变革的曙光，向传统产业特别是传统商业模式发起挑战乃至颠覆，将民间的澎湃热情与创造活力尽情迸发，极大便利人们生活，已经成为中国社会不可或缺的一部分。

应该看到，中国经济经过几十年“狂奔”后正在放慢步伐，进入经济发展新常态，更呼唤着经济体上每一个环节、每一根链条为新常态贡献新活力。作为新经济力量的代表，电子商务经过长时间野蛮生长之后回归理性发展也是必然的趋势。在飞速发展的今天，电商的繁荣和活力被社会高度评价。作为推动网络经济发展的核心力量，电商更要重新定位在社会中的坐标，承担起促进实体经济和网络经济融合发展的重任。

21 世纪是信息经济时代，如同 100 多年前电气化引导了工业革命，互联网引起的新技术革命才刚刚开始。通过电子商务，人们发现，交易产生数据，数据创造价值。今天的电商，绝不简单是将买和卖搬到了互联网上，而是改变传统企业的运作方式，大大降低原材料、制造、物流、库存等一系列成本，提高经济效率，利用云计算、大数据等，影响改变产业链上游，倒逼制造业变革，从而使实体经济提质增效、行稳致远。

发端于互联网，开放、创新、融合是实现电子商务发展的重要途径，也是电子商务发展的灵魂。我国电子商务更需要加强创新，用自身活力照耀实体经济发展，加强线上线下融合发展，才会有不竭的生命力。

妈妈们买个纸尿裤怎么这么难？

“妈妈们买个纸尿裤怎么这么难？”

这既是刘楠初为人母的困惑，也使她误打误撞做了电商。

“我能不能为妈妈们做些事？”

如果在多年前碰到刘楠，她无法想到自己如今是互联网公司“蜜芽宝贝”的创始人和CEO。生于1984年，2008年她从北京大学结束了新闻学本科、硕士6年的学习，进入全球500强美国陶氏化学。

外企的工作规律而紧张。很快她怀孕了，辞职回家生孩子。“我特别在乎孩子，要学的太多了。比如塑料奶瓶是不是有毒，我不太信导购就自己穷其究竟。”

学生时代，她是学霸。在家育女，她把学霸精神发挥到极致：挑选奶瓶像做论文一样，她到海外网站看上千页网页，比较各种材料利弊、品牌优劣，用Excel进行管理，写成详细报告，发在论坛、微博上，网友热捧。

作为网络上的“达人妈妈”，众多网友向她取经，还有很多人在网上留言，买了纸尿裤却发现是假货，到哪儿找诚实守信的企业？

“我突然发现，中国母婴市场需求这么大，现有供给却不能得到满足，买个东西这么难，我能不能为妈妈们做些事？”

“这样执着做事的年轻人，我们能不投吗？”

2011年宝宝9个月的时候，刘楠创业，在淘宝上开网店。

从给孩子买纸尿裤起，她就瞄上了日本花王牌纸尿裤。行货和水货价格混乱，她一直想弄明白。白手起家的小店主，师出无名，怎么才能建立供货渠道？

她给花王在国内的代理商又发短信又打电话，对方不理。一次，对方接电话说很忙。刘楠立即顺杆爬：“您总要上班吧，我去您家接您，路上和我聊吧！”

诚意最终使她获得商机。开业前半年，店里主要卖8款花王的纸尿裤，之后才一家一家开始谈，品牌才丰富起来。

有新闻学背景的她，在网店上有了展示才华的机会。她不厌其烦地研究各种性能，用通俗的“新闻学”话语告诉妈妈们，买纸尿裤如何买得物美价廉。“我算过一笔账，买行货是贵，但妈妈们一年节省两顿海底捞的钱，就能给宝贝安全、舒心，为什么不呢？！”

不满足做经销代理商，她更花时间探寻上游货源，出国去谈货，到机场去接集装箱。她把探寻过程在网络上直播，妈妈们看得透明，粉丝们越来越多。店做大了，2013 年 5 月一家大电商要收购，刘楠完全不知道该怎么办。

情急之下，她鼓足勇气给素未谋面的北大校友、私募投资人徐小平发了条短信：“徐老师，我误打误撞做了电商，2015 年有 3000 万元销售额，但有人要收购，卖还是不卖，我很困惑，你是青年创业导师，能否给我指导？”

想不到的是，作为真格天使投资基金的创始人，徐小平约她上家里谈，谈完决定给她投资 1000 万元，让她继续做大。

“那两个小时，基本就是她滔滔不绝，她的奶瓶怎么好，纸尿裤怎么放心，这样执着做事的年轻人，我们能不投吗？”事后，一向青睐“梦想家”的徐小平说。

犹豫了 5 个月，刘楠最终决定拿这笔钱。她开创“蜜芽宝贝”，是国内首创“母婴品牌限时特卖”的垂直领域电商，并成为国家跨境电商试点企业，以最快的速度和优质价格，向消费者推荐跨境中高档母婴产品。

“在网上比卖真货更难的是说真话”

“以前，你是个妈妈就可以，而做企业不在乎你是谁。”她说，“‘蜜芽’是甜蜜的萌芽，过去是我的女儿，现在还有我的电商宝贝。我想让中国妈妈们买母婴产品是快乐、轻松、不焦虑的。”

2013 年 10 月，公司 25 人。一年后，员工人数翻了近 10 倍。2014 年 12 月 15 日，“蜜芽宝贝”完成 6000 万美元的 C 轮融资，距离 B 轮 2000 万美元的融资仅不到半年，且 A 轮和 B 轮投资者继续跟投。

一路高歌向前，但刘楠经历了惨烈辛苦的成长。“从淘宝店主到 CEO，这些年我看到行业里太多的对战、隔空对骂、泼脏水、埋伏下套，很多恶性竞争超乎想象。”

电商业前辈说她：“别看你现在口碑好，总有一天会被说成是卖假货的，要有心理准备。”刘楠很不服气，采购部门是自己一手建立的，品牌选择严格，拒绝的供应商比合作的要多好几倍，怎么可能?

可是，事实面前刘楠感觉到无奈与伤心。

“无底线竞争太可怕了。网上一些竞争对手发攻击性文章，甚至还派卧底来公司刺探情报。针对这些伤害，‘蜜芽’无法避免也躲不开。”

她采取多种措施保护“蜜芽”。“当你把贸易环节交给别人，就意味着别人可以做手脚。所以迄今为止，除了对一些服装品牌商开放外，‘蜜芽宝贝’没有让第三方商家入驻。”

恶意竞争，服务器被攻击……然而刘楠眼中电商业最大的痛点是诚信缺失，“在网上比卖真货更难的是说真话”。

生活中，刘楠的女儿日渐长大。电商江湖中，“蜜芽宝贝”也在风风雨雨中成长。刘楠希望，无论是线上还是线下都能有更安静、更舒心的环境，让宝贝们茁壮成长。

嘿，电商，不要被互联网“绑架”

互联网连接了一切，又介入一切。当“互联网”与“商业”相遇，

“电商”诞生了。经过近 20 年“野蛮”生长，电商在中国的发展迎来“黄金时代”。从鲶鱼式搅局的“逆袭者”到无孔不入的“颠覆者”，电商在消费、金融、农业、医疗、跨境贸易等各个领域强势崛起。

有数据显示，每天中国有 1/7 的消费者在网购；每星期的网购比例中国是 60%，而全球是 21%。中国互联网在消费领域的发展水平已经超过美国，处于全球领先水平。

真格基金创始人徐小平说：“互联网就像太阳，一个点就可以覆盖全世界。”中国电子商务研究中心主任曹磊说，互联网如空气、水一样必不可少，深入社会生活方方面面，改变人们的活动习惯和生活方式。中国工程院院士、互联网协会理事长邬贺铨认为，互联网承载着开放、平等、协作、分享的精神，具有“颠覆性、毁灭性、重构性”。

对于实体企业，互联网更彰显了新商业的革命意味——传统利益格局正在被打破，传统商业规则正在被改写：“传统必败，电商必胜”“要么转型，要么死亡”“互联网思维改变了一切传统商业思维”……传统企业与电商的对抗关系一时紧张到“死磕”。但随着移动互联网更多地普及，电子商务在企业中的应用大幅提升，几乎成为企业“标配”。并购、合作、自主发展成为传统企业进入互联网的主要方式。

调研中，不少传统企业负责人向记者坦言，如今他们不惧怕电商，电商只是他们的“未来时”，商业的本质、竞争的本质、消费者需求从未改变。

商业的本质没有变。苏宁云商董事长张近东说：“我们拥抱互联网，但我们不愿被互联网绑架。互联网未来只是工具，商业的本质从未改变。”张近东所说的商业本质是指对“三流”（资金流、物流、信息流）的管理和把控。“从实体连锁零售到‘去电器化’全品类拓展，再到 2015 年‘守正出奇’的发展战略，‘三流’一直是我们紧紧握着的核心竞争力。”

长期从事商业地产数据分析与管理咨询的兮易科技高级咨询总监徐晓

冬认为，商业的本质是“三交”——交互、交易、交付。过去三个环节都围绕门店做，现在交易和交付可以依托网络做。“过去商家主要管理渠道或者门店，现在大数据和互联网可以直接管理每一个消费者。”

竞争的本质没有变。烧钱、补贴、砸流量、抢用户……电商之间血路拼杀可谓激烈。2014 年腾讯支持的“滴滴打车”与背靠阿里投资的“快的打车”在全国上演轰轰烈烈的补贴大战，据不完全统计，两家烧钱的金额高达 24 亿元。随着百度、谷歌参与的 Uber 进入中国市场，汽车出租市场硝烟弥漫。“电商也好，传统商业也罢，竞争的本质都是靠资本推动，而资本从来不冲动。”徐晓冬说，资本不是在烧钱，资本之间竞争是为了占有市场，最终可能达到垄断或者产生新的市场，古往今来都是如此。

消费者需求没有变。“十几年前，消费者网购模式是‘没地方买只好上网买’，如今网购模式则是‘去网上买更好的’。”四川 1919 酒类供应链管理股份有限公司董事长杨陵江说，虽然消费水平在升级，但消费需求依然如一，比如要买性价比高的东西，要去更方便、更快捷、品类更丰富的地方买。

“在大数据、云服务等新技术支撑下，商家与消费者距离更近了，商家有能力更精准了解到消费者需求并为其提供个性化服务。”南京大学商学院副教授吕伟说，互联网改变的不是消费者需求，而是让消费者的地位得到明显提升。随着海量用户开始掌握交互工具，消费者主权意识觉醒，“得用户者得天下”已是商家共识。如今谈“品牌忠诚”远不如“用户忠诚”实际。

互联网是工具也不仅是工具。从传统商业到电商，再到 O2O 融合，未来所有企业可能只有一种形态——或许都成了互联网企业。这是商业的新旧之辩，答案或许就像 360 公司董事长周鸿祎所说：“有一个竞争对手永远打不败，那就是趋势。”

电子商务三大趋势

电子商务在中国一直被寄予厚望。从鲶鱼式搅局的“逆袭者”到无孔不入的“颠覆者”，电商在消费、金融、农业、跨境贸易等各个领域强势崛起。传统利益格局正在被打破，传统商业规则正在被改写。

这是一场新商业与旧商业的博弈，谁将成为最后的赢家？面对迭代更新的商业变迁，电商的下一个“风口”又在哪里？

电子商务：“不断颠覆人们想象”

调研中多位受访者感慨，10 多年间电商格局风云变幻。21 世纪初，中国电商迎来第一次发展高潮，当当网、卓越网列第一梯队，京东商城和中国新蛋网刚在中关村发迹，阿里的淘宝亦是“小荷才露尖尖角”。10 多年后的 2014 年，阿里成为全球市值第二的互联网公司，京东成功赴美上市，而曾经的“颠覆者”卓越网被亚马逊收购成为附属，“舶来品”新蛋网则水土不服，掉队已远。

由于互联网行业进入门槛低，每一种电商新业态出现后，资本蜂拥介入、创业团队遍地开花以抢占市场。互联网实验室董事长方兴东介绍，2010 年至 2011 年，团购网站百花齐放，但不过是一年间的昙花一现，如今所剩不足 1/10。2011 年 5 月砸重金请演员葛优代言的龙头团购网站拉手网如今归于平淡。曾有媒体发表文章指出，团购在国内兴起以来 5 年生存率仅 3.5%，可谓商业史上最惨烈行业周期。

在这个科技颠覆一切的时代，被“挑下马”的往往不是同一个领域的赶路人，而是其他领域的创新者。在当当网、卓越网等电商的挑战和狙击下，传统书店掀起了倒闭潮；在“滴滴打车”“快的打车”等打车软件“围剿”下，运力得到优化，多年来难以破解的“打车难”问题得到一定程度的缓解；在京东、淘宝等后来者电商的挑战下，苏宁电器、国美电器业务受到冲击，手机线下商场销量明显下降。

阿里巴巴副总裁梁春晓说："电子商务这10多年的发展，就是一个不断颠覆人们想象的过程，不断让你觉得，电子商务原来还能这么做。"

错失下一个"风口"："意味着失去未来"

电商圈里的任性赌局不时上演，既有电商大佬间的较量，更多则是传统商业和电商之间的比拼。

2012年8月，京东商城和苏宁易购开打电商价格战，京东甚至成立了"打苏宁指挥部"，尽管最终成了不了了之的赌局，但却足够吸引眼球，借机进行了品牌营销。

2012年12月18日，中国年度经济人物颁奖典礼现场，同时获奖的王健林和马云设了一个"亿元赌局"。王健林称："10年后，如果电商在中国零售市场，整个大零售市场份额占50%，我给他一个亿。"2013年，格力集团董事长董明珠和小米董事长雷军之间展开的"十亿豪赌"同样引发了业界大讨论。

在京东商城运营体系负责人李永和看来，当前的市场份额不一定代表未来，因为商家一方面要巩固当前市场，另一方面必须加紧布局下一个战略制高点，错失下一个"风口"，将意味着失去未来。

2013年以来，以百度、阿里、腾讯为代表的中国互联网巨头不断出手进行大并购，广泛涉猎不熟悉甚至看似无关的领域，数十亿元甚至更大数额的投入屡见不鲜。腾讯入股大众点评、京东、滴滴打车等，百度并购糯米、91无线、PPS视频，阿里则是收购文化中国、入股优酷土豆、并购UC优视。电商们以强大的资本力量不断入股新业态来分享创新红利，巩固自身位置。

电商下一个"风口"在哪里？阿里与京东不约而同大力布局农村电

商，加速渠道下沉，争抢农村市场。2014 年以来，京东掀起“刷墙潮”，阿里召开了“县长大会”……物流体系、消费观念、人才领域等问题依然有待进一步摸索和实践，农村电商攻坚战一触即发。

苏宁云商集团副董事长孙为民表示，以乡镇市场为主的中国农村市场呈现巨大真空状态，很多地区商业设施和渠道极其稀缺，并且市场过于分散，运营成本很高。“‘入主’农村电商市场的先决条件是做好基础，搭建渠道做好物流。”他说，2014 年苏宁云商集团投入巨资在全国布局物流网并公布了农村电商的战略规划，希望在 5 年内建设 1 万家苏宁易购服务站，覆盖全国 1/4 的乡镇。

永远为消费者服务：“得民心者得天下”

跨境电商是各大电商共同聚焦发力的又一个方向。在人民币不断升值的背景下，海淘具备了更加坚实的基础。国内越来越多的人意识到，跨境产品即使加上运费和关税，依然比在国内买奢侈品划算，且品质有保障。

走秀网自诞生起即看准跨界电商这条路，经过多年探索和实践，已成为国内首屈一指的跨境高端商品电商平台。

“如今国内电商竞争非常激烈，而在国际市场上可拓展的空间还很大。”走秀网创始人纪文泓告诉记者，无论是电商巨头还是类似“蜜芽宝贝”这种垂直电商，大家都看到了跨境电商的巨大潜力，在国家不断推出鼓励政策的背景下迅速崛起。

大数据技术的发展正在改变既往的订单式生产。京东集团副总裁李曦以消费者耳熟能详的华为荣耀 3C 手机举例说：“过去一年其在国内销售极为火爆，以性价比高、效能好著称，抢购难、脱销是常态。这款手机正是京东通过大数据分析京东用户浏览、购买手机的数据而得出对于机器性能、大小、价格等偏好后，将数据提供给华为公司而定制生产的手机。一款手机的生命周期通常是 8 个月，而这款手机长达 1 年多，并卖出了数百万部，大大突破了以往手机 50 万部销量的状况。”

孙为民认为，无论商业模式和科技怎样发展，其目的永远是为消费者服务，远离消费者就意味着将被颠覆。“得民心者得天下。”他说，苏宁近年来将大数据业务渗透到几乎所有业务领域，比如可以在大部分主力店内实时收集所有客户在哪些柜台、看过哪些商品、看了几分钟，物理距离几乎可以精确到厘米。

渠道商根据大数据收集和精准分析结论进行定制化的生产，或将成为趋势。传统零售企业也看准时机，用数据说话，科学把握消费者需求，积极转型投身 O2O 中来。

天虹商场曾是深圳特区的第一家百货商场，近年其零售业务受到电商巨大冲击。天虹便利店事业部市场分部经理刘茵介绍，2014 年 7 月，天虹在深圳的第一家 O2O 便利店开张了，居民可以在其网站上购物后，到门口的便利店里取货，或安排送生鲜到家里。预计 2015 年，天虹在深圳将开 300 家便利店，完成贴心的“最后 1 公里”业务。

O2O 成为 2014 年电商发展的关键词。颇具争议的“滴滴专车”就是通过互联网力量将汽车资源整合起来，尽管遭遇政策壁垒，但不得不承认确实有效增强了运力，缓解了打车难问题。伴随技术进步和模式不断创新，人们对电子商务的下一个“风口”充满期待……

中南海“心系”电子商务

经过十几年发展，我国电子商务日益显示出了强劲的发展势头。党的十八大以来，以习近平同志为核心的党中央高度重视电子商务，习近平总书记等中央领导多次就电子商务进行调研，并邀请电商界人士进入中南海听取他们的意见。国务院常务会议多次研究电子商务问题，要求大力发展。

“这挺好玩的，小孩子喜欢这个”

时间：2014 年 4 月

地点：新疆乌鲁木齐

内容：习近平总书记来到位于乌鲁木齐高新技术产业开发区的新疆果业集团有限公司。在企业电子商务运营中心一台电脑前，网店副店长任伟龙告诉习近平总书记，网店已成为新疆水果销往各地的重要渠道。“这是网上形象代言人‘果叔’。”打开网页，一位大叔的卡通形象跃然网上。习近平总书记说：“这挺好玩的，小孩子喜欢这个。”看到新疆果业集团有限公司网上网下结合，建立起高效物流体系，促进了新疆特色林果业发展，习近平总书记很高兴。他对企业员工说，办好物流企业对产业发展有示范作用。希望你们继续努力，把新疆好的资源、特色资源开发出来，为新疆发展繁荣作出贡献。

“买全球卖全球”

时间：2014 年 5 月

地点：河南

内容：习近平总书记在郑州考察了郑州市跨境贸易电子商务服务试点项目。了解到郑州市跨境贸易电子商务服务试点项目运营不到 1 年，就取得直通世界 13 个城市、贸易进出口货值 130 多亿元、为 100 余家商户提供实货测试服务的成绩，习近平总书记同窗口工作人员一一握手，详细察看货物配货、包装、过关查验流程，勉励他们朝着“买全球卖全球”的目标迈进。

这方面仍有文章可做

时间：2013 年 5 月

地点：国务院机构职能转变动员电视电话会议

内容：李克强指出，要调整产业结构，在优化工业结构、推动现代农业发展的同时，大力发展服务业。信息消费领域由于市场化程度较高，近几年快速发展，2012 年我国网民总数已达 5.6 亿人，电子商务交易规模超过 8 万亿元，2013 年一季度达 2.4 万亿元，同比增长 45%，这方面仍有文章可做。

开发新一代信息产品

时间：2013 年 5 月

地点：京交会

内容：李克强出席第二届京交会暨全球服务论坛北京峰会并发表“把服务业打造成经济社会可持续发展的新引擎”的主旨演讲。李克强说，开发新一代信息产品，发展电子商务，扩大信息消费。

拓展新兴服务业态

时间：2013 年 7 月

地点：国务院常务会议

内容：李克强主持召开国务院常务会议，会议要求拓展新兴服务业态，开展物联网重大应用示范，大力发展电子商务。

鼓励电子商务创新发展

时间：2014 年 3 月

地点：十二届全国人大二次会议

内容：李克强在十二届全国人大二次会议上作政府工作报告时说，今年要增强内需拉动经济的主引擎作用。把消费作为扩大内需的主要着力点。大幅提高互联网网速，在全国推行“三网融合”，鼓励电子商务创新发展。

“这是我们最关心的事”

时间：2014 年 4 月

地点：重庆

内容：重庆万州经济技术开发区是承接东部产业转移的重要平台。李克强走进从北京转移来的政通通信公司，得知企业通过发展商旅电子商务，已吸纳 1500 多人就业，李克强高兴地说，这是我们最关心的事。有产业就有就业，承接既劳动密集又适应环保要求的产业转移是西部开发重要抓手，要把当地劳动力成本等优势与外来资金、技术有机“嫁接”，使转移产业落地生根。要加快发展宽带等基础设施，使信息服务等现代服务业也能向西部转移，扩展“就业容纳器”，带动收入增长。

鼓励大学生开“网店”

时间：2014 年 4 月

地点：国务院常务会议

内容：李克强主持召开国务院常务会议，启动实施“大学生创业引领计划”，落实和完善创业扶持政策，帮助更多高校毕业生自主创业。在电子商务网络平台开办“网店”的高校毕业生，可享受小额担保贷款和财政贴息政策。

推进快递与电子商务、制造业联动发展

时间：2014 年 9 月

地点：国务院常务会议

内容：李克强主持召开国务院常务会议。会议决定，全面开放国内

包裹快递市场，对符合许可条件的外资快递企业，按核定业务范围和经营地域发放经营许可。会议强调，要坚持放管结合，确保快递行业有序健康发展。一是完善经营许可程序，加强资质审核。简化手续，提高效率。二是推进快递与电子商务、制造业联动发展，与综合交通运输体系顺畅对接，支持解决城市快递车辆通行难等问题。保障寄递安全。三是鼓励快递企业兼并重组，完善和落实重组备案、外资并购审查等制度。加强代理和加盟企业管理，严肃查处非法经营、超范围经营、违规代理等行为。让快递这一朝阳产业更加红火，为刺激居民消费创造条件，便利广大商家和亿万群众。

打造经济新的“发动机”

时间：2014 年 11 月

地点：浙江义乌

内容：李克强十分关心网络经济等新兴业态发展，一下飞机就来到义乌青岩刘村，这里聚集了 2800 多家网店，吸纳了 1 万多人就业。

李克强一连走进几家网店了解经营情况。他说，经济发展很重要的是扩大就业，有就业就会有收入。今年我国经济下行压力较大，但就业逆势增长，正是得益于简政放权、商事制度改革等催生大量新的市场主体，特别是服务业快速发展，使经济每增长 1 个百分点可带动的新增就业人数由 2010 年的 112 万提高到目前的 170 多万。这就是为什么虽然经济增长有所放缓，新增就业仍能增长。要着力支持大众创业，使新业态、新模式加速成长，培育经济新动力，打造经济新的“发动机”。看到街道正组织向西部贫困儿童捐赠御寒衣物，李克强现场捐款表达心意。

在义乌国际商贸城，李克强询问商户们经营还有哪些困难，勉励他们开拓多元化国际市场。李克强说，当前传统贸易方式遇到困难，要发展跨境电子商务，有条件的地方可探索建立跨境电子商务试验区，既能增加就业提高收入，又能引领消费拉动出口。

建立次区域跨境电子商务合作平台

时间：2014 年 12 月

地点：曼谷

内容：李克强在曼谷出席大湄公河次区域经济合作第五次领导人会议开幕式时指出，中国与湄公河流域国家都面临产业转型升级的紧迫任务，完全可通过优势互补，推动产业深度合作，实现共同发展。中方主张建立次区域跨境电子商务合作平台。

中国开启“互联网+”时代大门

导言　互联网究竟是什么？基础设施？新电力？

这是一次“洗脑”之旅——深入北京、青岛等地，向企业、专家请教后，我发现：自己原来低估了互联网对人类社会、对生活的影响。

不同人的眼中，互联网的“模样”是不一样的。

——在致力于“互联网＋”研究的易观国际董事长于扬看来，互联网只是工具，是如电力一般的基础设施，是一个无处不在的效率提升器。从2015年全国“两会”算起，中国全面开启了‘互联网＋’元年。随着与传统行业融合的不断深入，互联网将爆发出更大的正向推动能量。

——“互联网不是万能的，但互联网将连接一切。”腾讯创始人马化腾表示，互联网不仅是工具，更是一种能力，一种新的DNA，能使各行各业在新的环境中实现新生。“互联网＋”将成为构建在万物互联基础上的新生态，意味着构建以人为本、人人受益的普惠经济。

在北京，互联网、大数据让“百度大脑”、人工智能不仅能实时翻译、互动，还可用大数据3D重构历史古建筑；在上海，消费者15秒即可在苏宁“云店”完成支付，互联网给开张首日的苏宁“云店”带来超3000万元的销售额；在广州，微信让居民对城市政务服务满意度提升4.2%……

“触网”20多年，互联网已经深深嵌入中国经济社会。

iGDP是衡量互联网经济占GDP比例的指标。在中国，这一比例从2010年的3.3%上升到2013年的4.4%，达到全球领先国家水平。麦肯锡全球研究院还曾发布报告预测，2013年至2025年，互联网将帮助中国提升GDP增长率0.3%至1.0%。

“一场数字革命正在中国风起云涌。”麦肯锡全球董事陈有钢认为，“互联网不仅可以成为未来几年中国经济的新引擎之一，还将改变经济增长的模式，在生产力、创新和消费等各方面为GDP增长提供新的动力。”

这是让笔者难忘的一幕——生产线上，工人每次都要拿起电子卡对准电子屏扫一下，然后对大小、颜色不同的布料剪裁、缝合……青岛红领集团车间内，在数据驱动下，每一位女工所面对的每一块布料，都是不一样的；车间尽头，一排排数十米长的衣架上挂着成百上千件西装，无一重样。这就是大规模个性化定制：利用互联网实现消费者向企业直接定制个性化服装，每天西装产量达到1500套件。

红领，只是一个缩影。

互联网经济规模占全球互联网经济总规模的5.7%，全球市值前十大互联网企业中占据4席，网民规模高达6.49亿人，移动电话用户总数全球第一……中国已具备加快推进“互联网+”发展的坚实基础。

正如“航海＋”成就了英国的全球贸易优势，“铁路＋”促进了美国经济腾飞……陈有钢说：“‘互联网＋’为中国经济再造奇迹提供了独一无二的历史性机遇，这是国运使然。”

一“网”情深：中国开启“互联网＋”时代大门

17000多字、61处“互联网＋”、36处“融合”……《国务院关于积极推进“互联网＋”行动的指导意见》2015年7月4日发布，标志着在全功能接入国际互联网20年后，中国正全速开启通往“互联网＋”时代的大门。

这扇大门打开速度之快超过外界想象：2015年3月政府工作报告提出制定“互联网＋”行动计划，6月24日国务院常务会议通过《“互联网＋”行动指导意见》，仅隔10天国务院发布全文。

过去20多年来，互联网在中国快速发展。中国93.5%的行政村开通宽带，网民数达6.5亿，一批互联网和通信设备制造企业进入国际第一阵营。

为衡量各国互联网经济规模，麦肯锡推出了iGDP指标。

从2010年到2013年，中国的iGDP从3.3%上升到4.4%，达到全球领先国家水平，已具备加快推进“互联网＋”发展的坚实基础。

中国互联网协会常务副理事长高新民介绍，互联网在中国经历了3个阶段：20世纪90年代到2000年的基础初创期，2001年到2006年的产业形成期，2007年以来的快速发展期。

“这几个时期分别‘＋’出了网购、电商，‘＋’出了O2O，也‘＋’出了OTT（微信等顶端业务），而2015年则进入‘互联网＋’时代，开启了融合创新。”他说。

当前，中国经济社会发展迫切需要构筑新优势、新动能。《指导意见》强调，要充分发挥“互联网＋”对稳增长、促改革、调结构、惠民生、防风险的重要作用。

在全球22个大的工业门类中，中国有7个门类居全球第一。工信部副部长怀进鹏说，但产业结构不均匀、居于产业链低端等问题一直困扰着我国工业。

纵观全球，德国通过“工业 4.0 战略”让制造业再升级，美国以“产业互联网”让互联网技术优势带动产业提升。

如今在中国，信息化和工业化深度融合尤其是“互联网＋”被寄予厚望。

中国互联网协会理事长邬贺铨院士说，中国提出“互联网＋”，是要在西方模式外找到更适合国情的跨越发展机会。

《指导意见》还指出了传统企业运用互联网的意识和能力不足、互联网企业对传统产业理解不够深入等“亟待加以解决”的问题。

专家认为，“互联网＋”时代大门开启，包括政府主体、市场主体在内，社会各界都要转变观念，调整思路，科学有序地推进“互联网＋”，为经济社会发展构筑新优势和新动能。

当中国遇上“互联网＋”

创业创新、协同制造、现代农业、智慧能源、普惠金融、益民服务……《国务院关于积极推进“互联网＋”行动的指导意见》2015 年 7 月 4 日发布，明确了 11 项重点行动和 7 个方面保障支撑措施，提出了发展目标。此举意味着中国全面开启通往“互联网＋”时代的奇幻大门。

两个月来，新华社记者进企业、探园区、访专家，感受神州大地上“互联网＋”的强烈脉动，采撷有识之士的真知灼见，探究中国全面拥抱互联网后经济社会发展的美好前景。

如果说阿里是在网上开店，互联网工业就是在网上开工厂

提供家庭厨房的“回家吃饭”网；提供在线预约推拿师服务的“功夫熊”；将用户与奢侈品制造商直接连接、一副法国依视路眼镜只要 169 元

的“必要”……

2015年6月6日至7日，北京亮马河大厦，《赢在中国》举行了一次“将‘互联网+’进行到底”的特别节目，创业者们相继登台，分享互联网创业的酸甜苦辣。大厅内座无虚席，不少人站立旁听。

这是时下华夏大地“互联网+”热潮的一个缩影。

就在3个多月前，政府工作报告首次提出制定“互联网+”行动计划。

一石激起千层浪。几个月来，从部委到地方，从互联网企业到传统企业，加快了行动步伐。

青岛，传统的制造业强市，2014年就提出发展互联网工业，着力打造互联网工业城市。

“从生产组织方式上看，如果说阿里是在网上开店，互联网工业就是在网上开工厂。”时任青岛市经信委副主任王敬元说，“很多企业很想投身‘互联网+’，但是不知道怎么做。我们精选了20个典型案例，还准备建一个两化（信息化和工业化）融合创新体验中心。”

“坚定决心，拥抱互联网。”时任青岛市市长张新起说，“我们要有当年培育‘五朵金花’、发展品牌经济的决心和干劲，集聚资源、强化措施、优化环境，全力推进互联网工业发展，为制造业发展插上互联网的翅膀。”

一滴水可以看世界，一座城折射的是整个中国——

福建发布《加快互联网经济发展十条措施》，江苏、内蒙古等地制定“互联网”行动计划，部分省市则是“计划未出，行动在先”，积极投身“互联网+”。

商务部推出《“互联网+流通”行动计划》，海关总署大力推进跨境电商试点，中国电信发布《“互联网+”行动白皮书》……从部委到中央企业，纷纷采取措施，落实国务院“互联网+”行动计划。

阿里巴巴、腾讯……一些互联网企业也展开布局，或和地方政府签订协议，开通相关政务服务，或者建立线下众创空间，利用自有平台支持创新创业。

“各地区、各部门要主动作为，完善服务，加强引导，以动态发展的眼光看待‘互联网＋’，在实践中大胆探索拓展。”《指导意见》对各地各部门进一步提出了要求。

“鼓励政府和互联网企业合作建立信用信息共享平台”“鼓励有实力的互联网企业构建网络化协同制造公共服务平台”……《指导意见》26处提到“互联网企业”，1处提到“大型互联网企业”，对互联网企业寄予厚望。

专家们认为，随着《指导意见》公布，各地各部门结合实际制定“互联网＋”行动落实方案的步伐有望进一步加快，互联网企业也将加快融入经济社会生活的各个方面。

随着与传统行业融合的不断深入，互联网将爆发出更大的正向推动能量。

任何一项技术的发明，对经济社会的影响都有一个由浅到深的实践过程。同时，全社会对这项技术的认识也有一个由浅到深的问题。

“全社会对互联网融合创新的认识不断深入。”这是《指导意见》提出的2018年发展目标之一。

互联网技术诞生已有40多年，中国全功能接入国际互联网也已20多年。如何利用互联网？如何推进“互联网＋”？记者一路追问、探讨。

2015年6月30日，海尔宣布面向全球招募至少3万名创客到微店平台创业，开设3万家专卖店。

事实上，尽管艰难，中国的制造企业早已开始拥抱互联网的种种尝试——作为全球最大白色家电公司，海尔的互联网化就整整耗费10多年时间。

人单合一、人人创客、用户付薪……经过一系列颠覆性重构，海尔由金字塔形的管控组织变身扁平的创业平台。在这个平台上，6万多名员工只有3种身份：平台主、小微主和创客，使命是极致创造并满足用户需求。

海尔汇聚了1328家风投机构及98家孵化器资源，在全社会孵化和孕育着2000多家创客小微公司，推出免清洗洗衣机等上千个创新产品及创业项目。业内人士预言，这些小微创业团队中，未来可能出现几个与海尔同等当量的企业。

经过这种“在飞行途中更换发动机”的“自杀式重生”，2014年，走向互联网化的海尔集团全球营业额实现2007亿元，同比增长11%；实现利润150亿元，同比增长39%。

拥抱互联网不易，但最终会带来结构的转变和效率的提升——海尔的实践，为“互联网+”提供了注解。

“我们进行了测算，‘互联网+’对提升生产效率有明显作用。”中国信息通信研究院政策与经济研究所副所长辛勇飞说，“互联网+”各行各业，打破了传统的信息不对称，优化资源配置，可以显著提升劳动生产率。“互联网化的过程，是经济提质增效升级的过程。”

在致力于“互联网+”研究的易观国际董事长于扬看来，互联网只是工具，是如电力一般的基础设施，是一个无处不在的效率提升器。

“从2015年全国‘两会’算起，中国全面开启了‘互联网+’元年。”他说，随着与传统行业融合的不断深入，互联网将爆发出更大的正向推动能量。

“互联网不是万能的，但互联网将连接一切。”腾讯创始人马化腾表示，互联网不仅是工具，更是一种能力，一种新的DNA，能使各行各业在新的环境中实现新生。

他认为，“互联网+”将成为构建在万物互联基础上的新生态，意味着构建以人为本、人人受益的普惠经济。

普惠意识、共享意识，贯穿《指导意见》，记者数了数，全文出现4处“普惠”、29处“共享”。

《指导意见》更明确指出，“互联网＋”是把互联网的创新成果与经济社会各领域深度融合，推动技术进步、效率提升和组织变革，提升实体经济创新力和生产力，形成更广泛的以互联网为基础设施和创新要素的经济社会发展新形态。

同政府工作报告首提“互联网＋”时的注释相比，“互联网＋”百人会发起人张晓峰敏锐地注意到了《指导意见》对“互联网＋”概念的深化——把“以互联网为基础设施和实现工具”改为“以互联网为基础设施和创新要素”，把“经济发展新形态”改为“经济社会发展新形态”。

“这表明决策层对互联网和‘互联网＋’的认识更到位了。”他说。

中国将成为全球互联网发展的下一个主场

美国加州大学伯克利分校中美战略合作中心原主任、北京大学访问教授吴霁虹深度调研了上百家“互联网＋”中国企业。她认为，与过去不同，这次以互联网为代表的信息经济主导下的巨变，要素之多、速度之快、波及之广、影响之深，前所未有。

地质年代中有个寒武纪，大约在5.3亿年前，生命出现大爆发，生命形式从简单变得复杂，新物种纷纷诞生。

腾讯研究院高级研究员杨乐将“互联网＋”比喻为商业社会的“寒武纪”：“在‘互联网＋’时代，我们将有幸见证众多的新的商业物种出现，中国经济将焕发出前所未有的活力。”

《互联网＋：国家战略行动路线图》一书的主编张晓峰发起成立了“互联网＋”百人会。他说，在当下的中国，“互联网＋”正演变为一场重新发现生产要素、释放生产力动能的集体实践与社会化创造性实验，一次关乎生活方式、生产方式、社会生态治理模式等领域的深层次重构。

正如“航海+”成就了英国的全球贸易优势，“铁路+”促进了美国经济腾飞……陈有钢说：“‘互联网+’为中国经济再造奇迹提供了独一无二的历史性机遇，这是国运使然。”

互联网实验室创始人之一、“中国博客教父”方兴东也对未来表示乐观。他预言，作为世界第二大经济体，中国将借助“互联网+”的东风，成为全球互联网发展的下一个主场，引领新一轮的全球变革。

推动互联网和各行业的融合走出初级阶段

生产线上，工人每次都要拿起电子卡对准电子屏扫一下，然后对大小、颜色不同的布料剪裁、缝合……

青岛红领集团车间内，在数据驱动下，298 道工序后，一件专属于名叫“萨伊·维因德尔”的外国男士的西装完美出炉。

车间尽头，一排排数十米长的衣架上挂着成百上千件西装，无一重样。“从顾客点鼠标下订单到成衣，只需 7 天。”红领董事长张代理说。

然而，为了这 7 天——从传统的制衣流程，到如今利用互联网实现消费者向企业直接定制个性化服装，每天西装产量达到 1500 套件——红领的“互联网+”历程足足走了 12 年，不被人理解的张代理甚至曾被嘲讽为“神经病”。

“互联网+”未知远大于已知，未来空间无限，每一点探索都十分宝贵。

记者在调研中发现，像红领这样成功实现“互联网+”的企业尚属凤毛麟角，这种创造了“C2M”（顾客到工厂）全新商业理念的互联网工业新模式值得推广。

《指导意见》发布，绝不意味着一帆风顺，更非万事大吉。

传统企业运用互联网的意识和能力不足，互联网企业对传统产业理解不够深入，新业态发展面临体制机制障碍，跨界融合型人才严重匮乏——《指导意见》指出了“互联网＋”行动前进路上存在的四大问题，切中要害，亟待解决。

“互联网和各行业的融合程度仍处于初级阶段，还需在实践基础上不断探索和推进。”中国传媒大学互联网信息研究院副院长李未柠说。

为更好解决“互联网＋”行动面临的瓶颈制约，张瑞敏、张近东、辛勇飞、王敬元等部分被采访对象提出了意见和建议。

——坚持规划引领。互联网与各行各业融合、创新是大势所趋，但一些地方政府部门以及一些市场主体对“互联网＋”反应过热，争相上马“互联网＋”项目，有可能导致局部的同质化竞争、互联网泡沫。建议相关方面结合自身特色，搞好规划，科学布局，集中力量，稳扎稳打，以形成区域发展优势。

——优化发展环境。“互联网＋”是一个新生事物，政府部门应尊重市场的主体地位，允许市场主体试错犯错，尽量为激发市场发展活力创造宽松、包容的环境，而不要事无巨细、过度干预，建议政府在加大对跨境电商扶持力度的同时，放宽移动支付牌照的申请限制，让更多企业得到平等发展互联网金融业务的机会。

——加强人才建设。作为信息化与工业化“两化融合”实践的延伸，“互联网＋”行动要真正发挥效能，人才是关键。各行各业急需培养既懂本行业业务又懂互联网技术的跨界融合型人才。

专家学者还建议在突出发展重点、加大专项扶持、创新融资服务、完善基础设施、引进培育龙头、推进产业聚集、培育智力资本等方面着力，以探索具有中国特色的经济社会创新发展路子。

…………

到2018年，基于互联网的新业态成为新的经济增长动力。

到2025年，“互联网＋”新经济形态初步形成，“互联网＋”成为经济社会创新发展的重要驱动力量……

路线图已经清晰绘就，“互联网+”号角正式吹响！中国正张开双臂，热情拥抱一个属于世界更属于自己的“互联网+”时代！

“互联网+”时代，我们准备好了吗？

传统产业如何拥抱“互联网+”？政府部门如何“不越位”又“不缺位”？融合创新如何积极推进又避免泡沫？网络基础如何在巩固中提升？如何正确认识“互联网+”的“双刃剑效应”……围绕这些问题，新华社记者深入相关部门和单位，听政府官员、企业负责人和权威专家谈推进“互联网+”。

传统企业：以“融合”视角大胆试水

《国务院关于积极推进“互联网+”行动的指导意见》提出，到2018年，互联网与经济社会各领域的融合发展进一步深化，基于互联网的新业态成为新的经济增长动力，互联网支撑大众创业、万众创新的作用进一步增强，互联网成为提供公共服务的重要手段，网络经济与实体经济协同互助的发展格局基本形成。

时间紧，任务重。然而，不少传统企业面对“互联网+”，心中充满迷茫。

在2015年5月底召开的一次工业拥抱互联网论坛上，时任工信部副部长怀进鹏说：“一些企业不是不知道‘互联网+’有多重要，可他们真的不知道怎么‘+’。”

《互联网与工业融合创新蓝皮书2015》指出，工业界和互联网企业在融合路径上各有侧重：工业界现阶段的重心在于工业生产的价值挖潜，互联网企业更多从贴近消费端的营销等环节切入。

中国信息通信研究院政策与经济研究所副所长辛勇飞认为，不同于互联网企业的轻资产配置，工业企业是重资产结构，其转型会有很多顾虑。融合创新的路径是多元、灵活的，关键在于各个行业要有融合创新的视野和眼光。

在中国经济结构中，国有工业企业占据了很大比重，这些企业的互联网化转型应该秉承“审慎创新”的原则。“需要对先行先试者进行鼓励。”中国互联网协会理事长邬贺铨说，初期个别企业在风险共担机制等方面的探索，如果能够得到更多的支持与鼓励，将有助于加速传统产业的互联网化转型。

充分调动体量庞大的国有工业企业积极参与，“互联网+”行动的目的就有可能事半功倍，但这些企业“触网”往往首先考虑能否立竿见影。为此，中科院研究生院教授、信息化领域专家吕本富建议调整国企考核机制，推动工业企业加速“触网”。

政府部门：在“无为”中积极作为

互联网无边界，可政策有地域。按照工商部门的规定，总部在北京的美团网必须在全国1000多座城市租用写字楼、注册公司，才能使自己的互联网创新业务获得“合规”身份。对此，美团网不知所措。

创业创新遭遇了制度瓶颈，考验着创业者，也考验着政府主管部门。

在“触网”时代，谁该是主角？政府又该做些什么？

“突出企业的主体作用，大力拓展互联网与经济社会各领域融合的广度和深度。”《指导意见》在“总体思路”中强调的这句话，引发传统企业、互联网企业和专家学者的强烈共鸣。

阿里巴巴副总裁高红冰认为，“互联网+”还是要依靠市场和企业。政府的角色在于营造氛围，做好宽带、物流、基础研发等基础设施和公共建设。

张近东说，“互联网＋”是国家打造的一个全面开放的应用，企业应该根据自己的能力、创新的高度创造更多产品。

政府需要在“无为”中积极作为。怀进鹏坦言，推动“互联网＋”行动，政府应该通过采取扶持技术创新、搭建公共平台、创建重要示范工程等举措，顺应和引导市场建立一种有效模式。

辛勇飞说，政府要在完善相关法规制度、制定标准、完善融资服务、培育应用市场等方面，予以基础性、平台性支持。

中关村科技园区管委会产业发展促进处副处长郑衍松认为，政府需要不断调整管理方式，既要体现对现有法制、体制的尊重，也要体现对创新的包容。

资源配置：科学审慎力避泡沫

互联网为创业创新提供了低成本的平台。围绕解决传统产业“痛点”的创业创新，正在华夏大地如雨后春笋般涌现。

据清科集团统计，2014 年中国私募股权投资市场共计完成 3626 起投资案例，较 2013 年同期增长 100.6%。

这会不会导致泡沫？社会各界深感忧虑。

中国传媒大学互联网医疗中国会提供的数据显示，2014 年涌向“互联网＋医疗”领域的风险投资达到 6.9 亿美元，比上年剧增。

挂号网创始人廖杰远说，在“互联网＋医疗”领域，不少创业公司为了圈更多的钱，对外发布的数字已经“注水”，有的甚至在融资、估值方面“注水”10 倍、20 倍。“一旦泡沫破了，对创业者和产业将是沉重的打击。”他说。

互联网领域专家、八八众筹投资管理公司创始人何坊则认为，开始阶段产生泡沫不可避免，但在某种程度上未见得是坏事。泡沫破灭后，有价值的东西自然会显现出来。

网络基础：在巩固中升级技术统一标准

面对“互联网+”，中国的互联网技术、基础、产业准备好了吗？

在《指导意见》保障支撑措施中，“巩固网络基础”成了首要任务。

过去20多年发展中，我国互联网完成了从基础架构、应用层丰富、产业创新完善的一系列突破，却一直无法摆脱缺乏核心技术、网络建设地域差别较大、网络安全问题凸显、资费水平偏高等困扰。

“互联网”行动落地，首先要向互联网技术与产业本身找突破口。辛勇飞说：“互联网有标准协议，工业也有标准协议，如果各搞各的，数据格式、接口都存在问题，数据链难以打通，就算不上是‘互联网+’了。”

他认为，政府部门应该顺应跨界融合发展需求，按照“共性先立、急用先立”的原则，引导加快基础共性标准、关键技术标准和重点应用领域标准的研制。

与此同时，在进一步推进融合创新过程中，人才成为另一个不容忽视的要素。《指导意见》指出，“跨界融合型人才严重匮乏”成为我国推进“互联网+”行动面临的问题，并将“加强智力建设”作为支撑“互联网+”行动的重要举措。

中国信息通信研究院政策与经济研究所ICT产业研究部主任何伟认为，从事互联网行业的人只懂网络技术，产业界的人只懂自身业务，不符合融合创新人才的需求。

“我们已处于‘互联网+’时代，可是教育和人才培训体系依然停留在上一个时代。”车团网CEO严向阳说，必须加强对从业者的“互联网+”意识的培养，增强从业者的实战技能，才能更好地适应这个时代。

专家建议：正确认识互联网的“双刃剑效应”

针对当前“互联网+”过热现象，阿里巴巴前副总裁、众海投资创始人鲁众提醒，在关注“互联网＋”时，不要忽视互联网的另一面——“互联网－”。

鲁众说，作为一种技术、一种工具、一种基础设施，互联网本身没有好坏、对错属性。但如果“＋”的一面被过度重视，“－”的一面被忽视，就可能导致一些问题的出现，亟需引起全社会的充分重视。

——互联网既创造了新的就业机会，也会让一些人失去岗位。这是处于转型期的中国必须面对的挑战之一。为避免出现麻烦，有关部门应该及早着手，加大跨界融合型人才的培养力度以及做好相关预案疏导等工作。

——互联网可能让穷的地方更穷、富的地方更富。电商时代，互联网去中间化的特点将消费者与厂家直接连在一起，传统批发零售这道防火墙没有了，势必造成产品匮乏的欠发达地区的资金大量流向产品丰富的发达地区。

——互联网让我们的文化底蕴变薄，思考力呈现碎片化。面对海量信息，人们只能快速浏览，过目即忘，几乎没时间静下心来读传统文化的经典作品，更没空进行深入思考，这必然导致传统文化赖以生存、发展的土壤逐渐变薄。

互联网正在给人们的生产、生活、社会生态带来革命性巨变，势不可当。鲁众认为，互联网如果做不好“－”法，同样也做不好“＋”法。

哪里有“痛点”，哪里就有“互联网＋”

蓬松的鬈发，休闲的西服，紧绷的牛仔裤……

2015 年 6 月，在北京举办的视频节目《赢在中国 · 将“互联网＋”进行到底》——BAT（百度、阿里巴巴、腾讯）前成员创业检阅演讲现场，车蚂蚁创始人李立恒一跃上演讲台，立刻引发观众的尖叫声。

乐观开放的形象、风趣幽默的讲述，短短 10 多分钟，李立恒赢得点评专家和观众们的阵阵掌声。

从他的自述中，透出经济发展的新动能无所不在，等待开掘。

这个行业需要“被电商”，需要“被互联网”

【李立恒】我的创业念头，起于一个莫名其妙的午后。当时，我已在阿里巴巴摸爬滚打了10年。

阿里巴巴的产品，大多带有颠覆性。我暗下决心，也做一个具有颠覆性的产品，干一件改变规则的事儿。然而，寻找一个可以用互联网思维改变或重塑的行业领域，谈何容易？直到一个人的出现。

洪先生是国内一家大型汽修连锁品牌的创始人，旗下涉及汽车用品、汽车维修和汽车配件三大产业。他邀请我当顾问，教他如何运用互联网搞电子商务。他说，这个行业需要“被电商”，需要“被互联网”，否则将被颠覆。

【记者点评】洪先生的话并非危言耸听。《2014年国民经济和社会发展统计公报》显示，截至2014年年末，全国民用汽车保有量达到15447万辆。有关部门预测，约有一半汽车已进入维修保养集中期，带动的将是千亿级的市场。

遗憾的是，现有几十万家汽车维修店的全国汽车后服务市场较为混乱，不少4S店、路边店缺乏标准化概念，服务意识不强，大多是在利用用户的信息不对称牟取暴利，用户满意度不高。

好的商业模式，能解决用户的“痛点”

【李立恒】互联网创业，最讲究商业模式。一个好的商业模式，不仅能解决用户的“痛点”，还能解决市场和商家的问题。更重要的是，要有好的盈利。

据我所知，大部分从事汽车后服务的创业公司或项目都“卡”在了商业模式上。汽车后服务市场的“痛点”在于“缺乏信任”，用户的“痛点”在于“不懂车”，两者急需一个第三方的、可信任的品牌。

但最大的问题是，切入点是什么？用什么建立信任？入径在哪里？凭什么获取用户？

这个行业“水太深”。车蚂蚁从2013年4月成立至今，我们摸着石头过河，一路走来很艰难。如今，我们已获得共计1400万美元的融资，并在创始地杭州网罗了120多家汽车维修店，可以为10万多名会员实时提供维修、交通事故救援等“车管家”服务。

比如，用户一年花980元，就能得到一年内无限次的油漆刮擦修复服务，无须定损，用户只要上传一张照片，“车管家”立即上门取车，修复后及时送还。

【记者点评】汽车后服务市场大致包括汽车用品、养护、维修、改装、救援、租赁、保险等内容，信息不对称使每一个环节都可能成为陷阱。哪里有“痛点”，哪里就可能被“互联网+”，市场估值已超过3.5亿美元的车蚂蚁恰恰找准了这个市场的“痛点”。

对中国汽车后服务市场进行重塑

【李立恒】伴随移动互联终端的快速发展，未来线上一定会成为用户汽车后服务的第一消费入口，线下则成为服务承接入口。线上入口的逐渐形成，对于线下来说就是一次彻底洗牌，势必会淘汰掉一批人或店，也势必会涌现出一批新的人或店。

我们的梦想是构建一个庞大的行业生态系统：向上连接用户，向下连接门店，横向连接配件厂商，纵向打通仓储和物流，共同打造一个开放且透明的修车养车平台，为用户提供真正高效、便捷、优质的服务，从而对中国汽车后服务市场进行重塑。

作为一名创客，能够在这样一个好的时代做点自己喜欢的事儿，而且是有益于大众的事儿，我感觉十分幸运。

【记者点评】小蚂蚁，大梦想。车蚂蚁的使命，是通过发展“互联网＋汽车后服务”，净化和提升汽车后服务市场，改造行业生态，提升行业水平。这条路到底有多长，“车蚂蚁”正在一步一个脚印地丈量着……

创客样本：“‘互联网＋’为创业带来无限可能”

《国务院关于积极推进“互联网＋”行动的指导意见》明确了11项重点行动，第一项行动就是“互联网＋”创业创新。

新华社记者走近一个个创业者，从中选取许单单、王锐旭、杨仁斌3位创客，介绍他们在“互联网＋”搭起的时代舞台上尽情书写的人生传奇。

生命不息，折腾不止

“生命不息，折腾不止”，用印在3 W咖啡馆杯子上的句子来形容许单单再合适不过。

许单单在创业圈小有名气，他与伙伴开创的3 W咖啡馆吸引了100多位互联网牛人的支持，成为中关村的创业地标。

然而，咖啡馆运营中的一个现象引起了许单单的注意。

“我发现，许多互联网公司招不到合适的人，同时在很多招聘渠道中，互联网专业人才并未得到充分重视。”他说，调查显示，互联网行业每2.5个职位需求才有一个人才供给，六成职位招不到人。

2013年，许单单带领团队开始“N次创业”，组建了“拉勾网”，专注互联网行业的人才招聘。

许单单和伙伴们认为，“拉勾网”应当是“有温度的公司”：接到求职者简历后，必有回复，回复时间最快为 24 小时。

许单单说：“互联网行业应该以人才为中心，所以我们换位思考，尽可能让求职者感觉舒服。”

“拉勾网”快速成长：上线 13 个月后，获得 2500 万美元的 B 轮融资，估值达 1.5 亿美元；2015 年 5 月，许单单将招聘领域拓展到金融板块；网站迄今已拥有 6.6 万家公司、超 73 万个职位需求信息。

过去一年，“拉勾网”运用“互联网＋”的方式，为 150 多万人次解决了就业。2015 年 5 月李克强总理前往中关村创业大街考察时，“拉勾网”向他交出了一份“互联网＋招聘”的创客答卷。

“互联网带给中国年轻人的想象空间很大，今天可能看不出来，因为浪潮才开始，再过两三年，一定会有非常‘牛’的公司出现在这些年轻创客中。”许单单说。

互联网为大学生创业开阔了视野

王锐旭是“兼职猫”的创始人，其宗旨是消除用人单位与大学生之间的信息不对称，帮助大学生找到兼职。如今，公司估值已超亿元。

之所以找到今天的创业路，缘于王锐旭的一次被骗经历。

1990 年出生的王锐旭读大学期间，由于家庭经济困难，不得不四处找兼职。

一次，他听信一家兼职中介的宣传，交了 250 元会员费。“一开始，觉得只要交了钱就可以找到兼职，结果被骗了。”

很多大学生都有同样的经历。为什么不能有一款软件来帮助大学生找到兼职呢？王锐旭开始了“互联网 + 校园信息服务”的探索。

9 个人用两个月时间创立了“兼职猫”。对王锐旭而言，这是跨专业的探索，读中药资源开发专业的他并不擅长开发软件，不得不起早贪黑研究编程。

“当时很难，但我们坚持下来了，并通过比赛拿到很多奖。慢慢地，整个学校都知道‘兼职猫’了，对我们竖起了大拇指。”他说。

2014年“兼职猫”获得深圳创新谷100万元投资，2015年年初又获得300万美元融资。2015年，“兼职猫”已覆盖全国75个城市，拥有200多万学生用户和3万多企业用户，每天提供2万个新增兼职岗位，并为1万多名大学生找到兼职。

王锐旭成了年轻创业者的榜样。他说，“互联网＋”为大学生创业开阔了视野，带来了无限可能。

用互联网思维把温暖送到邻里之间

每次陪女儿在小区内玩耍，看到孩子们自然而然地分享玩具，初为人父的杨仁斌都感慨不已。他强烈地意识到，自己有责任呵护好孩子们的天性。

但他发现，小区中的成年邻居之间几乎从不打招呼。想到女儿将在一个缺乏人情味的社区一天天地长大，他辗转难眠。

为了女儿，为了解决“高楼冷漠症”，在阿里巴巴打拼多年的杨仁斌毅然辞去高薪职位，创建了一个基于真实小区的移动社区平台“有邻”，宗旨是让邻里不再陌生，让小区生活有爱又有趣。

杭州市的一位老奶奶说，她小时候，大家睡觉都不关门，随便叫一声，就有人到家里来吃饭。如今，林立的高楼锁住了人情。

老奶奶的女儿帮她在“有邻”上开通了工作室，老奶奶做了美食，就到上面“晒一晒”，并热情邀请邻居来吃。“老街坊的感觉”重新回来了，老奶奶开心极了。

杨仁斌说，“有邻”正试图聚集这样的正能量，让这个社会一点一点地发生改变。

在杭州最早开放的20个“有邻”试点小区中，每个小区的“有邻”

用户都达到300人以上，有的甚至超过900人。邻里间的美好故事每天都在发生。

杨仁斌期待有一天，小区生活变成这个样子：空巢老人寂寞了，有邻居上门陪伴；孩子生病了，有儿科医生来到身边；退休老师可以义务招收学生，发挥余热……总之，互助分享，传递温情。

当下，中国正进入从产品消费向生活服务消费的升级阶段，未来的生活服务将越来越集中于大型购物中心和小区两端。"有邻"通过"互联网＋"创业，不仅改善了邻里关系，同时还具备了巨大的商业潜力。但"有邻"决定3年内不考虑商业模式，只考虑如何给用户创造价值。

"邻里间的美好情感，将随着'有邻'这颗小小的种子遍布全国，我们会努力使它生根发芽。"杨仁斌希望运用互联网思维，将最真实的人情温暖融入邻里之间，为构建和谐社会贡献绵薄之力。

"互联网＋"时代："焦虑症"成为流行病

"互联网＋"时代来临，一些企业站在风口高歌猛进，但更多企业则陷入深深的焦虑之中。

传统行业市场被侵蚀、用户被抢走、利润被压缩！

想搭上"互联网＋"的高速列车，却找不到方向和入口！

与此同时，面对残酷竞争和持续创新的压力，互联网企业开始担心躲在暗处的颠覆者随时出现！

心神不宁，彷徨不定，仿佛一夜之间，"焦虑症"成为流行病。

每次技术革命，带来无穷想象空间，也带来危机和恐慌

2015年6月，天津中德职业技术学院举行了一场创业经验分享讲座

会。当用友集团高级副总裁郭延生问“你们谁创业的目的就是要颠覆别人”时，台下的500多名学生齐刷刷地举起了手。

看到这一幕，一位多年从事在线教育的老总颇有感触地说，现在是一个“颠覆式创新”盛行的时代，尤其是在互联网领域，你进步得再快，如果有一种颠覆式的模式出现，你就死定了。更多时候，你无法防范躲在暗处的颠覆者，其可能仅仅是一家初创企业，也可能是在读的大学生，“这是最令人焦虑的地方”。

当前，大到传统行业的龙头企业、互联网企业巨头，小至创业孵化企业，焦虑似乎成了共同的状态。

每一次信息技术的革命，给企业界带来无穷想象空间的同时，也带来了转型的危机和被淘汰出局的恐慌。

谈到传统家电零售业的商业模式“被颠覆”，苏宁云商副董事长孙为民感慨不已。几年前，人们还在为国美、苏宁之间的“美苏大战”揪心时，谁也想不到，以阿里巴巴、京东商城为代表的电商，竟以低价竞争优势，横扫整个零售业。

孙为民坦言，苏宁在互联网化转型过程中，遭遇了低价冲击，造成企业的毛利率有所下降，“从50多亿元的利润最低跌到几亿元，在我们这十几年的发展过程中没有过”。

在低价冲击下，一些企业举步维艰，有的行业日趋萧条。以传统百货业为例，RET睿意德中国商业地产研究中心发现，从2014年1月到2015年3月，百货业歇业持续。百盛百货、马莎百货、伊藤洋华堂等大型连锁百货的关店数量增加。

北京一家商场的经营者焦虑地说，在“互联网＋”时代，百货行业有可能是一个“即将消失的行业”。

是病在肌肤，还是病入骨髓？

从天津市中心向滨海新区方向进发，在距塘沽还有十几公里的地方，即可看到一片灰蒙蒙的厂房，这便是连续多年稳居“天津市百强私营企业”第一位的荣程集团。

市场竞争激烈，生产企业经营困难，环保压力大，企业融资难度大，资金成本升高……以钢铁为主业的荣程集团面临诸多挑战。如今，又加上了“互联网+”的压力。

荣程集团党委书记柴树满认为，相对于新兴的互联网公司，荣程集团作为传统钢铁企业，要实现互联网化改造，好比“旧城改造”，难度相当大。

福建师范大学公共管理学院教师张翔认为，对于一些企业来说，互联网“焦虑症”只病在肌肤，是暂时的。通过运用互联网理念和技术进行自身改造，往往能够赢得更广阔的发展空间。

荣程集团于2012年获得央行第三方支付牌照，成为继宝钢之后全国第二家拥有支付牌照的钢铁企业。柴树满介绍，钢铁企业运营普遍存在效率低、成本高的问题。自从有了第三方支付和电子商务平台，荣程的很多大宗原材料采购可以通过网络进行招投标，真正实现了“阳光采购”。同时，钢铁产品也可以通过电商平台明码标价销售，市场更加透明、更加广阔了。

医治“焦虑症”，药方在哪里？

“如果我们自己不革命，早晚会被别人革了命。只有拥抱‘互联网+’，以更加开放的心态应对困难，迎接挑战，尽快掌握应用新技术新方法，才可能有出路。”天士力集团董事局主席闫希军说。

事实上，记者在采访中也发现，与“焦虑症”同时存在的，是企业界在逆境和竞争中的奋发图强。

作为现代中药的领军企业和大健康领域的倡导者，天士力计划借助蓬勃发展的互联网经济，谋求大健康产业生态链上的大发展。他们先后打造了中药材公共服务平台“安国数字中药都”、天士力大健康网、天士力华夏未来电商平台等，以期在大健康行业的互联网新业态中占得先机。

卓尔控股有限公司副总裁崔锦锋说：“‘互联网＋’让很多行业出现危机，但同时也带来更多的机遇。以开放的心态顺应大势，才能获得更好的发展。”

崔锦锋介绍，他们旗下的卓尔电商城，商户可以使用专业网络批发平台“卓尔购”，也可登录电商 B2B 平台让产品快速走向全国甚至全球。

“改变才刚刚开始”——对话苏宁“掌门人”张近东

“拥抱互联网 6 年，是什么滋味？”

张近东稍作思考，说出两个字：“坚持！”

从 2009 年企业利润最高时主动提出围绕互联网发展，到如今几经曲折终于建立线上线下结合的生态圈，实现互联网零售——

6 年转型路，作为全国最大的互联网零售商，苏宁董事长张近东有着怎样的心路历程？“互联网＋”究竟“＋”得怎样？

《国务院关于积极推进“互联网＋”行动的指导意见》发布前夕，新华社记者赴南京苏宁总部，对话张近东。

转型，一是寻找机会，二是防范风险

【问】当年苏宁做得好好的，为什么要向互联网转型？

【答】苏宁向互联网转型，绝对不是“Duang”一下子出来的。企业的发展和外部环境息息相关。1998 年东南亚金融危机时，市场越来越差，我们 1999 年主动二次创业，做综合连锁。

2008 年 4 月起美国逐步开始出现金融危机，那年 8 月我去美国，一个国际知名企业的董事长跟我讲，感觉天都要塌下来了。一个 500 强企业的董事长这么讲，我当时触动很大。

企业在发展过程中始终要有这样的风险意识。我们之所以主动向互联网转型，一是寻找机会，二是防范风险。这是对企业负责，对员工负责，也是对投资者负责。

O2O 不是简单的线上线下融合

【问】苏宁就是把线上和线下结合起来吗？

【答】O2O 模式，不是一个简单的线上线下融合问题。3 年前我提出苏宁要做“沃尔玛＋亚马逊”，就是实现“一体、两翼、三云、四端”的互联网零售模式。门店要变成云店，把门店端、移动端、PC 端、电视端全方位打通，消费者可以做到随时随地、便捷放心地消费。

互联网提供了无限的空间和可能。短短几年，我们的商品，从过去单一的空调、传统家电到现在母婴、超市、百货等全品类；品种从几万件到上千万种；过去是单纯商品服务，现在还包括金融、保险、数据、文化等增值内容。

这些成果慢慢凸显，从 2014 年三季度线上进入高速增长阶段，2015 年一季度整个苏宁销售增长 30% 以上，线上增长超过 100%，要知道我们已经是千亿的体量了。

这些年走过来有惊无险

【问】回头看这 6 年的“互联网＋”历程，最大的感受是什么？

【答】最大的感受是转型很不容易，风险很大。在 O2O 融合过程中，虽然没有像大家讲的壮士断腕那么悲壮，但确实是付出了不小代价。

我们是在苏宁效益最好时主动做出转型互联网的决定，那时一年利润五十几个亿。2010 年上线苏宁易购，当时没有人知道未来会怎么样。2012 年，苏宁股票市值阶段性地降了不少。但这些年走过来了，大家回顾觉得有惊无险。

在这些年的转型过程中，投资者、同行、互联网企业对我们的诟病不少。盈亏压力、社会压力、内部压力都会有，但互联网本来就是一个全新的东西，没有现成的路可以走，没有标杆和标准参考借鉴，我们蹚出来了一条路。这几年，从组织、流程到实践，我们都在变。

欲速则不达，快了不行，但慢了更不行。苏宁这几年的发展是对“互联网+”的一个生动诠释。

很有感触的是，企业始终要有风险意识。谁与时俱进，谁就有发展，谁跟不上，就要被淘汰。特别是今天，如果你不能真正开放、共享，还是会发生问题。

还有一点，关键是在互联网转型过程中对零售本质的坚持，无论“+”什么，都要有自己核心的内容，不能迷失。

“监管要跟得上，最起码要同步”

【问】技术是双刃剑，互联网是不是？

【答】在我们国家，未来消费对经济拉动作用将越来越大，特别是互联网消费。当然，互联网上确实存在假冒伪劣、品牌、税收、服务等问题。

现在互联网很热，国家从战略高度发展互联网，希望尽快出台一系列政策和法规，对互联网企业加以规范，监管要跟得上，最起码要同步，互联网行业就会往好的方向发展。

“改变才刚刚开始”

【问】怎么形容互联网？

【答】我一直认为互联网是工具，是我们社会的标配，就像阳光、空气和水，会渗透到社会的方方面面，全社会一定要去拥抱它。我想它是一个诱因，把我们原有的东西诱发出来，放大了。

互联网是第三次工业革命的代表。和蒸汽机、电力不一样，互联网是真正能改变内在、改变思维的，我预测这种改变才刚刚开始。它是一个智慧的东西，未来一定会突破我们的想象。

"互联网＋"是重大机遇

【问】现在各级政府纷纷制定"互联网＋"行动规划，采取措施、强力介入。究竟应该怎么认识"互联网＋"？

【答】互联网就是一个迭代的系统，一切都在变。特别是"互联网＋"，确实对无论传统企业还是新兴企业都有帮助。

政府倡导"互联网＋"，这几月发生多大变化呀。无论是从技术角度，还是从未来发展角度，"互联网＋"对我们国家来说都是重大机遇。

对于我们来说，"互联网＋"也才刚刚开始，还处于入门阶段。2015年，我要用"跑马拉松"的方式来"跑"完我们近60个大区，传播互联网精神。

"互联网＋"带来了跨越式发展的可能性
——独家对话阿里、腾讯负责人

"鼓励政府和互联网企业合作建立信用信息共享平台""鼓励有实力的互联网企业构建网络化协同制造公共服务平台"……

作为"互联网＋"行动的利益攸关方，互联网与传统行业跨界融合的作用体现在哪里？大型互联网企业打算如何落实"互联网＋"行动？……

围绕几大问题，新华社记者独家专访阿里巴巴集团副总裁、阿里研究院院长高红冰和腾讯公司高级副总裁、腾讯研究院院长郭凯天。

互联网的存在越来越接近于基础设施

【记者】互联网与传统行业跨界融合的作用体现在哪里？

【高红冰】几乎没有一个行业能够与互联网完全无关。从 2008 年到现在，互联网的存在越来越接近于基础设施。所有行业和具体企业的价值链、产品和服务都可以放到互联网上来做，并且通过数据的交互会产生“化学反应”，激发创新。在应用方面，继传媒、广告、零售业之后，交通、物流、本地生活服务、批发和产业集群、制造业、农业、金融、房地产等，会一个一个产业地在线化和数据化。

【郭凯天】前两年，传统行业很难理解互联网能给自身带来什么。大家都觉得互联网是新经济、虚拟经济，跟自己所在的领域或传统行业没太大关系。但事实上，随着移动互联网的兴起，越来越多的实体、个人、设备都连接在了一起，互联网已是经济社会不可分割的一部分，每一个经济社会的细胞都需要与互联网实现共生，这成为一个大趋势。

“互联网+”代表的是一种能力，是一种“信息能源”，能够促使互联网与传统产业不断融合。特别是在移动互联网时代，出现了 24 小时在线的数字化连接。互联网就像电一样，过去有了电能让很多行业发生翻天覆地的变化，现在有了移动互联网，每个行业都可以用它来改造自己。

“政府要简政放权，同时转变治理模式”

【记者】“互联网+”落地，政府应该扮演怎样的角色？

【郭凯天】在 2015 年全国“两会”上，腾讯董事会主席兼首席执行官马化腾建议，希望各地政务、民生服务的信息化平台应该本着开放原则与市场各方合作，逐步开放相关数据和接口，使得更多的市场机构可以参与进来。同时，在大数据时代，政府信息与公共数据应该率先向全社会及产业公开，打破信息“孤岛”，加强信息资源的供给与传播，提高信息资源的可用性和利用率，确保公众能够及时充分地获取与利用公共信息，推进信息生产力在社会生产消费中的使用效率和普惠性。

【高红冰】“互联网＋”的主导力量是市场和企业。我们认为，政府的角色在于营造氛围、制定规则，做好宽带、物流、基础研发等基础设施和公共建设。更重要的是，要简政放权、坚守“三张清单”，同时转变治理模式。

中国互联网经济在过去快速发展的一个重要原因，是有一个较为宽松的发展环境。业界普遍希望政府支持互联网、大数据在各行业的普及应用，或者至少能够保障线上、线下相同的政策监管条件，不单独强化对线上经济形态的监管，创造公平的竞争环境，包容创新。同时，推动制定国家云计算、大数据发展战略，打破长期以来存在的职能“条块分割”和信息“孤岛”等问题。

“互联网＋”成为中国经济包容性增长的新动力

【记者】“互联网＋”对中国经济发展将产生哪些影响?

【高红冰】互联网的应用一定是一个新旧更替、交叉融合的过程。部分行业会被替代，新兴行业会被催生，更多的传统行业被改造和提升。现在对工业 4.0 的探讨也很多。中国有一个很好的机会，就是今天已经形成了 3.3 亿的网购人群，这是做工业 4.0 的基础。现在我们有大量的网购主体、商业主体，把这些主体的活力激发出来，可以在很大程度上解决中国这个“世界工厂”的产业升级问题。

【郭凯天】“互联网＋”代表着以人为本、人人受益的普惠经济。普惠经济也是一种集约型经济、绿色经济、共享经济，它能高效对接供需资源，提升闲置资源利用率，实现节能环保。

此外，对于发展相对落后的农村地区和基础设施相对薄弱的中西部地区，“互联网+”带来了跨越式发展的可能性，成为中国经济包容性增长的新动力。而在更广阔的国际竞争中，“互联网+”成为各国争抢未来经济和产业优势生态位的战略入口。

腾讯要搭一个“梯子” 阿里重点推进商务电子化

【记者】互联网公司打算如何落实“互联网+”行动?

【郭凯天】腾讯参与“互联网+”生态的方式主要是开放协作，跨界融合。过去两年，腾讯提出要做互联网的“连接器”，希望实现“连接一切”。新的“互联网+”生态体系，将构建在“连接一切”的基础之上。

在新时代所带来的“风口”中，腾讯要做的是搭一个“梯子”，也就是回归到最核心的平台。这个产业对腾讯来说已经够大了，我们能做的是给所有产业提供零配件工具，让他们在与移动互联网结合的浪潮中可以飞得更高、飞得更安全。

在民生服务领域，腾讯尝试与政府部门一起利用互联网提升公共服务和公共治理水平。比如，对于“如何证明你妈是你妈”这样的办证难问题，在“互联网+”面前，完全可以得到有效解决。截至 2015 年，腾讯已与 6 个省、自治区、直辖市政府签署了“互联网+”战略框架合作协议，与近 20 座城市签署了战略合作协议。

【高红冰】“互联网+”实际上是从增量到存量的改革路径。过去 15 年阿里巴巴做的是“电子商务”，今后将重点推进“商务电子化”，实际上就是希望用互联网、云计算和大数据技术推动传统产业的转型升级。

比如在零售业的 O2O 领域，通过移动互联网、物联网技术、移动支付等，促进线下实体商业的整体转型；用在线批发带动产业集群转型。阿里巴巴推动了 140 多个产业集群和专业市场的在线化，覆盖浙江、广东、江苏等 19 个省市。这些产业集群和专业市场依托本地化的服务商，将各地特色、优质货源加速搬上互联网。

同时，O2O也包括制造业的在线化，即把服装工厂的生产线、产能、档期搬到线上来，打包作为一种服务出售。电子商务平台则提供交易规则、信用评价、加工数据等一系列服务。

此外，还有跨境电子商务、农村电商战略和互联网金融。2015年，阿里巴巴已与全国14个省、自治区、直辖市签署战略合作协议，与当地政府一起推动政务、产业上“云”，这是民生、经济领域的“互联网+”。

经济“黑马”，改变中国

导言　破解快递业高成长“密码”

快递业，确实如一匹黑马，连续多年保持高速增长。

快递与电商，已成为我国新经济中耀眼的“双子星座”。

这是2015年年中的数字——590多万从业人员、67架国内快递专用货机、23万辆各类汽车，支撑起了中国作为“世界第一快递大国”的桂冠。

一辆辆快递车辆、一个个快递员组成的中国快递网络，成为中国独有的景观，也无孔不入地渗透到城镇、乡村，使中国成为一个名副其实的“快递之国”。

快递业的成长“密码”是什么？快递给中国带来了什么？快递缘何能改变中国？新华社记者深入北京、浙江、广东、湖北等地，就中国快递业发展现状和未来深入调研，试图揭开这一谜底。

我国是世界第一快递大国，2014年快递业务量达140亿件，其中100亿件来自“三通一达”4家快递企业：申通、圆通、中通、韵达，而“三通一达”的老总，竟然都是浙江桐庐人！

为什么桐庐能成为中国民营快递的发源地？我们还专门来到“中国民营快递之乡”浙江桐庐，寻找这个小城蕴藏的奥秘……

快递业成经济“黑马”

2015年7月15日国家邮政局公布上半年邮政业运行情况，全国快递服务企业业务量累计完成84.6亿件，同比增长43.4%；业务收入累计完成1195.7亿元，同比增长33.2%。

同日，国家统计局发布上半年全国经济运行数据，其中第三产业增加值增长8.4%，分别领先第一、第二产业4.9个、2.3个百分点。显然，与这些数据相比，快递业在经济发展中的“黑马”态势十分明显，正在推动我国经济转型、结构优化中发挥重要作用。

自从2009年新修订的邮政法开始实施，民营快递的合法地位得以确立，我国快递业发展速度始终“一马当先”：连续4年年均增幅超过50%，10年行业增速始终高于GDP增速……2014年全国人均发送快递10.2件，人均快递支出149.5元；快递行业日均处理包裹超过1亿件；快递业收入达2045.4亿元，约占国民经济总量的3‰。

国家邮政局局长马军胜说，快递作为一种基础服务，已经渗透到百姓生活的方方面面。快递正在改变中国。

据国家邮政局统计，伴随快递下乡、快递西进，中国邮政在村一级的覆盖率达到92%，快递网点在乡镇一级的覆盖率达到48%。

2015年的中国，590多万从业人员、67架国内快递专用货机、23万辆各类汽车，就已支撑起了“世界第一快递大国”的桂冠。

“快递员是网店与客户线下直接接触的唯一环节，靠的就是服务。”阿里巴巴在纽交所上市的8位敲钟人之一、申通快递员窦立国告诉记者。

快递业引起决策层高度关注。2013年以来，国务院常务会议多次就快递业发展作出决策；从2014年到2015年，“快递”连续两年被载入惜字如金的政府工作报告，被视为经济“黑马”寄予厚望。

尽管如此，中西部地区快递业务收入比重虽有所上升，但发展仍不平衡，东部地区占据八成以上。尽管有了快递下乡，迄今全国还有一半乡镇不通快递。国家邮政局提出到2020年要基本实现“乡乡有网点，村村通快递”的目标，要求各地将“快递向西向下”作为2015年工作重点，加快农村快递网络布局。

2015年5月4日，国务院印发《关于大力发展电子商务加快培育经济新动力的意见》，支持快递服务网络向农村地区延伸，促进快递进校园。

“快递产业要成为现代服务业的关键产业和先导产业。”中国快递协会会长高宏峰说。

经济“黑马”，正在改变中国

——两度载入中国政府工作报告。

——国务院常务会议多次就快递业发展作出部署。

——国务院总理李克强多次点赞快递业，认为它是中国经济的一匹“黑马”……

党的十八大以来，快递业异军突起，成为中国经济一抹亮色：连续4年年均增幅超过50%，行业产值增速数倍于GDP增速……2014年，中国更是成为“世界第一快递大国”。中国的社会发展和中国人的生活正在因快递而改变。

快递网点覆盖全国近半乡镇

“快递中国”加速形成快递化的中国，几乎改变了每个人的生活。

在湖北洪湖市新堤镇洪林村，80 后小伙杨晶正在仓库把莲藕打包装箱。一排排码放整齐的快递箱被隔壁快递网点的快递小哥运走，装车送往武汉分拨中心，再发往全国各地的快递网点。

正是借助快递，在外打工的杨晶回到家乡，把新鲜的莲藕卖到全国各地，他的网店年销售额也突破千万元。原本家境贫穷的杨晶笑着感叹：“是快递改变了自己的生活，拉动了周围农民增收，现在买藕都得找‘杨总’。”

这是中国农村的一个缩影。

快递下乡让更多农民享受网购低价服务，同时更多的农产品以更便宜的价格、更方便快捷的方式抵达城市消费者手中，畅通了物流，改善城乡区域均衡。2015 年一季度，寄达西部地区的快件量比重持续增加，快递促进区域间商品流通的作用日益凸显。

据国家邮政局统计，2014 年快递企业新建 5 万个农村网点，覆盖全国乡镇的 48%，这意味着全国 34170 个乡镇中，一半都有了快递员的身影。

国家统计局中国经济景气监测中心副主任潘建成认为，快递在农村和西部地区高速发展，不仅代表了消费升级，更重要的是通过快递的连接打破了边界，使整个国家成为统一而高效的市场，市场在资源配置中逐步起到决定性作用。

比较中看变化。放在 20 年前，外贸企业沪杭线上送一份报关单得花一个星期时间，以致有人愿意花 50 元请人搭火车连夜递送。寄件、收件都要本人跑去邮局排队，不可能宅在家里等人上门收取、派送。

经济“黑马”保持高增长姿态

“‘双十一’高峰，平均每嘀嗒一秒钟，就有200多件包裹涌入我们的网络。”韵达快递高级副总裁周柏根说。

“黑马”有多快？统计数据显示，2015年前的4年里，中国快递业的年均增幅均在50%以上；2014年的业务量达到139.6亿件，超过美国成为全球第一；2014年全行业收入超过2040亿元。

2015年1月至5月，全国快递服务企业业务量累计完成68.1亿件，同比增长42.7%；业务收入累计完成969.5亿元，同比增长31.9%。当许多行业面临下行压力时，快递业持续保持的高增长姿态，令人瞩目。

来自吉林四平农村、不甘贫困的窦立国到北京打工干快递，2013年承包一家快递网点。他做梦也没想到，阿里巴巴在美国纽交所上市，他同其他7名客户一起，在上市仪式上当了敲钟人。

让窦立国“醉了”的是阿里巴巴，让阿里巴巴“醉了”的是快递。

当时的美国《洛杉矶时报》说，如果中国在过去10年没有成立8000多家快递公司，阿里巴巴绝不可能达到今天这样的规模。

国内前几大快递公司，全网员工都已超过10万人。整个中国快递业吸纳了数百万人就业。

对就业创业的带动，在“三通一达”等加盟制快递公司中尤为突出。数千个加盟店，就是数千个就业、创富的分平台。

中通快递董事长赖梅松说：“2014年我们增加了创业岗位6万多个。2020年，应该有七八十万人在这个平台创业。”

潘建成认为，快递本身是服务行业，比制造业更能拉动就业人口，这样的劳动密集型行业，在当前的经济下行压力面前，对缓解就业压力有很大作用。

昔日市场“配角”，迅速成长为新常态下中国经济的一部发动机。在中国这样一个拥有13亿多人口的生产和消费大国，快递业“稳增长”潜力巨大。

据不完全统计，国内已有过半省区市出台了支持快递业发展的政策。人们认识到，快递业是服务业的关键产业，是改变传统流通方式、刺激消费升级的现代产业，是物流领域的先导性产业。

“以前，一些地方领导认为我们‘档次低’；现在，每个月都有政府官员前来商谈，邀请投资。”一家总部设于上海的快递企业负责人说。

“中国快递发展没有靠国家投钱，便从原来的边缘产业转身成为国民经济中越来越重要的角色，为经济、社会发展提供支撑。”国家邮政局局长马军胜说。

发展至今，快递与电商已成为我国新经济中耀眼的“双子星座”。2015 年 5 月 4 日下发的《国务院关于大力发展电子商务加快培育经济新动力的意见》，要求“推进电子商务与物流快递协同发展”，并明晰了一系列举措。

“百货公司业绩下滑，网购如火如荼。”潘建成认为，快递形成的多对多模式，通过网络平台打破原来一对多的消费模式。它的崛起正体现了我国消费模式从排浪式向个性化消费的转变。

在工业制造领域，快递企业正在深度嵌入，成为供应链不可分割的一部分。

山东济南，我国最大的重卡生产企业中国重汽又接到一笔大订单。在总装线接到生产指令时，1 公里外的邮政速递分公司也同步接到物资管理系统指令，将各种零部件进行分拣排序，根据生产进度送到车间预投区。快递物流融入生产供应链，使重汽生产线的员工减少 1/3，日产量从 50 辆提升到 80 辆。

《中国制造 2025》提出，积极发展服务型制造业和生产性服务业。这让快递物流业看到新的增长点。马军胜说，快递不仅自己是新兴服务业，更通过与电商的结合，为社会、流通、制造、消费提供了很多新模式和新业态。

潘建成说，正是快递业的高效低成本的优势，使得其他产业也充分利用快递业的发展。这种效率的提高加强了产业间的融合程度，起到了催化作用。

中国快递是世界上性价比最高的快递

每周1次，周五晚下单，周六捕捞，湖北的野生鳜鱼，总能在周日做晚饭前顺利抵达。北京的杨女士深有感触：“以往不敢想象这样一个快递只要10元钱。现在我的生活已离不开快递。”

按收入和业务量计算，2014年我国快递平均单价不到15元。根据国家邮政局委托第三方机构测试，2014年上半年全国每单快递平均寄送时间不到两天半。

“现在快递费只占网购商品平均单价10%，流通的费用大大节约。”马军胜说，配送快、价格低，快递不仅给老百姓实惠，也推动了产业链上下游发展。中国的快递已经是世界上性价比最高的快递。

快递业在成就自己的同时，也惠及他人、填平鸿沟。

贫困地区的年轻人通过快递实现就业创业梦想，并带动更多村里人脱贫致富；山里的老乡把自家种植养殖的优质农产品卖进城市，同时也能更便捷地消费和城市人一样的商品；地震、洪涝等灾区的民众能在更短时间内接收到各方的爱心款物……在“经济账”之外，快递业还有一本本可观的“民生账”。

国务院发展研究中心研究员魏际刚说：“快递同时也是民生产业，它对民众的生活将带来更深远的影响。”

改革成就了中国快递，快递也在倒逼改革

1993年，王卫在顺德注册成立顺丰速运。同年，浙江桐庐人陈德军在上海成立“盛彤实业”，是为申通快递的前身。5年后，另一名桐庐人

喻渭蛟也辗转到上海，圆通速递由此诞生。

他们这一脚，踏入了中国经济活力四射、开放发展的滚滚洪流。

潘建成认为，快递只是一个手段，其发展不仅限于行业本身，其背后是中国创新动力提高、消费结构升级和产业结构升级带来的机遇，“这是中国目前发展节点的重要时间窗口，也是中国经济机遇的窗口”。

调研中，记者向多人求教同一个问题：中国快递高速发展的密码是什么？

“靠天时，靠地利，靠人和。”圆通速递董事长喻渭蛟如是回答。

何为天时？垄断格局中生长的市场机遇，邮政业政企分开释放的巨大空间，邮政法出台确立的行业法律地位，电商爆发带来的需求井喷……快递业从体制中的夹缝成长，踏准了一个个重要时点，并不断倒逼体制改革。

何为地利？立足于中国市场经济巨大的潜力和回旋空间，快递业面对的是一片巨大的蓝海。上海市邮政管理局局长曾军山说：“全球数一数二的经济体，必定能诞生数一数二的快递企业。”

何为人和？靠着聪慧的头脑、敏感的嗅觉、敢打敢拼的闯劲、吃苦耐劳的创业精神，中国快递人用双手改变了自身的命运和国家经济的版图。这条路走得坎坷辉煌，荡气回肠。

采访中，回忆起快递创业过程中付出的艰辛乃至生命的代价，中通快递董事长赖梅松眼泛泪花。

如今，和阿里等巨头深度合作，携手资本“攻城略地”，相互抱团进军配送“最后 1 公里”……中国快递业动作不断，整个行业似乎处在新的变革前夜。

潘建成说，2015 年一季度我国第三产业首次超过 GDP 的一半，这是重要的时间窗口。消费者对于快递这样的服务消费需求比重在上升。这正好促进了快递业的发展，而快递业的发展又促进了我国创新驱动、消费结构、产业结构的升级。

紧抓改革红利，盯牢市场机遇，不懈拼搏闯荡，促增长、调结构、惠民生——中国快递展现出异彩纷呈的一页，昭示着光明的未来。

一个快递包裹的旅程“自述”

我是一个快递包裹，别看我个头小，但能量巨大。我的家族不仅庞大，而且创造了很多世界纪录：中国 2014 年快递共送出 140 亿件，同比增长 52%，跃居世界第一；全国单日最高处理快递量超过 1 亿件；中国快递业务量 6 年涨了 8 倍，每年人均发送超过 10 件快递……

我们给千家万户带来了便捷服务，但大家真的了解我们的“前世今生”吗？我来讲讲我们短暂而艰辛的“旅程”。

“出身寒门”，身价不到 2 元

说起我的来历，也是一肚子辛酸。

与其他商品相比，我的家族绝对是草根中的草根：包裹一般由快递面单和外包装组成，其中面单制造成本为 1 元到 1.5 元，而外包装就更便宜了，几角钱不等。说到底，我诞生那一瞬间，身价基本不会超过 2 元。

显而易见，快递面单是快递包裹除了邮寄商品外最关键的部分，是快递公司与用户的简易合同，也是一个快递包裹的“门面”。看似小小一张纸，里面蕴藏着很多学问和门道。

一般的快递面单是由 7 层热敏纸印刷而成，让快递包裹拥有更强大的适应力，面单必须具备：抗高温不变形，不释放有害物质；在极端环境中保持黏性，不脱落；每张面单都拥有唯一识别条形码，印刷和校验技术要求严格。

出发：这里是起点也是终点

快递员的手总是那么温暖，对于我来说，这里是起点也是终点，一个快递包裹的“奇妙旅程”从这里开始。

“我平均每天取送 100 多个快递件，按照送一个快递件需要平均上 4 层楼、每层楼 16 级台阶来算，我每天得上近 7000 级台阶，1 年下来就是近 250 万级台阶。”快递员程昂说。

快递员是快递包裹最特殊的“亲密战友”。清晨北京五环外，某快递网点门前，操作员麻利地分拣、扫描凌晨运来的快递件。早上 7 点钟，快递员们开始到网点清查和收拾自己负责片区的快递包裹。

“8 点钟前装好车直奔发件小区，中午网点还会通过车给各区快递员分派稍后到达的快件，一天 2 次。”程昂说。

晚上，快递员把一天收到的快递包裹送回网点，汇总统一装车运走。看着一车“下饺子”似的包裹同胞，我不禁要问：我们这是要去哪儿？

相约午夜：痛并快乐着

当日快递必须在午夜前送至本地转运中心，这里是快递链条的重要节点，是连接地方网点乃至世界各地的中转站。转运中心一般位于城市边缘，靠近机场或交通便利的地方。

每天经过此转运中心的快递件达上百万件，近千名工作人员分几班不停地装卸、分拣、扫描，有的操作员每天要扫描处理几万件包裹。

转运中心分拣大厅内，上百条传送带把包裹一件件送往各个角落，人们忙碌地为快递包裹“服务”，我也难免小激动一下，这可能就是痛并快乐着吧。

每位操作员仅需 1 到 2 秒即可准确地判断出包裹流向，迅速完成扫描并画上专有记号，之后继续被分拣到具体的城市或地区栏中，等待装车发货，全过程不过几十分钟。

中国快递包裹连起来可绕赤道 70 圈

凌晨，我再次回到车上，上百辆大车从转运中心驶出，把快递包裹送至机场或向高速公路驶去，我和同胞们将进行一次难忘的旅行。

经过海陆空立体快速运输，快递包裹被传递到各地的转运中心周而复始经过分拣、运输到网点，快递员接过最后一棒，我完成了跨过大半个中国的旅程。

按照平均每个快递包裹长 20 厘米算，把 2014 年中国发送的快递件排成一排，够绕赤道 70 圈，瞬间觉得我们快递包裹高大上了！

探秘快递“桐庐帮”发源地

桐庐，这个地处浙西北山区的小城山清水秀，有着中国最美县城之称。桐庐不仅因为自然美景出名，人们一进入桐庐县界就能看见一块大石碑，写着“中国民营快递之乡”。

我国是世界第一快递大国，2014 年快递业务量达 140 亿件，其中 100 亿件来自“三通一达”4 家快递企业：申通、圆通、中通、韵达。而“三通一达”的老总，都是浙江桐庐人。

为什么桐庐能成为中国民营快递的发源地？这个小城蕴藏着怎样的奥秘？新华社记者和“三通一达”负责人相约来到他们的家乡。

先吃螃蟹的人：20 多年的变化天翻地覆

记者从桐庐县城出发，向西走驱车一个多小时抵达钟山乡，一路绿色环绕，山路蜿蜒狭窄。“三通一达”几位老总的家乡都聚集在此。

钟山乡夏塘村村民詹云荣告诉记者，由于山地多农田少，守在家里只能勉强混饱肚子，想致富只能走出大山。

“读小学五年级时，我代表乡里参加全县数学应用题比赛，那是第一次走出大山、第一次到县城。”中通快递总裁赖梅松的老家在钟山乡最偏僻的天井岭村。想起当年，赖梅松感慨万千。

1993 年，聂腾飞、聂腾云兄弟离开家乡桐庐县钟山乡夏塘村，到杭州打工。当时，杭州集中了一批外贸企业，隔天就要往上海送外贸报关单，发中国邮政需要 3 天时间，企业自己跑成本又太高。兄弟俩敏锐地捕捉到了商机，替人出差跑腿送件。刚开始，送一单的价格是 100 元，除去来回的火车票 30 元，每单可以赚 70 元。一年下来，兄弟俩赚了 2 万元，获得了“第一桶金”。

之后由于业务扩大，聂腾飞的大舅子陈德军也加入进来。几个年轻人骑着自行车穿梭在杭州、上海等地的大街小巷，翻破了无数张地图，吃尽了苦头。

1998 年，陈德军接手掌管申通快递。1999 年，聂腾云再次创业，创办韵达快递。2000 年，喻渭蛟用借来的 5 万元创办了圆通快递，租的是 150 平方米的仓库，全部设备就是 2 辆自行车和 2 部电话。2002 年，赖梅松从木材生意转行，瞄准了快递业，创办了中通快递。

快递桐庐帮留给外界的印象颇为神秘，有传言说这四家企业的老总彼此互有交集，韵达快递常务副总裁周柏根说：“一开始申通、圆通、中通的老板互相并不认识，但先吃螃蟹的人确实产生了影响和带动作用。”

周柏根表示，“三通一达”的老总们有相似之处，一是非常能吃苦，因为那时桐庐的山村太穷了；二是做生意不只看眼前利益。“今天钱进了口袋，还没捂热，明天又投资出去了。”

钟山乡党委副书记李芸说，钟山乡全乡 2.2 万人、6700 多户人家。在桐庐快递人艰苦奋斗精神的传帮带下，有一半人外出从事快递业。

在钟山乡歌舞村，一名在外做了20多年快递的村民感慨：“村头巷尾，尽是欧式洋楼，20多年的变化天翻地覆。”

据桐庐县商务局统计，全国由桐庐籍民营企业家创办和管理的快递企业已达2500余家，从业人员超过20万，年营业额300多亿元，占据全国快递行业将近60%的市场份额。2010年，中国快递协会授予桐庐县“中国民营快递之乡”称号。

从“黑快递”到“黑马”：我们的成就感很强

从“黑快递”到中国经济的一匹“黑马”，从夹缝中求生存上升到国家战略高度，“三通一达”在崛起之前曾经历过风暴的洗礼。

我国旧版邮政法规定邮政业务专营，但对各企业间的商务件没有明确范围。早年的“三通一达”以及顺丰，都以商务件作为主营业务，在夹缝中求生存。

“印象最深刻的是，这个行当是黑快递，到处被打压。”赖梅松回忆，当时没有确立民营快递的合法地位，快递企业和邮政企业之间由于业务竞争，经常发生冲突。

“阁楼上藏着商务信函，自己的车辆被扣，只能坐出租车送件。最怕的是快件被扣，没法跟客户交代。”一位在快递业摸爬滚打十几年的快递企业大区经理告诉记者，那种感觉就像镖局抢镖。

2009年，修订后的邮政法开始实施，民营快递的合法地位确立。“黑快递”企业也成为邮政业的重要组成部分，对于民营快递企业有了开天辟地的意义。

圆通速递副总裁郎鸿飞说：“从‘地下’干到合法，我们的成就感很强。现在政府对我们很重视，很多地方把快递产业发展纳入了当地规划。”

“三通一达”4家企业的注册地都在上海市青浦区，2014年纳税5亿多元，成为青浦区的纳税大户。

当记者问，创业时最激动的是什么？周柏根说："业务量冲破 1 万票。因为是从零做起来的。之后从 200 万不断地冲到 300 万、1800 万。"

加盟模式"分田到户"：打造中国的联邦快递

"'双十一'快递洪峰来临，为什么能顺利通过？"赖梅松认为，这得益于加盟模式，人手不够可以叫亲戚朋友。"三通一达"都是通过加盟模式创业，迅速在全国铺设网点。

起初，"三通一达"的加盟制就是鼓励员工到其他地区拓展业务网络，包干到户，按文件、包裹的不同价格缴纳承包费，加盟商共用一个品牌，各自收取收件费，彼此之间实行派送费互免。

赖梅松又对加盟制进行了改良。兄弟分灶吃饭，独立法人经营主体切割得很清楚，主要的转运体系都归总部统一调配。但又是你中有我，我中有你。快递网络越广，创业主体伙伴越多，蛋糕做好了大家分享。

赖梅松说："'三通一达'快递企业实行的加盟制，就类似分田到户，这也算是快递行业的大众创业、万众创新。"

"快递人最自豪的是什么？走遍全国，一分钱不带都能解决吃住问题，因为到处都有网点，都是自己的同事。"申通快递总裁助理陈贤红说。

"有人说快递业创造了就业岗位。实际上很多人起初正是因为找不到工作才干起快递。"赖梅松说，中通快递 2014 年增加就业岗位 6 万个，2015 年增加就业岗位 10 万个。按照现在的情形推算，到 2020 年，中通的平台将超过 100 万人。

"快递公司的网络布局就好比木桶原理，有一块短板都不是好的网络。"郎鸿飞说。然而，加盟模式的缺点也恰恰容易出现短板。由于企业总部对加盟商难以掌控，从而造成服务质量、安全标准难以统一。统计显示，50% 以上的客户投诉出自加盟网点。

“三通一达”逐渐将重要的转运中心、省会级城市网点从加盟改为直营。相似度极高的发展模式，产生了不容回避的问题：4 家企业之间同质化竞争严重。

“三通一达”普遍对电商件高度依赖，因而形成了高度同质化的市场。当前，中国快递市场洗牌态势加速，“三通一达”彼此之间的关系也有微妙变化，开始从竞争走向竞合。2013 年，“三通一达”加上顺丰共 5 家企业成立了蜂网公司，每家各占 20% 股份，在企业集中采购、可以共享的资源上展开合作。

“中国民营快递要走向世界，应该抱团取暖，要有志于打造中国的 FedEx（美国联邦快递）。”郎鸿飞说。

智能快递柜：走近你我他

2015 年 6 月盛夏的一天下午，在中国人民大学知行宿舍楼下的通道，越南留学生胡越兴正在琢磨手机里刚收到的短信：“请到智能柜 061 格子，领取您的快递，取货码 506118。”

就在胡越兴琢磨短信时，信息学院学生冯晋嘉在快递公司人员帮助下输入取货码，在自动弹开门的柜子里，拿走了两天前在网上购买的新耳机。

刚学了半年中文的胡越兴，终于在第三组柜子中找到了自己的东西。他说，自己经常在网上买书和衣服，智能柜比以前人工派发快递要方便不少，就是没有英文操作界面有点不方便。伴随着快递业迅猛发展，依靠人工配送快递出现了“最后 1 公里”堵塞现象：在许多单位门口，快递员扎堆，快递包裹满地摆放。能有效解决“最后 1 公里”的智能快递柜，逐渐出现在一些高校、小区、写字楼。从邮政、电商到民营快递纷纷行动起来，抢占“最后1公里”。

这些看似报箱的柜子已经成为各大快递、电商公司眼中的大布局。在一些写字楼、小区，京东商城开始布放智能快递柜供消费者取件。民营快递也加快行动，顺丰及“三通一达”这国内五大快递巨头共同发布声明，投资5亿元创建深圳市丰巢科技有限公司，打造面向所有快递公司、电商物流使用的24小时自助开放的智能快递柜，提供平台化快递收寄交互业务。

快递“老大哥”中国邮政也宣布启动包裹“自提”服务。在网购时选择中国邮政提供的自提网点为收货地址，自提网点人员接收包裹并将信息录入系统，系统自动触发短信提醒，消费者凭短信密码自取包裹。

为何智能快递柜如此之火？负责帮助京东商城建设智能快递柜的安杰社区服务公司董事长吴方正道出它的诸多优势：一是标准化产品可以连接各个快递公司；二是24小时服务不间断；三是加入摄像头减少纠纷，增强安全性；四是价格低廉几乎没有人工成本。

“快递柜将带来一个百亿级新市场，不仅解决以往快件‘摆地摊’的窘境，而且在家收件的安全隐患也将迎刃而解。”吴方正说。

快递柜的好处远不止这些。在加入冰柜等冷链设施后，智能快递柜的功能将大大增强，使生鲜食品成为网购新宠儿。或许消费者早上下单买的龙虾或荔枝，下午下班回家就可以在快递柜中取出。

智能快递柜代表着未来中国快递业的发展方向，即通过引入信息化、大数据等现代化手段，融合预测、O2O等方式，以更加便捷的智能设施和手段满足高密度、高成本、高人力的现代快递工作。

专家认为，智能快递柜将消化我国高速增长的巨量快递。应对人工投递成本不断增加问题，快递柜将成为最有效的解决方法。

经济“黑马”，警惕“绊马索”

低价竞争、快递车辆违规上路、快件安全存隐患……新华社记者调研发现，中国的快递业在高速增长的同时，一系列焦点问题不容回避。有人因此发出疑问：中国快递业还能火多久？

焦点一：“以价换量”的发展模式亟须改变

2015 年一季度，中国民营快递企业业务量市场份额占 85.6%，业务收入市场份额占 75.3%。

快递火了，新注册的小微快递公司不断涌现，大型民营快递企业依托加盟模式迅速扩张，一些地段的加盟网点转让费达 100 万元乃至上千万元。

然而，记者调查发现，全国有 1 万多家快递企业，具备全国网络的企业近 70 家，不少公司处于亏损状态。

“一家依靠风投不断注资的企业一年亏损 5 亿多元。”业内人士透露。据业内统计，快递单价近年来不断下降，2005 年平均单价为 27.7 元，到 2014 年只有 14.7 元。在劳动力、油品等快递成本要素上涨的情况下，这种低水平的扩张难以维持。

国务院发展研究中心研究员魏际刚说，中国快递业务量世界第一，但“以价换量”的发展模式亟须改变。

记者走访了众多民营快递企业，很多企业表示，从表面看企业靠低价抢占市场份额，而深层次原因则是，处于下游产业的快递企业缺乏对其上游产业电商的议价能力。

“我们对电商又爱又恨。”一家快递企业老总直言。

以“三通一达”为代表的民营快递企业对电商的依赖程度高，70% 以上的业务来自淘宝等电商平台。在淘宝等电商平台，绝大多数卖家注明只发“某某快递”。对于广大消费者来说，网购选什么快递，电商说了算。

快递物流咨询网首席顾问徐勇说，谁控制了快递的发货权，谁就控制了快递的服务资源，而不仅仅是快递的服务能力。快递行业的竞争已经由快递服务能力的竞争向快递上游的发货权竞争转变。

商务部产业国际化战略所所长张威认为，快递业很多需求来自电商，电商也依托快递迅速扩张，但是电商和快递的关系还有待理顺。

焦点二：行业大而不强

“中国的产品可以出口到全世界 200 多个国家和地区，但没有一家国内快递企业能送达，只有国际快递企业巨头可以。”魏际刚认为，我们全球性的快递体系还没有建立起来。

国家邮政局发布的 2014 年快递市场监管报告指出：“发展模式较为粗放，行业大而不强。”

张威说，整个快递业的发展滞后于全球化进程。产业组织结构不合理，而且业务模式比较单一，网络化、一体化服务能力不强。

徐勇告诉记者，我国快递包裹的增长量超过美国联邦快递和 UPS，而快递业的收入只相当于它们的 1/8 甚至 1/10。

“你问快递什么时候到，快递员说大概明天或后天，具体时间不能精确到上午、下午甚至小时。”在徐勇看来，没有精准的时间标准，成为制约我国快递业可持续发展的关键问题。

“没有快递产品的相关标准，造成实际上无法监管。”徐勇认为，作为现代服务业，快递业应该建立精细化的标准体系，这也是影响行业做大做强的重要因素。

焦点三：行业诚信体系尚未建立

“不规范经营、损害消费者利益、安全问题，快递的诚信体系还没有建立。”江南大学副校长金征宇说。

国家邮政局对 2014 年快递业消费者投诉做了统计，每百万件快递包裹中，有效申诉最低为 4.6 件，最高为 62.8 件，差距达十几倍。延误、丢失、损毁仍是消费者申诉的突出问题。

根据国家邮政局的快递包裹寄递规定，快递企业要对包裹进行验视后方能寄递。

而据快递物流咨询网的抽样调查，90% 以上的客户不愿意配合快递员验视快件。一些快递公司对是否严格执行开箱验视，也往往是“睁一只眼闭一只眼”。

“快递包裹里是什么？究竟值多少钱？丢了如何赔偿？在收寄验视制度没有贯彻执行的情况下，容易相互扯皮、引发纠纷。”徐勇说。

根据邮政法相关规定，没有保价的包裹，一旦丢失按快递费用的 5 倍赔偿。一些基层网点的快递员告诉记者，绝大多数用户都抱着侥幸心理寄快递，很少有保价的。而实际上，因为丢件引发法律纠纷的，并非个案。

我国首部强制性邮政行业标准《邮政业安全生产设备配置规范》于 2015 年 9 月施行。标准分别从消防、隔离、监控、安检、报警等 6 个方面对快递企业营业场所和处理场所安全生产设备的配置进行了明确规定。

“强企业首先要强监管，尤其要强化对行业的安全管控。”国家邮政局智库专家邵钟林说。

焦点四：行业“用工荒”如何破解

“我现在最怕看到媒体炒作快递员‘月入过万’的消息。胃口被吊得越高，我们就越留不住人。”一家快递网点负责人对记者坦言。

每逢电商大促、快递包裹“围城”，快递员人手短缺成为常态。高端管理人才缺乏、一线快递员流动性大，未来谁来做快递员？人才问题成为快递业发展不容回避的问题。

记者走访了众多快递企业的加盟网点发现，企业的用工成本已经超过运营成本的一半，且每年以 10%～20% 的速度上涨。快递员流动性高得出奇，差不多每年要换掉一大半，每年“双十一”前快递员辞职是常态。不仅一线快递员经常出现用工荒，快递企业在经营、管理、技术各方面，都存在人才短板。

记者在调研中发现，一些民营快递企业还停留在家族创业时代，主要依靠创始人的眼光、魄力和独断从事经营，优秀的职业经理人队伍少之又少。即使是高薪引进的人才，也因为不适应其家族管理风格，很难留下来。

焦点五：给予快递车辆合法地位还需等几时

一家年业务量超过 10 亿件的大型民营快递企业负责人告诉记者，全网系统每年因车辆问题被查扣罚款的金额超过 5000 万元，“这还是保守估计”。

根据我国道路交通安全相关规定，客车不能装货，货车不能进城。然而，一些快递企业把依维柯、金杯等客车拆掉座椅后运货，被相关执法部门查扣自然是家常便饭。

记者了解到，有些城市制定了快递运输车辆的技术标准，并向各快递企业分配了购车指标。但是，由于众多民营快递企业采用加盟制模式，总部拿到的指标，无法让下面的加盟商购买，致使不少快递车辆指标实际上被浪费。

快递“最后 1 公里”的配送完全依赖电动三轮车，在很多城市被禁行，在快递员送货途中经常被执法部门查扣。

业内人士建议，对快递车辆的相关政策适当放宽，实行统一标识和规格，上牌备案，加强管理，并协调相关保险公司开辟新险种，为事故后赔偿提供保障。

“彻底解决快递车辆的合法性问题，不应该再拖延下去了。”多家快递企业负责人如此表达期待。

养好快递业这匹“黑马”

随着互联网及电子商务迅速发展，快递业成为我国经济的一匹“黑马”。业务量 6 年增长 8.2 倍。这一扣紧时代发展步伐、融汇社会科技创新、便利群众生活的行业，值得各方面用心呵护。

我国快递业发展之迅猛是人们始料未及的。十几年前，没有几个人能够想到同城寄送包裹、打个电话即可坐等上门收邮件。如今，不仅这些早已成真，而且寄送的内容也从信函文件、鞋帽衣物拓展至时蔬鲜果。

当前，消费者已经习惯通过网站、手机 APP 等途径实时查看物品邮寄状态，周期可精确到小时。我国快递企业还积极向国外同行取经，用信息化革新传统作业流程，甚至组建货运机队，让快递服务越来越便捷、可靠。

快递业生机勃勃的发展状态来自充分的市场竞争，从一个侧面反映出我国市场经济建设的巨大成就。快递企业聚集大量社会资本，国有企业、民营企业同台竞争，让消费者有充分的选择空间。公众对价格低、服务好、可信赖的服务商的青睐，也直接推动快递企业不断内部挖潜、优化流程、提高信誉，是让市场在资源配置中起决定性作用的典型例证。

当然，作为新兴行业，价格战、违法寄递、暴力分拣、高附加值服务滞后等问题也客观存在，是急需弥补的发展短板。但任何一个新兴行业都不可能天生完美，重要的是以有效监管促进行业完善。在这方面，《邮政业安全生产设备配置规范》的落地，为快递行业良性发展提供更多规范。

“合抱之木，生于毫末；九层之台，起于累土。”快递业这匹“黑马”呈现出的积极意义，值得大家用发展的眼光去总结、用市场的逻辑去分析，以更好地推动监管部门、快递企业、消费者形成合力，让快递企业充分利用市场驱动力去粗取精，让这匹“黑马”成为骏马，跑得更快、更稳。

“中国一定会产生世界级的快递巨无霸”
——专访阿里旗下菜鸟网络总裁童文红

经过两年发展，阿里巴巴集团旗下的菜鸟网络搭建起中国智慧物流骨干网络，成为该集团的第三大支柱。

“中国式快递”究竟走向何方？民营快递怎样才能走出价格战的泥潭？带着一系列问题，新华社记者专访了菜鸟网络总裁童文红。

“中国式快递走向国际舞台必须有所改变”

具有鲜明特色的中国式快递，在全世界独一无二。“我去美国联邦快递 FedEx 考察，对方听说 2014 年‘双十一’产生了 2.78 亿件包裹，眼珠子都快掉出来了。”童文红说，国外没有产生过这么大的快件量。中国快递市场的蛋糕非常大，而且还在高速增长。

童文红说，随着网购量爆炸式增长及消费者需要快速的送货服务，国内快递市场一下就膨胀起来了。“当时‘三通一达’看到机会，立马就做了，这就是机遇，就像现在的创客。”

随着跨境电商发展，中国民营快递纷纷把目光瞄向海外市场。“中国式快递给国际上的印象是量很大。但是，中国式快递如何走向国际舞台？打个不太恰当的比方，好比中国游客在国外旅游，虽然有钱消费，但是人家尊重你吗？这是必须去改变的。”

“带动民营快递走出价格战的泥潭至关重要”

电商与快递关系密不可分，繁荣的表面下涌动着利益博弈。快递企业认为，上游电商垄断了快递，把快递成本压到最低，有的甚至还要从快递费里分一部分作为自己的利润。“我们给马云带来了财富，马云却给我们留下了残酷。”一家民营快递企业老总半开玩笑地说。

对此，童文红说：“淘宝控制快递公司了吗？没有。但是快递公司发展了吗？发展了。这个世界谁也无法掌控谁，只有大家一起协同发展。”

怎样带动民营快递走出价格战的泥潭？童文红认为，一直以来，快递公司太过于围绕着商家转，忽视了消费者，市场则围绕着价格转。

“一定是先有量，才有质，量起来了以后，才会有品质。”童文红认为，中国的开放市场有价格战不奇怪，但是光靠价格战是没有未来的。

2015 年 5 月 14 日，阿里巴巴集团宣布，已联手云锋基金，对圆通速递进行战略投资。业内人士分析，这对以“三通一达”为代表的民营快递企业震动很大，或将加速国内快递市场洗牌。

“菜鸟网络作为平台，不会买一辆货车，也不会雇用一个快递员，我们只做平台。”童文红表示，此次投资目的是推动整个快递行业的服务升级。

“今天的物流不是资源问题，而是没有聚合的订单。我们要做的就是把订单聚合起来，让社会化的服务来支持这些订单。”童文红说，“比如中国货运航空亏损，很多腹仓都没装满。圆通速递开通一条跨境电商航线，我们合作研究怎么让飞机飞起来不亏本。”

“物流就是聚合，规模发生效应。这是行业特性，不可违背的客观规律。一车货的运费一定比一件货的运费平均价格低廉。”童文红说，菜鸟搭建的是中国智慧物流骨干网络，这个网络给商家使用、仓配的服务商使用，如果快递公司需要也完全开放。

童文红认为，菜鸟的长板就是数据，不仅有客户、商家、消费者的数据，还有物流信息路由的数据。凭借这些数据，菜鸟做的是物流订单的聚合工作。

“互联网时代的本质精神就是分享”

“三通一达”快递企业在全国网络的搭建，是经过10年磨砺才成熟的。童文红认为，快递企业铺网络是非常烧钱的，而要做出差异化的服务，一定不能指望一张网服务。

童文红说，互联网大数据集成的力量，可以让不同的人一起帮电商、快递、消费者来完成一笔订单交易，因为互联网时代的本质精神就是分享。

每逢“双十一”网购旺季，快递企业不同程度存在用工短缺问题。童文红说，在电商强劲增长势头下，如果还保持着原始的用三轮车一单单送货的模式，用工的问题一定会存在。关键是如何提高末端配送效率。

快递企业纷纷开始线下“最后1公里”的布局，如自提柜、顺丰嘿客、圆通妈妈店等，主要目的就是提升末端配送效率。“但是又有个问题出来了，末端的店到底是末端的便利店，还是再各自建一张网？快递企业之间能否共享？”童文红的观点是彼此共享，服务消费者。

“北上广这样的城市，每个小区再铺一张网铺得过来吗？即便有这个实力铺，有这么多快件量去养吗？和线下实体店合作，怎么才能更高效？”童文红认为，大家都说末端很重要，有些公司心态开放就共享，但是有些企业觉得共享了就不属于自己。快递企业比拼的应该是整个网络里谁占的份额最大，而不是布了多少店。

童文红说，快递公司将来要转向落地配服务，因为协同的效率更高。“比如百世汇通跟菜鸟合作，把浙江金华的仓储、转运中心放在菜鸟的物流基地，包裹出来以后直接进入快递的配送中心。”

童文红认为，前些年是市场培育阶段，这几年是中国快递的转型期。随着消费者对服务品质的追求，那些以服务、数据、科技信息引领的快递企业将崭露头角。

第四章

生态中国

中国水安全形势调查

中国水安全形势调查

导言　大国治水之“道”

水是文明衍生的生命源泉，是社会发展的物质基石。

2015年年末，在时任新华社国内部主任、现任新华社副社长张宿堂同志亲自部署下，我们再度聚焦水问题。

在我国开启“十三五”规划的关键阶段、向第一个百年目标冲刺的历史关口，我们的水安全形势究竟怎样？我国又将重塑怎样的“水战略”？新华社记者深入多地调研采访，揭开我国水资源“家底”，探究新时期大国治水之道。

小分队分赴内蒙古、河北、江西、湖南、安徽、浙江等地，实地勘察中国水情，更多倾听当地干部群众的声音……

北京公主坟的地下水已经打到了基岩。

史上“十年九涝”、被称为洞庭湖“锅底”的湖南南县华阁镇，当地人将水井挖到地下150米依然没水。

在江西，鄱阳湖水位下降，取水口经常露出来，取水有时需要三级提水才能抽上来，而且常常是泥水。

“水荒”现象从北向南蔓延……

一些地方有河皆干，一些地方则有水皆污。据水资源公报，2014年，对主要分布在北方17个省区市平原区的2071眼水质监测井进行了监测评价，地下水水质总体较差。其中，水质优良的测井占评价监测井总数的0.5%，水质良好的占14.7%，水质较差的占48.9%，水质极差的占35.9%。

调研小分队还走近身陷水困角落的“锅底人群”：

——一些曾因水而兴的鱼米之乡，现在却因水而萧条落寞。

——一些曾深受水患之苦的人们，现在却在经历缺水之痛。

——一些生活在偏远草原的牧民，至今喝水还依靠挖土坑。

一些居住在地下水超采地区的人们，睡梦中听到房子开裂的声音。

……

构筑中国水安全，需要全新“水战略”。

落实最严格水资源管理；以水定产、以水定城；鼓励同时发挥“市场之手”作用，积极建立政府和社会资本合作模式，探索通过特许经营、股权投资等形式鼓励社会资本参与水利工程建设运营，等等。

直面中国“水困局”

水，生存之本、文明之源、生态之基，中华民族永续发展的重要基石。

然而，近年来，水荒蔓延、河湖污染、水生态恶化等问题，屡屡呈现在国人面前。

中国正遭遇怎样的“水困”局面？人们面临的水安全形势究竟如何？新华社记者组成调研小分队，分赴内蒙古、河北、江西、湖南、安徽、浙江等地，实地勘察中国水情。

地下水位下降、大湖喊渴：“水荒”成为南北共同话题

人均水资源占有量仅为世界平均水平的28%，正常年份全国缺水量达500多亿立方米，近2/3城市不同程度缺水，全国地下水超采面积约30万平方公里……翻看我国水资源家底，水荒问题触目惊心。

一边是桥下干涸的水渠，除了土和石头，什么都没有，一边是立在桥边的铁牌子，上面写着“水深危险，禁止游泳”——这是记者在河北省邢台市威县看到的景象。

“30年前，威县的河道开始干涸。7条干渠、10条支渠基本没有水了。”威县水务局局长林金颍说，“2014年我们从上游买过一次水，这块禁止游泳的牌子就是那时竖的。”

威县赵村乡前寺庄村村民尹金普告诉记者，原来村里设计的水井是120米处作为变径，很容易打到水，“现在，很多水井都报废了，打新井要到360米”。

威县所在的河北，是华北乃至全国水资源最稀缺的省份之一：人均水资源量为307立方米，是全国平均水平的1/7，远低于国际公认的人均500立方米的“极度缺水”标准。20世纪70年代以来，大部分河道年平均干涸天数在300天以上，经济社会发展用水长期靠超量开采地下水维持。

在临近河北的北京，同样面临着水荒问题。居民家中的水龙头一打开就能哗哗地流出水来，但大多数人并没有真正意识到身边的缺水危机。

“北京公主坟的地下水已经打到了基岩”“北京年平均降雨 500 多毫米，只能承载 1200 万人，而 2011 年人口就突破了 2000 万，今后用水量还会刚性增加”“‘南水’进京后，目前北京用水依然要靠开采地下水维持”……采访中，北京师范大学水科学研究院院长许新宜、中国水科院水资源所所长王建华等水资源专家表达了对首都“水荒”的担忧。

北方缺水，而南方一些省份，尽管守着大河大湖，近年来也频频“喊渴”。

在湖南，史上“十年九涝”、被称为洞庭湖“锅底”的南县，如今屡遭缺水危机。在华阁镇，当地人将水井挖到地下 150 米依然没水；在浪拨湖乡，农民春耕时不得不在河中筑坝拦水。

在江西，鄱阳湖水文局局长王仕刚介绍说，出于上游来水减少等原因，鄱阳湖近年来枯水期提前，持续时间延长。

“湖泊水位下降，取水口经常露出来，取水有时需要三级提水才能抽上来，而且常常是泥水。”九江市星子县水利局局长黄清滚说。

“从华北、西北的资源性缺水到西南一些地方工程性缺水，再到东部发达地区和南方水网地区水质性缺水，‘水荒’现象从北向南蔓延。随着经济社会发展，水资源供需形势越来越严峻。”王建华说。

“活鱼烧好是臭的”、环湖分布养猪大县：生命之源不乐观

一些地方有河皆干，一些地方则有水皆污。水利部监测数据显示，我国有 27.2% 的河流、67.8% 的湖泊水质为三类以下，无法饮用，23.1% 的湖泊处于富营养状态，水功能区水质达标率为 67.9%。

“达标率 67.9% 看似不低，但是大多在西部人迹罕至的地方，而东部人口密集的地方，水污染依然严重。”水资源专家王浩院士说，全国废污

水排放量居高不下，一些河流的污染物入河量远远超出其纳污能力。

淮河，曾被列为国家重点治理的“三河三湖”之首，但几十年治理下来，虽然干流水质明显好转，但支流水质仍不容乐观。

“经过多年治理，淮河 2015 年 COD（化学需氧量）、氨氮入河排放量分别比 20 年前削减了六七成；淮河流域省界水质五类和劣五类水质占 28.6%，下降了 48.4 个百分点。但是支流污染、跨界污染现象仍然突出！”水利部淮河水利委员会水保局副局长程绪水说。

在蚌埠市淮上区淮河支流三浦大沟岸边，记者看到，河面铺满了绿萍和蓝藻，不远处的另一条淮河支流沫冲引河呈深褐色，局部漂着死鱼。

“沫河口工业园区建了以后，水质越来越差，严重的时候有恶臭味，变成‘黑水河’。从 40 多米深的井打出来的水还是有味道，从河里抓的活鱼，烧完吃起来都是臭的！”农妇蒋德兰告诉记者。

流经四省的淮河流域跨界污染问题突出。在苏皖交界的宿州市埇桥区杨庄乡，记者正碰上跨界河流奎河上游开闸放水，河水发黑，远远就能闻到腥臭味，不远处的支流郎溪河更是布满了蓝藻和浮萍。

“因为污染严重，我们村的稻谷没人愿意收，村民只能种点旱作物。全村人做梦都想吃上放心水！”有村民告诉记者。

和一些江河命运类似，湖泊受到农业面源污染威胁。

记者从环洞庭湖的 3 个市——岳阳、益阳、常德市畜牧水产部门了解到，洞庭湖区周边密布着 20 多个养猪大县，环湖三市规模以上（年出栏 500 头）养猪场均有 1500 家左右，相应污水处理措施却跟不上。“当地一些养殖业大镇地下水氨氮超过国家标准 100 多倍。”益阳市南县水利局人饮办主任蔡鑫铭介绍。

记者采访时发现，在临澧县柏枝乡的湖南湘瑞健农牧有限公司，养猪场的棕黑色污水直接排到污水池塘，尚未靠近就已臭气熏天，周边若干沟渠与外界水系相连，污水最后汇入澧水进入洞庭湖。

“猪场建成后，水库山塘的水受到污染，地下水也没法喝，只能买桶装水，用水库水灌溉的稻米颜色发黑，一到夏天，臭水引来大量蚊子苍蝇，黑压压一大片。”村民沈文兵说。

除了地表水遭遇污染威胁，地下水水质问题日益引起专家关注。

据水资源公报，2014 年，对主要分布在北方 17 个省区市平原区的 2071 眼水质监测井进行了监测评价，地下水水质总体较差。其中，水质优良的测井占评价监测井总数的 0.5%，水质良好的占 14.7%，水质较差的占 48.9%，水质极差的占 35.9%。

房子盖 3 次裂 3 次、鄱阳湖警示防火：水生态恶化堪忧

“地下水超采严重，一些地方地面沉降”“昔日鱼米之乡，如今鱼虾匮乏”、湖泊萎缩、河流断流……种种话题的背后，凸显出我国部分地区水生态恶化危机。

以洞庭湖为例，近年来，该湖水量减少的警钟频频敲响。

八百里洞庭，得益于南北两股水：“北水”是长江水，“南水”是湖南境内的湘资沅澧四大河流。湖南省水利厅提供的数据显示，长江水入湖量从 20 世纪 50 年代的年均 1331.6 亿立方米减少到如今的 500.2 亿立方米，洞庭湖水面萎缩了 335 平方公里。

“15 年前，我们监测候鸟要划船出入，浩瀚水面上水鸟起起落落，非常壮观。但近些年来，很多地方人们穿皮鞋就可以出入。”南洞庭湿地保护站站长万献军说，由于湖面锐减，南洞庭湖鸟类活动面积减少了 2/3，鲁马湖逐渐洲滩化，丧失了鱼类产卵场的功能。

洞庭湖水生态受到破坏带来的一个结果是，鱼米之乡面临鱼类资源枯竭威胁。“长江四大家鱼苗产量锐减，洞庭湖水系家鱼苗主要来源的重庆以下江段的8个家鱼产卵场几乎全部消失，洞庭湖60%以上的鱼类品种受到严重影响。”做过长期调研的益阳市政协副主席卜铁洪说。

鄱阳湖与洞庭湖一样，受到水生态破坏的威胁。

“冬季到湖区看草原”，这是近年来鄱阳湖生态湿地兴起的一种旅游项目。隆冬时节，记者在星子县湖域看到，裸露的湖底长满青草，远处有牛群在吃草。“草原”上活跃着游客的身影，在江南之地饱览塞外风光。

“枯水期延长，很多小鱼小蚌死亡，越冬候鸟难以觅食，一些候鸟已经转到周边的坑塘了。”王仕刚说，“这几年冬天草长得太高太密，鄱阳湖还要防火！”

洞庭湖、鄱阳湖的“水之殇”，是当前我国部分地区水生态恶化的一个缩影。数据显示，海河、黄河、辽河流域水资源开发利用率分别高达106%、82%和76%，远超国际公认的水资源开发警戒线；全国地下水超采区总面积约30万平方公里，相当于三个江苏省的面积，带来地面沉降、海水入侵等生态环境问题。

“随着经济社会发展，加上水资源本就紧缺，近年来全国地下水超采问题日益凸显。其中，河北超采量最多，占了全国170亿立方米超采量中的60亿立方米。”水利部水资源司管理处处长齐兵强说，一些大中城市地下水都已超采或严重超采，特别是大量超采深层承压水，这种地下水形成需要很长时间，极难恢复。

“2006年地面沉降，地上出现了一条1米宽、8公里长的巨大裂缝，农民每年填每年裂，浇地的时候用塑料布盖上，但是一下雨地面又塌了。我们村420户人家，20多户房屋都有裂缝。”河北省柏乡县西汪镇寨里西村党支部书记杨胜春说。

“这些年，因为墙壁裂缝，我家的房子重新盖了两次，但现在厨房、院墙、储藏室、客厅的墙还是裂，根本不敢让小孩独自待在家里。”看着墙壁上的一道道裂痕，村民路海素脸上写满了无奈。

重塑中国“水战略”

随着工业化、城镇化快速推进和全球气候变化影响加剧，未来我国面临的水安全形势将更趋严峻，传统的治水理念和用水方式，已难以适应时代发展要求。

以当前的水资源“家底”，如何保障十几亿人口的用水安全，如何撑起第二经济体的前行步伐？构筑中国水安全，需要全新“水战略”。

从治水到亲水新时期“水之道”浮出水面

“原油可以进口，世界石油资源用光后还有替代能源顶上，但水没有了，到哪儿去进口？”2014 年 3 月 14 日，中央财经领导小组第五次会议上，习近平总书记提出的问题振聋发聩。

中国需要怎样的“水道”？这是一个时代命题。

“党的十八大提出要推进生态文明建设，体现在人水关系上，就是要从以前的治水、用水，走向惜水、亲水，实现人水共生，这是新时期中国的‘水之道’。”中国水科院水资源所所长王建华说。

“传统的水利发展方式已经难以适应新形势。”水利部部长陈雷认为，今后要推进水治理体系和治理能力现代化，实行最严格的水资源管理制度，加快实现从供水管理向需水管理转变，从粗放用水向高效用水转变，从过度开发向主动保护转变，把绿色发展理念融入水资源开发、利用、治理、配置、节约、保护各个领域。

新的“水之道”，是现实发展的必然之需。

人均水资源占有量仅为世界平均水平的28%，近2/3城市不同程度缺水；27.2%的河段水质、67.8%的湖泊水质为三类以下，无法饮用；全国约30万平方公里地下水超采……日益凸显的水安全危机，对中华民族永续发展提出挑战。

新的“水之道”，是人水关系演变的规律呈现。从早期的对抗到利用，再到当下的走向共生，人水关系发生着深刻的演绎变化。

在历史学家眼中，农耕文明就是一部水患发生史、人水斗争史。根据历史学家黄仁宇的统计，在1911年民国成立前的2000多年历史里，中国共发生水灾1621次。这期间，人与水的关系中对抗色彩明显，治理水患成为农耕文明的一大主题。工业革命以来，随着大范围水电利用，人水关系演变为人对水的利用关系，在生产力空前发展的同时，也让水生态系统发生巨大变化，污染加剧、生态恶化等问题逐渐暴露，生态专家一度发出“水利对人有利、对水无利”的感慨。

“当前，人类社会已进入人水和谐共生的新阶段，人类与河流的关系应是既要改造和利用，又要主动适应和保护。人类要由河流的征服者，转变为河流的朋友和保护者。”北京师范大学水科学研究院院长许新宜说。

“‘十三五’规划建议提出：‘实行最严格的水资源管理制度，以水定产、以水定城，建设节水型社会’，这是党中央深刻把握我国基本国情水情和经济发展新常态，准确判断‘十三五’时期水资源严峻形势基础上，针对水资源管理工作提出的指导方针和总体要求。”陈雷表示，落实五大发展理念，必须坚持思路先行，深入贯彻落实习近平总书记提出的“节水优先、空间均衡、系统治理、两手发力”的新时期水利工作方针，加快从传统水利向现代水利转变。

摆脱水之困还原水之美，各地探索哪些“水之术”？

“皮肤一碰到水，就会发痒。”这是浙江省浦江县浦阳街道辖区水域河长张明凯对浦阳江水曾经的“深刻记忆”。

古有传说：西施在河边浣纱，水中鱼儿被她的容貌惊得沉入河底。这条河就是浙江境内的浦阳江。但前些年，浦阳江却成了一条触目惊心的“牛奶河”。

20 世纪 80 年代起，2.2 万多家水晶加工户陆续遍布这座山清水秀的小城，加工的粉末废物把沿途的支流染成了一条乳白色的河，河中的鱼儿死了，溪边的芦苇不见了。

浦江人手捧的“水晶饭碗”，难道注定要盛满无法入口的污水？

“治污水、防洪水、排涝水、保供水、抓节水”，2013 年，浙江全省启动“五水共治”行动，全省污染最严重的浦阳江成为首个攻坚对象。

开展水晶偷排专项整治；开展六条支流河道清淤疏浚和清理垃圾、打捞河道废弃漂流物；实施街道 13 个村环境卫生连片整治建设；强力推进拆违治污……

浦阳江污水整治是“五水共治”的例证。“共”是关键，也是难点。

“从治的内容看，上、下游共治，左、右岸共治，水岸共治；从治的主体看，省、市、县、乡、村共同治水，环保、水利、建设、农业等部门共同治水，社会、企业、公众共同治水。”浙江省治水办副主任施彩华表示，一定要“一盘棋”，共同部署，系统治理。

如果说“五水共治”是靠外力来实现水资源的保护和利用，那么该如何释放水资源管理的内生动力？用好“市场之手”十分关键。

在“缺水之都”北京，农民李凤霞从未像今天这样感受到水的金贵。

以前种自家的 4 分菜地，算成本只想着种子、肥料、农具等，从没想过水。2015 年，她开始“算计”着浇水。

“过去浇地只收抽水的电费，现在改按方收水费，而且有用水限额。”李凤霞说，窦店镇河口村分配给她 80 立方米的年用水指标，以后用水得更节省。

这一变化源自房山区农业水价综合改革试点，涉及包括河口村在内的 11 个村 2.1 万亩井灌区。房山区水务局农水科科长于占成说，农灌结束后，对限额内节约的水量进行奖励，限额内的水量每节约 1 立方米奖励 1 元，用水户的节水积极性被调动了起来。

水是公共产品，水治理是政府的主要职责，但政府主导不是政府包办。充分利用民间资本、优化对水资源的配置等探索，已在一些地方扎根发芽。

安徽省定远县引入民间资本治水已近 10 年。记者在该县永康自来水厂看到，车间内几台大型自动化净水设备正不间断生产自来水。该厂日供水 2 万吨，受益群众 2 万多人。

水厂总经理朱从军说，该厂总投资 5000 多万元，国家和个人“四六开”，政府财政控股，但不参与盈利和分红，盈利全部归社会投资者，社会投资者拥有所占股份的产权。

定远县全域化规划布局自来水厂选址建设，每个片区只准建设一个日供水 3000 吨以上的自来水厂，并将各水厂供水范围特许经营权授予其社会投资主体。“这样既避免了政府多点重复无序建设，又考虑到了自来水厂长期运行和生存问题，保证了社会投资者风险最小化。我平均年纯收入可达 120 多万元。”朱从军说。

“定远县农村饮水安全工程资金的 1/3 来自社会资本，既缓解了地方财政压力，又培养了一支专业队伍来长期运营自来水厂，政府只需加强监管和稳定水价。”定远县水务局副局长唐全胜说。

截至 2016 年 1 月，定远县已有 60 多万曾经饮水不安全的群众喝上了干净、卫生的自来水。

好模式正在各地推广。在北京、福建、广东、云南、海南等地，积极建立政府和社会资本合作模式，探索通过特许经营、股权投资等形式鼓励社会资本参与水利工程建设运营。

落实最严格水资源管理，还需要出台哪些“水之策”？

以水定产、以水定城，说起来容易，落实起来难度不小。

河北，我国水资源最匮乏的省份之一，地下水超采严重。同时，河北又是我国 13 个粮食主产区和旱地粮食作物重要供给区之一，用水的 70% 来自地下水，其中地下水的 70% 多用于农业灌溉。

“一方面国家这两年投入巨资在河北压采地下水、保生态，另一方面农业部门要求出产量。在生态问题突出、国家粮食产量充足的前提下，能否适当核减河北一些地下水超采严重市县的粮食生产任务？”河北的基层干部向记者反映。

“以水定产、以水定城，就是有多少水干多少事。目前水资源承载能力刚性约束有待于加强。”许新宜呼吁。

最严格水资源管理，是近年来我国严格管水的亮点。具体来说，就是将用水总量、用水效率、水功能区限制纳污“三条红线”控制指标和阶段性管理目标逐级分解落实到省市县三级行政区，各省区市建立由政府主要负责人负总责的行政首长负责制。

“‘三条红线’能否真的成为‘高压线’，还需要强化考核结果的运用，使考核与地方官员的‘官帽子’真正挂钩。水问题成因复杂，‘九龙治水’治得好，必须要地方一把手重视。”在采访中，一些地方干部说。

价格是市场机制的核心。目前，能够反映水资源稀缺程度的水价机制还不健全，造成“水龙头拧不紧”。

“农业用水占60%以上。现在全国农业水费平均每亩地9分钱，只是成本的1/3，而且实收率不到一半；投入5元到8元钱节约1立方米水，而水费才省1角多钱，1亩地按300立方米水来算，才节约几元钱，市场积极性不高。”业内专家对记者说。

在城市生活领域，我国2015年已在29个省区市的321个城市已建立居民阶梯水价制度。有专家指出，在一些城市，由于第一阶梯水量设置得过多，市民节约用水的积极性并不高，水价制度只是“看起来很美”，必须切实推进水价改革。

此外，对水的治理，还要系统发力。

“水与土地、山林不同，水是流动、循环的，水问题的解决必须遵循其流域性规律，在流域层次上建立山水林田湖是一个生命共同体的理念。”水利部水利水电规划设计总院总工程师朱党生说，协调好上下游、左右岸、干支流、地表水和地下水关系，统筹流域水资源开发利用、节约保护、防洪减灾、水污染防治和生态修复等需求和目标。

“水生态保护和修复，要从局部区域和河段向区域和流域尺度转变，从传统水利工程向生态友好型水利工程转变，从行政推动向立法、技术及标准制约阶段发展。”朱党生表示，严格水生态空间管制，留足河流、湖泊及河湖滨带的保护范围，开展退耕还湿、退养还滩，构建生态水网体系，实施河湖水系连通。

专家呼吁，提高流域机构监督执法地位，推进以流域为单元的综合管理；协调生态环境保护与经济利益之间的分配关系，加快建立流域水生态补偿机制。

走近水困角落的“锅底人群”

一些曾因水而兴的鱼米之乡，现在却因水而萧条落寞。

一些曾深受水患之苦的人们，现在却在经历缺水之痛。

一些生活在偏远草原的牧民，至今喝水还依靠挖土坑。

一些居住在地下水超采地区的人们，睡梦中听到房子开裂的声音。

新华社记者调研时走近身陷水困角落的“锅底人群”。

“满镇难见白衣衫”

与中国大多数农村小镇一样，冬日的暖阳升起后，三仙湖才有了一丝热闹景象。人们按部就班，生活平平常常。只是，在小镇里来回走几圈，突然意识到一个现象——几乎没有人穿白色衣服。

不穿白衣服，不是当地风俗，也并非民间禁忌，一切原因指向一个字——水。

小镇地处湖南省益阳市南县，深居“八百里洞庭”腹地。73 岁的镇上居民李清兰告诉记者，三仙湖镇以水为名，因水而兴，曾被称为洞庭湖的“小南京”。

20 世纪 70 年代末，三仙湖的水质开始出现问题。李清兰回忆，工业废水、农业污水、生活污水长期排入湖中，水质开始变差。加上河道淤塞，水运衰落，三仙湖变成“哑湖”，成为一湖死水。

“有时候工农业污水集中排泄，一大片湖水都是黑色，这种水怎么喝？”三仙湖镇水管站副站长赵勇告诉记者。小镇居民有的开着拖拉机去外地运水，有的到田里挖一个大坑，收集雨水。

1980 年前后，无奈的小镇居民打下了第一口水井，地下水从 70 多米深的地方取出。看着水龙头流出的清水，小镇居民欢庆了好长一段时间。但没过多久，又有一件事让大家心头蒙上了阴影。

“那时候女孩子喜欢白裙子，结果用自来水一洗，却发现裙子上出现了大块大块的黄斑。”李清兰说，越来越多人家发现白衣服、白毛巾、白床单等下水洗了后，都变了颜色。大家开始怀疑自来水有问题，只好尽量避免在生活中用白色布料。久而久之，就出现了“满镇难见白衣衫”的现象。

又过了好多年，省里专家检测，发现是地下水铁、锰严重超标。“铁超标 84 倍，锰超标 25 倍，洗涤过程中发生了化学反应，在白衣服上留下了印迹。”赵勇知道了答案。

水的硬度过高，“结石病”在小镇高发。老百姓只好自己想办法。李清兰把记者带到厨房，指着水龙头正下方的大桶说，这就是三仙湖居民自制的过滤器：桶里装上大半桶沙子，再裹上四五层布，桶底钻了几个出水孔，以此达到过滤作用。

2008 年，财政部门专门拨款给三仙湖新建了水厂，86 米的深井，配备了铁锰处理设备，情况稍有改善。但三仙湖地下水铁、锰超标太高，处理效果一般，加上处理工序影响了供水速度，小镇每天只能分时段供水。

长期水量不够、水质太差的小镇，在 2015 年 3 月切断了地下水源，自来水厂全部改用湖水水源。带记者到水厂看过后，三仙湖镇镇长游涛眉头紧锁："怎么说呢，两害相权取其轻吧！"

目前，一座新水厂已开建，据说能改善水质，增加供水量。但是，这座因水而兴的小镇，却日益萧条落寞。稍有经济实力的家庭都外出买房，陆续搬离小镇。

"白衣服已成为三仙湖的历史，有可能，年轻人也会成为这里的历史。"三仙湖镇的社区主任周灿非常担忧。采访当天中午，他刚从县城办事回来，临回来前周灿特意多喝了几口县城的水，因为这样他就可以少喝一点家里的水。

从躲水到盼水，一座挣扎的小镇

黄山头，地处西洞庭湖，湖南常德市安乡县一座普通小镇。小镇位于湘鄂边界，是当年长江沿线抗洪主战场之一。长江水奔涌而来，通过虎渡河流经小镇，注入洞庭湖，号称"新中国第一闸"的荆江南闸就在镇旁。

"多少年来，我们这里只患水多，不怕水少。"镇上老人车召林告诉记者，黄山头的人在整个安乡县最早喝上自来水。一个简易筏子拴几个水泵，往虎渡河里一放，自来水源源不断，不仅全镇居民饮水无忧，1998年还供应了3万名抗洪官兵的饮水。

然而，沧海桑田，在这里表现得淋漓尽致。

严冬时节，记者来到小镇，镇上自来水厂厂长陈元望正抓耳挠腮，疲于应付居民对自来水的各种投诉。站在早已断流、近乎干涸的河道中间，这个在黄山头生活了大半辈子的人一脸无奈地说："水量不够，正常用水保证不了，水质很差，烧开了都有点臭，我能理解他们的投诉，但我没办法改变。"

有人说，水问题的出现，源自长江入洞庭湖的水量大幅减少。湖南省水利厅提供的数据显示，20 世纪 50 年代，长江水入洞庭湖年均 1331.6 亿立方米，近年来，这一数据减少到 500.2 亿立方米。

作为长江入洞庭湖的三大通道之一，虎渡河史无前例地开始常年断流。加上 20 世纪 90 年代荆江南闸加固改造，抬高了闸孔位置，加剧了水闸下游的断流。站在南闸大坝上，安乡县水利局副局长唐西华告诉记者，以前一年顶多断流 3 个月，现在反过来了，一年不断流顶多 3 个月。

虎渡河断流，黄山头镇居民只能守着一潭死水，从中抽水饮用。“头几年，总觉得是在做梦，黄山头原来十年九涝，现在是十年十旱。”陈元望望着大片裸露的河滩说。

雪上加霜的是，黄山头附近的湘鄂边界乡村，人们的生活污水都排入虎渡河。

记者到现场时，已过了排污的高峰时段。泛绿色的排污沟，水里夹杂五颜六色的塑料垃圾，沟两旁闪着油污的亮光，腥臭味刺鼻。

小镇不是没有抗争过。河水水质变差时，水利局给镇里一共打了 5 口井，最深的超过 100 米，但打下去都是岩层，没有水。“河里不来水了，地下也打不出水，我们这里到底是怎么了？”陈元望说出了小镇居民的心声。

明矾、纯净水、饮水机成为小镇的畅销品。家家户户必备明矾，放在水桶里搅和，起到净化作用；纯净水从县里运来，家境宽裕的人用于淘米做饭饮用，不太宽裕的老人买一桶，放在卧室，只舍得给孙子孙女喝，自己照样喝河水。

2016 年，各级财政计划筹措 3 亿多元，在远处的松滋河建一个大水厂，解决安乡县 21 万人的安全饮水问题，包括黄山头在内。但对地方来说，配套资金和水厂后期管理，都是难题。

“我今年 61 岁，感觉前半辈子都是在躲水，现在看来，剩下的日子就是盼水、找水，希望有生之年能喝到足够的、干净的水。”车召林对记者说。

打口浅井滤水喝的草原牧民

内蒙古鄂尔多斯市达拉特旗中和西镇蓿亥图牧业村面积 250 平方公里，有 678 名村民，其中 500 多人为蒙古族，大多靠放牧和种玉米、草料为生。村支部书记拉外说，要想把全村的人家走访一遍，得花上 3 天时间。

缺水是这个村每个人面临的难题。在离村委会不远的地方，记者看到干涸的河床，一棵大树孤零零地伫立在岸边。“一个多月没有下雨了，河里的水早干了！”村民说。

在离河岸百米的地方，村里用挖土机挖出了一个两米深、大约 200 平方米的大坑用来储水。大坑底部是黏土，上层是沙石，下雨时，雨水和河水可以透过沙层汇聚到大坑底部。“上次河床有水的时候，还积攒了一些，可以灌溉农田和牧草，但现在也快见底了。”拉外告诉记者。

拉外的邻居田呼日格拉图说，近年最干旱时，他家的 20 亩玉米旱死了一半多。这个 26 岁的蒙古族小伙因为父亲患有脑病，母亲患有严重的关节炎，他不得不放弃在鄂尔多斯市的工作，回到草原种地养羊。

当地水利干部告诉记者，因为牧民放牧需要足够广阔的草场，不可能集中居住，因此集中供水在偏远牧区难以实施，牧民们只能就地想办法。

打一口大约 6 米深的浅水井是村民们普遍的做法，原理与蓄水的大土坑一样，都是通过沙层过滤汇集浅层地下水。“好在附近没有工业污染，水还比较干净，但是干旱太久，水也不够喝。”拉外说，家家户户惜水如金，平日里人和羊都喝井水，遇到特别干旱的时候，只能保证人有水喝，顾不了羊。

“现在全村一口深水井都没有。”拉外说，打一口深水井需要花费十几万元，这对村里来说是不小的数目。最关键的是，村里目前还没有通上高压电，如果没有动力电，即使打了深水井也抽不上来水。

睡觉都能听到房子开裂的河北村民

曾有媒体报道，一条长达 8 公里的地裂缝出现在河北省邢台市柏乡县，横跨西汪、王家庄两个乡镇。邢台市地震局专家调查后确认，裂缝与地震无关，天旱和地下水位下降是主因。

记者来到裂缝所在地——邢台市柏乡县西汪乡寨里西村。这里处于河北地下水超采严重的黑龙港地区。在田地边，记者碰到了村民翟京力。

“前几年我们这突然有一天地里就有裂缝了，然后慢慢变宽，最宽的地方有 1 米，看不到底。”翟京力说，因为有裂缝，浇庄稼的时候就漏水，填土也不管用。

得知记者来村里了解墙体裂缝的情况，54 岁的路海素骑自行车带着孙子一路追着记者，请记者一定去她家看看。刚走进大门，就看到门旁的墙上一道长长的裂缝，由墙底直到墙顶，卧室、储藏室、厨房的墙面，客厅墙面和地面都有裂缝。

“2006 年发现房子开裂，我们翻盖了两次，但是翻盖后还是裂。这两年裂缝越来越大，晚上睡觉都能听到裂缝声。”她说。

走进客厅，路海素掀起挂在墙上的一幅地图，地图下面就是一道裂缝，“因为裂缝越来越大，这幅地图换着位置挂了好几次”。

“因为房子不安全，不敢让孩子们独自待在家里。可是不在这住，我们就没有别的地方住。”路海素说。

据了解，全村 420 多户的房子中，有 20 多户房子开裂。

“有关部门的领导来了好几拨，现在还没个说法，希望能有人尽快帮我们解决房子裂缝的问题。”她说。

水浪费现象面面观

“一方面水资源紧张，另一方面用水方式粗放，我国缺水与浪费并存，矛盾十分突出。”中国水科院水资源所所长王建华说。

他所说的“用水方式粗放”，就是人们常说的“大水漫灌”现象。

“大水漫灌”首先体现在农业领域。农业是我国的用水大户，约占全社会用水的 60% 以上。全国农田灌溉水有效利用系数为 0.532，这意味着每使用 1 立方米的水资源，仅有 0.532 立方米被农作物吸收利用，与发达国家已达 0.7 以上的农田灌溉水有效利用系数还有差距。

水利部农水司副司长倪文进说，近年来我国农田水利基础设施持续加强，但是现有灌溉排水设施大多建于 20 世纪 50 至 70 年代，存在标准低、不配套、老化失修等问题。由于农田水利公益性强、历史欠账多、投资需求大，从根本上改变农田水利条件，仍需付出长期不懈的努力。

一些基层干部和农民告诉记者，有的灌区在供水时，由于没有精细管理，供水量过多，致使排水渠也“满载”工作，水白白流走。有的农民在为水田补水时同时开口子排水，水田里成了“常流水”，浪费很大。

浪费不仅在农村，城市里“看不见的浪费”同样触目惊心。

“目前我国城市输水管网漏失在 15% 左右，如果加大投入修整，使漏失率降低到5%的水平，即可节水52亿立方米。”北京航空航天大学中国循环经济研究中心主任吴季松说，这一数字相当于2000多个昆明湖水量，接近南水北调中线工程年规划调水量的一半。

城市建设中的水浪费现象也随处可见。在水资源极度短缺、地下水位日渐下降的北方某市，巨大的城中湖水波荡漾。据当地干部介绍，这是依托市区季节性河流人工改建的湖泊，其中大型水景喷泉，中心主喷高达209米，堪称世界之最。

一边是“水荒”逼近，一边却是打着“宜居城市”等旗号大规模圈水造景，搞房地产。记者粗略梳理发现，几乎每个北方省区市都已建成或规划建设“生态水景”。特别是黄河流域沿岸城市，城城造水景，已到泛滥程度。

洗车房、高尔夫球场、洗浴中心更是城市生活的“吃水”大户。为节约水资源，2014年5月开始，北京市将包括洗车在内的特殊行业用水价格调整为每吨160元。

“现在我们用中水洗车，回收的废水经过循环使用，水回收率达到90%以上，比以前用自来水洗车大大减少了用水量。”北京牛街的酷宝汽车装饰有限公司经理崔秀娟说。

有媒体报道，使用中水洗车的只是一部分洗车房。从自备井中“偷水”，私接水表，违规使用低价水洗车，是一部分洗车房的致富秘诀。

“勿以善小而不为。我们并不是要大家过节水的‘苦日子’，只是希望在用水如此紧张，很多地方在用‘子孙水’时，每个人能从点滴、举手之劳做起。”许新宜说。

就在记者身边，有虽知北京极度缺水、但依然洗碗洗菜必须大水反复冲洗的机关工作人员，有定期去洗浴中心痛快淋浴的水资源领域记者，还有从事缺水问题研究、每天早晚各洗一次澡的“智库”专家……“大水漫灌”仍然无处不在。

破解水困局，治水当提速

水安全关系国家长治久安。古人云，善治国者，必重水利。然今日之“治”已不同古时。在生态文明建设上升为国家战略的今天，打赢水安全保卫战，必须重新审视人水关系，从治水、用水到惜水、亲水，实现人水共生，当为我国走出“水困”危局的重要路径。

治水之“治”彰显治国之“智”。党的十八大以来，习近平总书记多次就治水兴水作出重要论述。“节水优先、空间均衡、系统治理、两手发力”成为新时期治水基本思路。

新时期治水思路首先需要尊重自然规律、经济规律和社会发展规律，把握经济发展新常态，满足人民群众新期盼，围绕生态文明建设新任务，加快“四个转变”，即从粗放用水向节约用水转变，从供水管理向需水管理转变，从局部治理向系统治理转变，从注重行政推动向坚持两手发力、实施创新驱动转变，统筹解决水安全问题，促进人水和谐相处，走出一条中国特色现代化治水道路。

新思路当有新举措。面对流域、区域、城乡水利发展中不平衡、不协调、不可持续等问题，各地决策者应努力在提高治水的全面性、协调性和可持续性上有新突破，在保障城镇化、工业化、农业现代化进程中有新举措，在改善和保障民生上有新发展，在促进生态文明建设中有新贡献。

节水依然是第一要务。各地须以水定城、以水定地、以水定人、以水定产，完善节水政策和标准体系，强化计划用水和定额管理，落实节水激励政策。尤其要加强农业、高耗水工业和服务业用水定额管理，加快节水技术应用和节水产品改造，加大雨洪资源利用力度，积极开发利用海水、中水、微咸水等非常规水源。尽快实现大中型灌区、市政用水、企业大户用水计量全覆盖。

近年来，水生态破坏已经成为不容忽视的新问题。自然界的淡水总量是大体稳定的，但一个国家或地区可用水资源有多少，既取决于降水多寡，也取决于盛水的“盆”大小，这个“盆”就是水生态。

各地在建设水生态环境过程中，要将山水林田湖看作一个生命共同体协调治理。未来须继续加强水功能区管理，强化入河排污口监管和饮用水水源地安全保障。加强水土保持生态建设，推进重点区域水土流失治理。创新河湖管护体制机制，加大对河道采砂、违规侵占河湖湿地等行为执法检查力度，有序推动河湖休养生息，达到“标本兼治”的治水效果。

守护绿色安全水世界的人们

他们是生于斯长于斯、屡受水害之苦的乡亲百姓，他们是奋起抗争、参与水环境治理的一线哨兵，他们是敢拔“排污硬钉子”的河长，他们是保护一溪清水的江河卫士……在祖国大地上，为了守护绿色安全的水世界，有这样一个群体，他们用尽自己的力量抗争着、奋斗着、执着着……

农民张功利：学会智慧、理性的环境维权

见到63岁的张功利时，他正在自家的猪圈里忙活着，和普通的农民

看起来没有两样。

走进张家还没有完全布置好的新房子，卧室里空荡荡的，只摆着一张床和几个凳子，墙角几本新旧不一的法律书引人注意。“有时空闲下来，我仍然会翻法律书看看。”他说。

安徽省蚌埠市仇岗村，张功利家祖祖辈辈生活的地方。2011 年，这个小小的村庄曾吸引了世界目光。一部记录张功利带领村民与当地一家化工厂抗争历程的环保题材纪录短片《仇岗卫士》入围当年奥斯卡最佳纪录短片奖提名。

“现在回想起来，当年不懈努力最终让化工厂搬走的经历，让我成长为一个全新的中国农民，真正懂得了如何理性地保卫自己的家园。”他说。

2004 年，占地 100 余亩的九采罗化工厂在仇岗落户。化工厂未经处理的工业废水沿着沟渠漫入田地、鱼塘，然后顺着村里窄窄的鲍家沟流向淮河，一道黑色逶迤数公里，给村子带来前所未有的灾难。

张功利家的承包地常有污水流入，当年青苗全部被烧死，颗粒无收。发小、亲人中也不断有人患绝症，壮年离世。在交涉未果后，张功利把化工厂告上了法庭，开始了一段由诉讼索赔受挫到自学法律继续上诉而无果、后来受助于环保组织和媒体，连自己都始料未及的历程。

他回忆说，2004 年和 2005 年法院两次开庭，并没能制止化工厂排污。“很多村民觉得赔偿无望打算放弃了，但我就是想与化工厂较较劲。”

他自学环保法律法规，并与环保组织和媒体结识。在环保组织帮助下，张功利先后 6 次到北京参加了由众多政府官员、专家和环保人士组织的环保论坛。

经过张功利和村民们不懈抗争和媒体披露，2009 年 4 月，九采罗化工厂撤出仇岗村。仇岗人的噩梦结束了。张功利拿起 DV，记录下了化工厂搬离村子的全过程。

化工厂关闭后，蚌埠市有关部门在仇岗附近建立了一个每天处理 10 万吨生活污水的处理厂，并对鲍家沟受污染的底泥进行清淤。村里还专门设立了 4 名保洁员，工资由政府支付，打扫全村生活垃圾。

“村里大大小小养殖户的污水全部流入管网，进污水处理厂处理，大家都很放心。”他说。

不过，他知道仇岗是幸运的，“还有千千万万个村庄没有污水处理厂，垃圾随意堆放，很多地方政府也在发愁巨额治污经费从何而来。治污是一个漫长过程，需要政府和社会长时期共同努力！关键是，我们不要放弃，要懂法，要有智慧、理性地维权！”他说。

民间组织创办人霍岱珊：永做淮河卫士

走访淮河流域，总能听到乡亲们介绍，淮河边上有一双环保眼睛，紧盯着淮河源头到下游洪泽湖 800 公里长的沿岸，时刻关注着沿河水环境的各种变化。人们亲切地称之为“淮河卫士”。

霍岱珊是记者出身，15 年前的他原本打算做一两年淮河污染调查就结束对这一话题的关注，可是没想到一干就是十几年。在淮河沿岸的很多村子里，霍岱珊带领老百姓和志愿者们建立了环保小组。这些保护家乡环境的第一线哨兵，分头把守，分段管理，随时发现身边河流出现的“污染团”，并及时向有关部门报告。

霍岱珊和他创办的民间环保组织还培训了当地老百姓，让他们知道如何取水样、得到第一手水污染资料，并把水样交到当地环保监测部门。

在专家、工程技术人员、高校的帮助下，霍岱珊领导的环保组织眼下正忙着地表水处理项目，即通过生物的方法，形成生物膜，用这个膜来过滤水，把地表水加以净化。他介绍说，他们研制出的生物净化水装置已获得国家专利，在淮河沿岸建了 41 座装置，3.8 万人受益。

外国专家唐海凯：向中国推广先进的治水理念

1999 年，新西兰人唐海凯（Haikai Tane）第一次受邀来华考察，沿着赣江北上，穿过中国最大淡水湖鄱阳湖一直到达长江。

“那是我一生难忘的经历，就像回到我新西兰的老家。”唐海凯说，虽然那时赣江的生态压力已经显现，但河水潺潺流动，传统的渔船仍是生命河流和湖泊的显著标志。“那些乡间支流健康的生态尤其令人印象深刻，我喜欢在里面游泳。”

早在 1962 年，唐海凯就开始研究中国长江和黄河流域的洪涝灾害问题。1993 年，唐海凯在澳大利亚首都堪培拉对中国科学家进行流域生态学、涝原规划和地理空间构想体系方面的培训，并与他们建立了深厚的友谊。

2002 年，受江西省山江湖治理开发委员会邀请，他再次来到中国，指导科研团队利用地理空间智能系统对赣江流域进行测绘。凭借在可持续发展技术推广中的贡献，唐海凯被江西省授予对外国专家的最高奖项——庐山友谊奖。

在与中国结缘的数十年时间里，唐海凯亲眼见证了中国湖泊河流的变化。

经过 5 年 8 次实地对青海三江源进行考察，唐海凯记录了黄河源头的生态进化史，了解数千年来畜牧业是如何破坏三江源的植被，并进一步导致不规律的洪灾，形成旱地盐碱地和草原沙漠；在山西省，他看到黄土高原上被硬蹄类动物踩踏后的牧场土壤含水层被迅速破坏；在江西省，他看到因为农用化学品等有毒有害物质正向稻田、鱼塘、溪流和渠道渗透，已经引发了严重的水生态问题。

这让唐海凯更加急迫地希望将更为科学的水环境治理方法在中国推广开来。

在他看来，利用地理空间成像技术和流域地理空间信息系统进行综合性的水域可持续发展规划，是修复江河湖泊并使它们恢复生机的最好方法。“德国援助项目在江西和山西试验，证实了可持续的规划和发展方法的可行性。”他说。

唐海凯说，近些年中国在水生态治理方面已经积累了不少经验。2014年，他乘船沿长江经过重庆穿过三峡到达了三峡大坝，“峡谷水域生态系统的恢复让我深感震撼，这是非常成功的生态复原实践。”他说，那是一次不寻常的旅行，在参观了众多名胜古迹后，他对中国的历史文化有了更深的了解。

河长张明凯：河流治理敢拔“硬钉子”

张明凯的手机总是很忙。身兼浙江省浦江县浦阳街道党工委书记、浦阳街道辖区水域河长，他的手机号在辖区内的几条河流沿岸挂牌公开，接受群众所有举报、咨询、建言等电话。

“2014年初，我担任起浦阳街道辖区水域河道长一职，在第一个干部会议上我就动员全体街道干部：这是一场只能赢的战役，要通过不懈的战斗，让母亲河浦阳江不再受到伤害！”他说。

当时浦阳街道的七大支流，水质都是劣Ⅴ类，其中的东溪、西溪、石马溪、前溪和泉溪都是公认的“硬钉子”。以污染最严重的西溪为例，沿线便有逾 3000 家水晶加工点，污水直排现象屡禁不绝，但由于水晶加工是县支柱产业之一，动起来困难重重。

张明凯认为，河流治理就要敢拔“硬钉子”。在西溪上游的月泉水晶园区内，企业乱搭乱建盛行，由于缺乏专业的污水处理技术，水晶加工产生的废水对溪水污染影响极大。2014 年 6 月，他带领街道工作人员，与执法部门一起对园区内 100 多家水晶加工企业、2.7 万平方米违法建筑进行拆除，遏制了违法建筑对水质的污染。

仅在治理西溪的 3 个多月时间里，张明凯每天就要走 20 多里路，无论是岸上平地，还是脏水横流的溪流，每一处污水、每一个渗漏点，他都要用笔记下来，久而久之，他也成了一名环保治理专家。

一年下来，推进截污纳管、河道清淤、人工湿地建设、关停畜禽养殖场、取缔偷排污水的水晶加工企业等措施齐头并进，几条支流的水质面貌发生了令人惊喜的变化。

治水显成效，但是河长张明凯没有半点松懈。“我正在长效治水上下功夫，如建设人工湿地、小堰坝、浮岛，净化水质，设立全县第一家乡镇街道水质检测实验室，开展 24 小时排污监控等，一定要把一泓碧水保护好。”他说。

破局：我国推进水权制度改革面临“三重门”

我国现阶段水权制度改革的两大任务是水权确权和培育水市场。如何公平确权，让“卖水方”和“买水方”获得经济效益和社会效益？如何搭建水权交易平台？政府和市场如何正确发挥“两手”作用？从全国多个试点省份的探索经验来看，推动这三大问题解决，是我国进一步深化水权制度改革的必由之路。

一重门：水资源“蛋糕”怎么切？

水权交易可以让水资源富集地区将节余的水资源卖出去，不仅能解决缺水地区之苦，还能给卖方带来经济收益，如何分配水资源这块“蛋糕”，被多方关注。

江西省水利厅水资源处处长谢元鉴说，江西省境内每年水资源量为1565亿立方米，国家给江西划定的水资源使用量目前是250亿立方米，只有江西水资源总量的约14%。“江西指标明显偏低，仅能满足自己需求，这样造成跨省交易空间很小，无法实现盈利。”

“水权交易，交易的不仅是水量，也包括水质。”谢元鉴认为，良好环境保护下的大量优质水资源无法进行跨省水权交易，对保护生态的省份是一种打击。跨省水权交易在一定程度上也是利用市场机制对生态保护良好地区的一种生态补偿举措。

不但省际水量分配难以平衡，而且水权分配越到基层越具有复杂性，各方利益难以全面照顾，盲目推行水权分配甚至可能影响社会稳定。

内蒙古自治区水利厅水资源管理处处长王宝林说，国家对省际水权确权工作进行后，各省份还要将此项工作向市县延伸，但在进入直接用水对象上，将面临不小的挑战。

“农村集体自建水塘、水库量大面广，涉及小型水利工程设施产权、农村土地使用权，水权的确权需要在摸清现状、排除纠纷基础上进行。”中国水利经济研究会理事长李晶说。

江西省高安市石脑镇有2座小1型水库、10座小2型水库以及134

座山塘水库，其中有近20%存在产权纠纷。“有多个村民小组共用一个山塘水库的，有几个行政村共用的，有私人在集体土地上建库的，也有私人租山筑坝建的，这里面的水要怎么确权，还没有可参照的做法。”石脑镇水务站站长汤国良说。

二重门：水权交易平台如何搭建？

河北省承德市作为北京、天津的重要水源地，累计投入资金322亿元进行水源综合治理工作，但承德市环保局负责人表示，承德每年得到的生态补偿远远满足不了支出。

在天津、河北两地的生态补偿机制构建中，双方对补偿方式存在一些分歧。天津环保部门表示，他们出一定的补偿资金，但希望水质能够达标。承德方面则表示，承德以牺牲自身发展为代价保护水源，这些损失是现有补偿资金难以覆盖的。

国务院发展研究中心资源与环境政策研究所副所长谷树忠认为，如果在确权的基础上建立跨区域水权交易平台，通过公平议价的方式进行水权交易，这样的矛盾就会避免。

但为什么这样的平台迟迟未能建立？专家们认为，法律法规缺失和交易机制不健全是主因。目前我国涉及水权的法律不多，零星分散在《水法》《物权法》和《取水许可管理办法》中，相关涉水行政法规也缺乏可操作性。此外，涉及水权交易的定价机制、交易机制、流程设计、交易结果认定和权益保障都还在探索中。

位于内蒙古达拉特旗的鄂尔多斯能化荣信化工有限公司是一家国有煤化工企业。据介绍，企业2006年缴纳了9000多万元节水改造资金，用于农田水利节水改造，并获得了25年平均每年600万立方米黄河水使用权，满足了企业生产需要。

企业总工程师任庆伟表示，通过节水技术运用，企业每年能节约部分水量，但针对节约出来的水如何交易，尚无规程可循。

2014 年 1 月，内蒙古水权收储转让中心成立，承担盟市间水权收储转让的具体工作。内蒙古水利厅水资源处副处长李彬说，水权收储转让中心的框架已经搭好，具体交易细则正在完善。对于闲置水权、结余水权都会有处置办法。“有关部门未来甚至可牵头进行跨省份水权转换，从国家层面盘活用水指标，探讨水市场理念。”他说。

三重门：政府角色如何定位？

水权交易实施后，当水资源可以作为商品自由参与到市场让渡之中，如何使双方在保证生态环境的前提条件下开展水资源转让成为关键。

“政府不应当是中介角色，而应当是监督者、裁判员，不是运动员。”李晶说，水权改革是要放活水权市场，但不是放任，水市场的局限性需要政府弥补，尤其是水权不同于其他产权，政府要对交易秩序和公共利益实行风险防控。

“水是一种特殊的商品，水权交易要在政府主导调配的前提下进行。”河南省水利厅水政水资源处处长郭贵明介绍，在河南，转让方地下水开采超过总量控制指标或者地下水压采量未达到目标的，或者转让、受让方实行最严格水资源管理制度考核不合格的，将核减交易水量或责令停止水量交易，直至地下水开采和压采达标、考核合格。

他说，既要严格区域用水总量控制和地下水压采，防范“边超采边交易”现象，也要结合各地配套水厂工程建设进度和用水需求，促进节余水量合理流转。

李晶认为，在水权制度改革前期，要同步开展水市场监管体系建设工作，包括制定水市场准入规则、竞争规则、信息公开制度、水权主体权益保护制度、水资源用途管制制度、生态环境等公共利益维护制度、社会监督与公众参与制度等，这些监管制度需要有机融入水权交易过程。政府必须在现有水资源监督管理制度基础上，进一步建立健全适应水权制度的监管体系。

“活水中国”呼之欲出

流水不腐，户枢不蠹。着力将我国众多江河湖库连通，打造“活水中国”，有望成为当前我国应对严峻水形势的一项重要举措。

“实施江河湖库水系连通，是优化国土空间格局、增加水环境容量、改善水安全状况的战略举措。”水利部部长陈雷表示。

破解水困局，打造“活水中国”恰逢其时。专家们指出，当前，一些地区存在着使原本连通的河湖水系出现了连通不畅乃至隔绝的状况，造成一些地区水资源调配能力不足、干旱频发，洪水风险增大，水体污染加重，打通河湖水系势在必行；同时，我国水资源时空分布和人口、经济发展不匹配的现实，要求一些本来不连通的河湖水系实现连通。

“水乡”宁波是“活水中国”的一个代表。降水时空分布不均，水库大多分布在西南部，而东北部人口稠密、经济发达，缺好水和水污染压力颇大。对此，宁波着力通过隧洞和管道将境内几大水库连通，遭遇强降雨，洪水不再作为“弃水”，而是通过“网络”流向其他水库储存；遭遇干旱或水污染事件，从其他水库调水补给，确保居民用水。

“‘十三五’时期，要加快实施江河湖库水系连通工程，积极开展国土江河综合整治，全面提升水资源水环境承载能力。”陈雷说。

陈雷表示，在国家层面，系统整治江河流域，同时以重要江河湖泊为基础，重要控制性水库为中枢，南水北调等重大跨流域调水工程为依托，逐步形成“四横三纵、南北调配、东西互济”的河湖水系连通总体格局。

在区域层面，因地制宜建设必要的引调水工程和区域水网工程，构建布局合理、生态良好，引排得当、循环通畅，蓄泄兼筹、丰枯调剂，多源互补、调控自如的江河湖库水系连通体系。

专家指出，在河湖水系连通过程中，必须以规划为基础、科学评价，统筹考虑水的资源、环境和生态功能，减少不科学的连通带来负面影响。要科学实施调度，充分发挥江河湖库水系连通工程的综合效益。

第五章

健康中国

- 中国到了对癌症“宣战”的时刻吗?
- 姚贝娜捐献眼角膜引发的调查
- 中医药究竟处于黄金发展期还是低谷期?

中国到了对癌症“宣战”的时刻吗?

导言　宣战癌症，越早越好!

肿瘤我们已经“司空见惯”。

那一年促使我做出肿瘤防控调研，一个直接诱因，是大表哥的突然离世——才50岁左右就不幸患上了口腔鳞状细胞癌，手术后不久复发转移，不幸去世，只记得手术切掉了半个舌头，很残酷，转移后的样子更是可怕：颈部一侧，长出的肉瘤越来越大……

为什么细胞会突然失控，无限制地疯长?

为什么这些癌症如此凶险，让生命突然消逝，而且有的如此失去尊严地消逝?

中国肿瘤发病情况究竟怎样?和其他国家有何不同?肿瘤治疗情况究竟如何?

带着一系列问题，3年前，也是在这个季节，包括我在内的调研组深入北京大学肿瘤医院、中国医学科学院肿瘤医院、中国科学院基因组研究所、协和基础研究所、相关企业和有关部门采访，就肿瘤现状进行调研，试图一探究竟。

为此，我做了充足的准备，看《癌症传》，了解癌症的前世今生，悉心设计了36个问题……

调查的结果令人震惊：发病率、死亡率双升；发病率与世界水平接近，但死亡率高于世界水平；“穷癌”“富癌”并存，防控难度大……中国癌情凶猛，如果不高度重视乃至“宣战”，癌症发病率和死亡率，将会连续十几年甚至数十年攀升。

“中国：是否应该向肿瘤宣战？”面对我设计的这样的调研主题，几乎所有专家都异口同声：应该！

在我出生前一年即1971年，实现登月梦想后的美国向癌症宣战——以时任美国总统尼克松签署《国家癌症防治法案》的方式，向癌症宣战。随着时间的推移，当前，美国癌症的发生率和死亡率开始下降。

“我国对癌宣战的时刻到了。”专家们建议，癌症防治工作国家应下定决心、加大力度、集中各方面力量，共同开展工作；需要树立“大卫生”观念，群策群力推行癌症综合防控策略；各级政府应建立政府领导、卫生部门主导、多部门协作和社会广泛参与的癌症预防控制工作体制。

——尽快健全肿瘤登记系统，扩大覆盖面，确保数据的可利用性，为制定与调整预防控制工作策略提供依据。

——应将更多抗肿瘤药物纳入医保，加强国产药物研发。

——积极推进重点肿瘤早诊早治项目，开展早诊早治，研防结合，医防结合，降低肿瘤发病率、提高早期肿瘤的检出率……

肿瘤发病率多年持续上升，已成为中国一个必须高度重视的公共卫生问题乃至社会问题，中国亟须向肿瘤宣战。

没有想到，医院周围聚集癌症患者的简易民居即“癌症旅馆”，成了百度词条，被外电引用……

没有想到，在我们就此呼吁2年多后，2017年10月，国务院总理李克强在国务院常务会议上要求“要集中优势力量开展疑难高发癌症治疗专项重点攻关”。

“我们已经在‘上天’‘下海’等重大科研项目取得不俗进展，还要进一步坚持以人民为中心的发展思想，努力攻克影响人民群众健康的难题。”李克强总理说，“要集中更多科研力量和财力，尽早在这方面取得重点突破。这件事一旦有突破，不仅直接造福当代群众，还惠及子孙后代，功德无量！”

李克强说，一些发达国家早在数十年前就提出要破解癌症发病机理，“攻克癌症”，如今已经见到了一些阶段性成果。而我国目前的癌症治疗水平还与这些国家存在一定差距。“从现在起，我们要迎难赶上！”

迎难赶上，宜早不宜迟！

健康中国，宣战癌症，越早越好！

中国肿瘤现状调查：癌情凶猛

这是一个个曾经鲜活的生命：赵丽蓉、罗京、陈晓旭、姚贝娜……

这是一组触目惊心的数字：世界癌症报告估计，2012年中国癌症发病人数为306.5万，约占全球发病人数的1/5；癌症死亡人数为220.5万，约占全球癌症死亡人数的1/4。

健康梦是中国梦的重要组成部分。新华社记者2014年以来在北京、上海、甘肃、浙江等地走访大量肿瘤防治专家和临床医生了解到，伴随着老龄化加剧、生态环境遭受破坏、不健康生活方式及食品安全等问题的凸现，我国肿瘤发病率多年持续上升，已成为一个必须高度重视的公共卫生问题乃至社会问题，中国亟须向肿瘤宣战。

发病率、死亡率双升

在农村人眼里，癌症就是绝症。

记者走进河南、浙江等在网络上被称为“癌症村”的几个村庄，村民熟悉而又害怕听到“癌症”二字。其中一个村的医务人员表示，村民患癌有年轻化趋势，四五十岁年龄段的人数在增多。

病人增多，知名肿瘤医院一床难求。北京、上海、浙江、甘肃、河南这些地区的肿瘤医院“专家号一号难求”，病人往往需要排队等手术。在中国医学科学院肿瘤医院，因为床位原因，每周有 700 人等待入院……

浙江省肿瘤医院副院长葛明华从事甲状腺癌治疗，他明显感到甲状腺癌患病率上升幅度太快了，“原先甲状腺外科医生地位不高，一年就几个病人，现在很多医院都开设了甲状腺科室”。

从全国肿瘤防治研究办公室及东、中、西部医疗专家了解到的情况和部分临床统计看，由于人口老龄化等原因，当前我国癌症发病率、死亡率呈持续增长趋势。

更为严峻的是，这种势头并未得到有效遏制。国家癌症中心肿瘤流行病学研究员代敏介绍，今后 20 年，我国癌症的发病数和死亡数还将持续上升：根据国际癌症研究署预测，如不采取有效措施，我国癌症发病数和死亡数到 2020 年将上升至 400 万人和 300 万人；2030 年将上升至 500 万人和 350 万人。

发病率与世界水平接近但死亡率高于世界水平

我国癌症发病率接近世界水平，但死亡率高于世界水平。北京大学肿瘤医院院长季加孚说，这首先有人种和癌谱等客观原因。欧美白种人最常见的是前列腺癌和乳腺癌等生存率超过 80% 以上的癌症，而我们国家常见的是肺癌、肝癌、消化道癌症这些生存率不到 30% 的癌症。

肿瘤防治专家认为，癌症死亡率居高不下，一个重要原因在于我国癌症发现较多处于中晚期。中国工程院院士、中国抗癌协会副理事长程书钧说，美国近些年来癌症的发病率有所下降，其 5 年生存率大约在 60% 至 70%，而我国肿瘤患者 5 年生存率大约在 30%。

“美国肿瘤患者 5 年生存率高，因为他们早期发现癌症患者的比例较高。”程书钧说，我国肿瘤治疗的病人中晚期患者居多，早期病人比例较低，治疗效果当然就差。例如肺癌，北京市确诊的肺癌 80% 以上都是中晚期，而欧美早期肺癌患者约占一半。

苏州大学转化医学研究院院长时玉舫说，我国对肿瘤缺乏快速、特异早诊手段。目前癌症的诊断主要通过实验室免疫学酶学检测、影像学检测等，有些检查费用昂贵，在一般健康体检过程中无法普及。

“穷癌”“富癌”并存，防控难度大

生活条件改善了，为何癌症发病不减反增？全国肿瘤防治研究办公室副主任陈万青说，与国外比，我国现在属于癌谱的转型期，发展中国家的“穷癌”依然高发，但逐渐往发达国家的“富癌”谱转变。“我国出现发展中国家癌谱和发达国家癌谱并存的局面。”

所谓“穷癌”，是过去一些贫穷地区的居民由于饮食、生活条件差等原因诱发的癌症，而现在由于高脂蛋白饮食、缺少运动等原因诱发的癌症被称为“富癌”。

第三次全国居民死亡原因调查结果显示，我国城乡居民的肿瘤死亡构成正在发生变化，与环境、生活方式有关的肺癌、肝癌、结直肠癌、乳腺癌、膀胱癌死亡率呈明显上升趋势。

国家癌症中心发布的《2012 中国肿瘤登记年报》显示，全国肿瘤登记地区恶性肿瘤发病第一位的是肺癌，其次为胃癌、结直肠癌、肝癌和食管癌；死亡第一位的是肺癌，其次为肝癌、胃癌、食管癌和结直肠癌。

癌症高发，增加的不仅仅是患者的伤痛，还给家庭、社会带来沉重的经济负担。据相关资料估计，每年全国因肿瘤造成的门诊和住院花费数百亿元，远高于其他慢性病的医疗费用，是卫生总费用上涨的重要因素之一。

高发的肺癌，“气”出来的病

2006 年我国第三次居民死亡原因抽样调查结果显示，30 年来，乳腺癌死亡率上升了 96%，而肺癌死亡率更是狂飙 465%。目前肺癌占全部癌症死亡的 22.7%，已成为我国癌症死亡第一杀手。

记者到北京胸科医院采访，肿瘤一科 123 张病床收治的都是肺癌患者。病人中甚至有 21 岁刚毕业的大学生。北京胸科医院主任医师徐丽艳从事肺癌的诊断和治疗 20 多年了，她说：“在病房里经常能看得到 30 多岁到 40 岁的肺癌患者。”

“肺癌的发病率随年龄的增大而升高，35 岁开始人群肺癌发病率上升加速。”北京市肿瘤防治办公室副主任王宁说，10 年间北京市肺癌的发病率约增长了 43%。

据北京市肿瘤防治办公室统计，2012 年北京市共报告肺癌新发病例

8220 例，占恶性肿瘤新发病例的 20.39%，其中男性 5043 例，发病率为 77.94/10 万；女性 3177 例，发病率为 49.59/10 万；男女比例 159 ：100。

杨功焕说，肺癌从 20 世纪 90 年代中期起，就成了我国第一位的癌症。现在肺癌死亡率我国是以每年 4.45% 的速度在上升。

中国抗癌协会科普宣传部部长、北京宣武医院胸外科主任支修益非常注重肺癌的健康知识宣传。他形象地比喻肺癌为被烟气、大气、油气、生气等“气”出来的病。

向癌症宣战

1971 年，美国时任总统尼克松签署《国家癌症防治法案》，医疗界认为是吹响了向癌症宣战的号角。当前，美国癌症的发生率和死亡率开始下降。

季加孚说，我国对癌宣战的时刻到了。

“中国正面临一场应对癌症的战争。”谈及我国癌症现状，全国人大常委会副委员长、中科院院士陈竺表示。

季加孚、王明荣等建议，国家应下定决心、加大力度、集中各方面力量，共同开展癌症防治工作。需要树立“大卫生”观念，群策群力推行癌症综合防控策略。各级政府应建立政府领导、卫生部门主导、多部门协作和社会广泛参与的癌症预防控制工作体制。

针对“家底不清”的状况，专家建议，应尽快健全肿瘤登记系统，扩大覆盖面，提高数据质量，确保数据的可利用性，为制定与调整预防控制工作策略提供依据。

针对当前癌症患者看病贵的问题，肿瘤防控专家建议，将更多抗肿瘤药物纳入医保，与患者共担药品费用；引导慈善机构进入肿瘤防治领域，开展慈善赠药、设立专项救助基金援助困难患者等活动；加强国产药物研发，与进口药开展良性竞争，降低药品价格。

开展早诊早治也是专家们的共同建议。支修益说，在肺癌高发地区锁定肺癌高危人群，定期进行低剂量螺旋胸部 CT 筛查可以发现许多的早期肺癌患者，而早期肺癌通过微创外科手术可以达到临床治愈。

季加孚、支修益等专家建议，可组建肿瘤专科防癌体检中心及肿瘤防治研究中心，研防结合，医防结合，加大预防力度，降低肿瘤发病率，提高早期肿瘤的检出率；积极推进重点肿瘤早诊早治项目，完善技术方案，探索有效的运行机制；注重基层社区医生的培训，提高其对肿瘤患者早期征兆的识别。

直击癌症五大误区

得了癌症，就意味着死亡？癌症早期很难发现？人类对癌症真的束手无策吗？晚期癌症就别治了？治疗癌症就是医生的事？

随着发病率走高，癌症正越来越多地侵入人们的生活。出于种种原因，人们对于癌症的起因、防治存在不少成见和误解，影响了对癌症的早发现、早诊断、早治疗。新华社记者聚焦五大误区，通过采访权威专家予以澄清。

误区一：不敢直面癌症

“谈癌色变仍是现在普遍存在的现象。”中国医学科学院肿瘤医院副院长王绿化说，对大多数人来说，被确诊为癌症是改变一个人生活的重大事件，震惊、恐惧、愤怒、伤心、孤独、焦虑的感觉随即产生。在一些环境中，癌症仍然是人们谈论的禁忌，癌症患者往往遭到歧视，以至于患者都不敢承认自己是癌症病人。

调查显示，在中低收入国家，人们对癌症的看法很悲观。在低收入国家，48% 的人认为癌症没有什么治疗办法，患癌症就等同于被判死刑。在中等收入国家，39% 的人持相同看法。与之相比，高收入国家中仅 17% 的人有此看法。这种错误的看法可能影响到人们参与癌症筛查的积极性，也非常不利于癌症的早期发现和治疗。

“对待癌症的观念上我们还停留在旧时代。”中医肿瘤专家、上海中医药大学教授何裕民曾在文章中指出，我们要认识到，“癌，谁都回避不了，谁都需要防范”，要采取综合措施，正确判断。直面癌症、正确认识癌症可以使患者得到早诊早治，并为他们获得高质量的诊疗营造好的环境氛围。

误区二：癌症早期无法发现

不少人认为，癌症早期无明显信号，到发现时通常已是中晚期。事实上，乳腺癌、结直肠癌、宫颈癌、前列腺癌等几种癌症，可能在无症状情况下，通过常规健康体检及普查早期发现。部位较表浅的肿瘤，如皮肤癌、口腔癌，可在体检时及时活检确诊。一些位于身体内部的肿瘤，也可能通过常规检查早期发现，例如，无症状的早期肾癌、早期肝癌，可通过超声波检查早期发现。

癌症的早期发现，是世界卫生组织《癌症控制纲要》中确立的预防和控制癌症的优先项目和战略。通过早期发现，能大大提高治疗的有效性，约有 1/3 的癌症能通过早期诊断获得治愈的机会。加拿大已证实，有效乳腺癌、宫颈癌和大肠癌筛检方案，可以使总的癌症死亡率下降 5%，也就是每年会减少 7000 例癌症病人死亡。在美国，近 10 年来乳腺癌死亡率的下降，很大的功劳应归于乳腺筛查项目的推广。

为此，中国抗癌协会科普宣传部部长、北京宣武医院胸外科主任支修益建议，确立癌症筛查、防癌体检及早诊早治的有效手段和方案；扩大癌症筛查、防癌体检及早诊早治人群覆盖面；将癌症筛查、防癌体检及早诊早治逐渐纳入基本公共卫生服务和医保支持的卫生服务体系；将肿瘤预防工作纳入肿瘤医院和三级甲等医院考核的重要指标。

误区三：对于癌症，我们无能为力

尽管癌症目前仍是医学界尚在攻克的难题，但人类面对癌症并非束手无策。研究表明，在正确决策的引导下，相当一部分常见肿瘤是可以预防的。

倡导健康的生活方式，是预防肿瘤的重要内容。在全球以及国家层面上的促进健康生活方式，对于降低因酗酒、不健康饮食和缺乏体育运动等导致的癌症发生是必要的。

作为最常见的危险因素，吸烟与 71% 的肺癌死亡病例和 22% 的所有癌症死亡病例有关。按照目前的趋势来估计，吸烟在 21 世纪将造成 10 亿人口的死亡。同样，酗酒是癌症的危险因素也众所周知，其与口腔、咽、喉、食管、肠道和乳腺的癌症风险增加有很强的关联性，并且会增加女性肝癌和肠癌的发病风险。超重率和肥胖率正在全球范围内以惊人的速度增长，其中包括儿童和青少年。超重和肥胖与肠道、乳腺、子宫、胰腺、食管、肾及胆囊癌发病风险的增加有很强的关联性。

中国癌症基金会提出远离癌症的 12 条建议就包括：远离烟草；预防

感染；在正常体重范围内，越瘦越好；每天最少运动30分钟；避免饮用含糖的饮料，限制进食热量密度高的食物；多吃不同种类的蔬菜水果、全谷物和豆类食物；减少进食红肉，避免食用加工肉类；如要喝酒精饮料，男士每天不应多于两杯，女士以一杯为限；限制食用高盐分食物和经盐加工的食物；不要使用营养补充剂来预防癌症；最好以纯母乳喂养婴儿至6个月大，然后添加其他食物；平衡心态，心理健康。

误区四：晚期癌症别治了

世界卫生组织官员指出，所有民众都有接受平等和有效治疗的权利，从而避免遭受疾病带来的痛苦。大多数情况下，肿瘤治疗中最让人难以接受的是没有给予足够的姑息治疗和缓解疼痛的措施。仅用几种药物就能控制包括儿童患者在内的近90%的癌症病人的癌痛，然而在许多国家，患者未能充分接受镇痛治疗的情况却很常见。

中山大学附属第六医院赵进明博士认为，晚期肿瘤治疗要坚持“以人为本”的思想，即以改善患者症状、控制疾病发展、提高生存质量、延长生存期为目的。从患者病情、年龄、经济状况、治疗期望值等各个环节入手，做到“量体裁衣”式的治疗。对于放化疗等治疗手段，患者不要过度担忧。放化疗虽有一定的副作用，但是通过现有的手段能够有效减轻症状，患者切不可因恐惧副作用而拒绝放化疗。

误区五：治疗癌症是医生的事

世界卫生组织调查发现，在低收入国家，75%的人认为在制订定治疗癌症的方案时都是医生说了算，仅8%的人同意患者应该与医生一起做决定。与之相比，经济发达国家中72%的人认同患者与医生共同决定的模式。

在临床中，往往是当患者的心态摆正了，思想乐观了，再加上科学规范的治疗，使患者的病情稳定，或带病延长了生命，并且保证了生活质量。所以在治疗过程中患者应关注个体的心理情绪波动，因为治疗癌症不仅是医生的事，患者保持良好的心态也很重要。

赵进明提醒，除了患者本人和医生，家属的责任也很重要。一方面要做好对病人的心理支持，针对病人可能存在的不同程度的恐惧心理，有针对性地进行心理疏导；另一方面，要密切观察病情变化，防止发生并发症。

“癌症旅馆”：能省一元是一元，多活一天是一天

每天，在北京、上海的知名肿瘤医院，都有不少背着重重行囊的癌症患者和家属冲着优质的医疗资源蜂拥而来。被病痛和焦虑折磨的群体中，有许多人出于经济贫困、疗程漫长等种种原因，只能选择蜗居在医院周边居民住宅中一个个被分割出来的狭小空间内……这些聚集着癌症患者的简易民居，被人们称为“癌症旅馆”。

不得不来，“这里是我们最后的希望”

千里迢迢、辗转求医，对许多肿瘤病人来说，由于医疗资源不均衡，北京、上海的大医院是他们最后的希望，他们不得不来，加剧并亲身感受着“看病难”。

记者跟随在中国医学科学院肿瘤医院做完检查的患者孙雨（化名）夫妇，来到他们住宿的旅馆。这里是一个杂乱的院子，一幢 5 层灰色旧楼

房，房子都被隔成约 10 平方米的屋子。孙雨夫妇的房间没有窗户，衣服在一个塑料袋里装着，放在床上；桌上是早晨吃剩的一个馒头，再没有别的家具。这样的一个房间每天 40 元。

64 岁的孙雨来自河北省张家口市蔚县农村，患有卵巢癌。“2012 年 2 月先在蔚县看了后，又转到河北张家口医学院第一附属医院，当地说看不了，说已经晚期了，做不了手术了，也就是一两年的生存期。儿子说到北京看看吧，如果北京也看不了，就没有办法了，否则就不能死心。”她一边说着，一边就哭了起来。

从山东潍坊来北京看病的张清湘（化名）夫妇住的房间也是 40 元一天。张清湘也患有卵巢癌，“我是不敢在当地看了，都误诊了。”刚开始，她感到不舒服，到山东省潍坊市某医院检查，当时挂了专家号，但是医生查了后说没事儿，后来又去检查还是没有查出来；之后腹水很多，肚子鼓起来了，才查出来。“查出来就是晚期，癌细胞已经转移到淋巴结了。我想，如果老家专家早点查出来，我的病也不会发展到这一步。可不敢在老家看了，就想到北京的大医院看。”

复旦大学附属肿瘤医院一墙之隔的东安路某小区内，一幢居民楼的 3 层被改造成 9 个格子间，最小的一个房间原来是一个不足 6 平方米的阳台，每间每天在 80 元到 100 元不等，共用 1 个厨房和 2 个卫生间。在其中的一个房间内，来自江西的鼻咽癌患者颜先生躺在床上，他和妻子已经在这里住了月余：“看病还得找大城市、大医院，在这里更好活命。”

边治边熬，“治疗又长又痛苦”

复旦大学附属肿瘤医院旁，随处可见租房广告和手拿名片的中介，一位自称资深的中介告诉记者：“在这租房的人中，大多数都是来放疗、化疗的，时间长，得反复来，还要家里人陪，住在我们这一片虽然房子又小又破，但还能烧烧弄弄、补充营养，不像宾馆，房钱贵，吃什么都得外面买。”

记者跟着他一路走着，不时碰到上来问价的，有些人听到价格就走开了。“天黑了他们还得回来找我，没别的地方可住，这是最便宜的了。”这位中介很有信心地说。

“我感觉喉咙里面都烂了，太难受了。”40岁出头的颜先生头发稀疏、面色潮红。“医院里面连开刀都要排队等床位，根本不可能让我们这么长时间住院化疗，隔壁住的那家也是这样，都得住在外面。”

从2012年在中国医学科学院肿瘤医院接受化疗起，孙雨和老伴就不停地在老家和北京间奔波，有时是3个疗程，有时是6个疗程，每个疗程21天。

张清湘一家是来北京术后复查的，两天前做了CT，正在等待检查结果。2010年10月，她在中国医学科学院肿瘤医院手术，之后也开始了漫长的化疗疗程，“我们两个人来回一趟，坐火车就要1000多元，每次都是当天化疗完就回老家。”

能省就省，“再借也不好借了”

异地就医，往往意味着更多的花费，更低的医保报销，对于住在癌症旅馆的患者而言，原本不宽裕的家境雪上加霜。

“来北京有个便宜的住得起的地方真不错。”张清湘夫妇每趟来北京都是带着煎饼，来北京三天，每天就是山东煎饼、炒胡萝卜。正在烧饭的李鑫鑫是张清湘的丈夫，他说，看电视养生节目说吃胡萝卜能防癌，“反正就是什么节省吃什么”。

“我们是新农合，当地医院报销还行，但是到外地跨省看病报销比例就很少了，出来看病只报销20%到30%。看病花了20多万，一共报销了约3万元。村里大队在广播里吆喝，村里的人都给我们捐款，有捐20的，有捐30的，有捐50的。”张清湘说，“借了八九万块钱了，不知道多少年才能还上欠的债。”

小颜夫妇已经是癌症旅馆的常客。“上海吃的住的都贵，第二天中午12点房东准时来收钱，多住一会也不行。我们第一次来上海化疗就花了6000元，到现在光医药费都用掉好几万了，不知道能报销多少，也不知道还要治多久。”

孙雨的丈夫孙先生拿着检查结果说，妻子的癌症又复发了，“还得接着看，到哪里借钱呢？花了20多万，说起来是报销60%，实际上报销30%，因为看病的大部分项目不在报销的范围内，报销了6万吧。借了亲戚朋友8万多元了，能借的人都借了，再借也不好借了。”

记者见到，桌子上扣着一口铁锅，可乐瓶里装着食用油、酱油和盐等，一可乐瓶油12元。两个人一天花50元，40元是住宿费，饭费两个人一天10元。早饭就是馒头就着水，每天吃的都是8毛钱一斤的白菜。

孙雨说：“我感到安慰的是，老家医生当时说我只能活一两年了，和我一起看病的，都走了好几个了，我还活着。”

加大科技支持力度，向肿瘤发起“攻击”

和全世界其他国家的科学家一样，中国科研人员也在向肿瘤发起“攻击”。记者从科技部获悉，下一步将突出解决我国患病率高、发病率高、死亡率高以及中国“特发”的重点癌症问题，进一步加大科技支持力度。

由于肿瘤的危害性大，影响面广，对癌症的研究一直是各国科技布局的重点。我国将包括癌症等重大非传染性疾病防治列入了国家中长期科学和技术发展规划纲要的重点领域和优先主题，并在 863 计划、973 计划、国家科技支撑计划、“重大新药创制”科技重大专项等多个国家科技计划中进行了重点部署。

“十一五”以来，我国已累计投入中央财政经费 36 亿余元用于肿瘤防治科研工作。重点开展了肿瘤的发生发展机制理论研究，恶性肿瘤患病风险因素识别、重大慢性病筛查和检测新设备研发及预警干预研究，创新药物研发、诊断试剂研发、先进肿瘤治疗装备和材料研发、临床诊治关键技术研究及转化应用研究，在食管癌早诊早治和综合诊治，肝癌、肺癌和宫颈癌综合防治等方面取得了一系列具有国际影响力的成果。

科技部相关负责人坦承，总体来看，由于我国肿瘤研究方面的投入有限，虽然也取得了一定的进展和成效，但由于科学认识和技术发展水平的局限性，仍有一些肿瘤“不可防、不可控”“治不了、治不好”，恶性肿瘤防控仍是一项艰巨的挑战。

打响肿瘤防控阻击战

很少有一种疾病像癌症一样，如此深重地危害着这么多人，并逐渐演化为严重的公共卫生问题，甚至社会问题。其实，癌症可防可控可治。面对汹涌扑来的癌情，我国亟须打响肿瘤防控阻击战。

知己知彼，方能百战不殆。阻击凶猛癌情，首先要摸清家底，继而国家制定总体的“应战”方针。要把全人群的癌症发病和死亡登记体系完善起来，搞清楚哪些地区哪些癌症高发。要改变我国在癌症防控上投入分散、各部门各自为战的局面，财政、卫生、环保、科技、民政等部门必须步调一致，共同作战。国家癌症防控计划应提供全方位的预防、诊断、早期发现、常规治疗和姑息治疗。国家相关政策如大病救助、新农合和医保等应向早期筛查和干预倾斜。

人类与癌症的战斗，每一次胜利的取得都与科技进步密不可分。面对凶猛癌情，未来的科研重点必须是更好地解决实际临床工作中的问题，突出解决我国发病率高、死亡率高的重点癌症；突出优势领域加快突破，加强前沿技术研究和转化医学发展，努力开辟解决癌症问题的新方向；大力加强开放创新，更好地与国际社会合作共同推进癌症防控研究。

面对凶猛癌情，唯有积极应战，才能让“癌症防控目标，实现并不遥远”。

抗癌 18 年：“天赐的礼物化了妆”

在自己护士服的衣领上写名字时，王威用字母“V”代替了“威”字。她说，“V”象征胜利。

从 8 岁到 26 岁，王威用 18 年的时间战胜了一个劲敌——癌症。

写着“V”的衣领，紧贴着王威颈部多次手术留下的一道疤痕。遇到心灰意冷的肿瘤患者时，王威会用这道疤痕和自己的故事激励他们：不放弃的人生，处处有希望……

生命，从 8 岁开始倒计时

8 岁那年，王威被查出患上了甲状腺癌。当时医生判断：这孩子最多只能活 3 年。

那时起，一切都变了。她学会了一个人安静地坐在台阶上，羡慕地看着小伙伴们无忧无虑地奔跑嬉戏……

她留心观察世界，想长大以后当个心理学家。可是，倒计时的生命随时可能终结，一切都无法计划，甚至，她都不知道自己能否“长大”。

王威出生在黑龙江一座小城的普通家庭。家境本不宽裕，后来父母又双双下岗，开始务农。但是，饭桌上总有她的“小灶”，有时是一个鸡蛋，有时是父亲从河沟里捉来的小鱼。爸妈和姐姐却只吃最便宜的菜。有一次，王威看到妈妈久久站在鱼摊前，手里的零钱都攥皱了，最后还是扭身走了……

病魔像笼罩在屋顶的阴云。甚至，每当电视中播放有关癌症的节目，哪怕是药品广告，家人都会装作不经意地赶紧换台。屋子里空气瞬间凝滞。

9 岁、10 岁、11 岁……所有人的心都悬着。没想到，一天天竟挨过了 8 年，眼看着小姑娘悄然长成了亭亭玉立的 16 岁少女。

或许，当年只是误诊？家人心中不由得生出一丝侥幸。

爸妈带着王威到北京看病。希望幻灭了，诊断书白纸黑字地写着：甲状腺癌晚期，双肺弥漫性转移、淋巴转移、骨转移。

手术已经不能做了。紧急化疗后，王威的病情非但没有缓解，反而加重了。医生说，她的生命只剩下不到 6 个月……

“当时的我，每下咽一口菜，就觉得像吞下了刀子，火辣辣地疼，饭菜马上会吐出来。呼吸困难，就连睡觉都得坐着。夜间经常咯血，一次就是几百毫升……”回忆那段经历，王威说，“那滋味，是睁睁眼都会很累很累……”

那时，她总是盼着夜里灯熄了，父母睡去，就可以不再强忍病痛挤出笑容，就可以蒙上被子让眼泪尽情地流，淹没疼痛，淹没内心的孤独和恐惧。

父母更是每时每刻提心吊胆，怕她睡下了就永远不再醒来。夜深人静时，母亲时常小心翼翼地将手指放在王威鼻孔下，偷偷试看孩子是否还有呼吸。

“其实，那时我都还醒着。”王威说，“我是在装睡。我把眼睛闭得紧紧的，生怕泪水流出来……”

活着，每一天都是赚来的

王威也曾想过放弃痛苦的生命。

她心疼辛劳的父母，觉得自己成了家庭的负担。

父母从没种过地，失业后承包了一块地，学着种起水稻来，每天天没亮就扛着铁锹出门。父亲手上被镰刀割出深深的口子，血哗地流了出来，他随手拽把草叶子一缠，算是止血了。母亲被蚊子叮了一身包，不敢挠，怕抓破化了脓就不能下地干活了……

一天，有个亲戚来家里串门儿，王威在屋外无意中听到了这样一番对话：“这孩子生下来就是和你们要账的。你们做父母的这些年能做的都做了，孩子能活到今天已经是奇迹了。但这就是个无底洞啊，你们可别到时候人财两空！”

父亲的声音传来：“我知道你是为我们好，但这话你别再说了。我没什么大能耐，只要我还有一口气，就决不放弃我女儿。说不定哪一天，能治好癌症的药就出现了。她只要坚持好好活着，这就够了。”

那天夜里，王威蒙着被子大哭了一场，决定不再拖累这个家了……

第二天一早，父母照常扛着铁锹出门。走到门口时，母亲回头笑着问王威：“晚上想吃啥？妈回来给你做。”

王威鼻子一酸，心动了。她懂得，自己是爸妈还能笑着坚持下去的力量。为了爸妈，必须好好活着！

那些带着永远无法实现的梦想，像花儿一样凋零的年轻病友们，也让王威愈加懂得生命之可贵。

一个患肝癌的小妹妹病危时对王威说：“姐姐，我知道我要离开了，但我还有好多地方没去过，好多东西没吃过。你一定要替我好好地走一走，尝一尝啊……”

小妹妹离去那天，王威含泪仰望天空，心里默念着：“我会替你好好活下去！”

“不知道什么时候，我就再也无法看到这世界了。”王威开始用心感受活着的每一天。她舍不得多睡，总是早早起床，去呼吸新鲜的空气，听鸟儿愉快地歌唱，看阳光下闪闪发亮的露珠。甚至，她也开始欣赏阴雨天，等着雨后的彩虹，看那些因为雨水洗礼而愈加青翠的树，和更加艳丽的花……

每一天，都有可能是最后一天。活着，就应该感恩。她决心善待生命中的每个人，甚至，对陌生人微笑。

回报，感悟重生的意义

2008 年春节，王威觉得自己又“赚”了一年。也就在那时，她又接到了病危通知。窗外是热闹的鞭炮声，她在卫生间里大口吐着血，胸膛如被烈火烧灼一般。她想，这恐怕是陪在家人身边的最后一个春节了。在生命的最后时刻，还能做些什么呢？

擦干眼泪，她提起笔给自己喜爱的电视节目《星光大道》写信，请栏目组帮助她完成今生最后的心愿——捐献遗体。她写道：也许，我捐献的角膜能让人重见光明；也许，我的器官可以用于医学研究，帮到更多的人……我可以把生的希望留给需要的人，让他们替我好好活下去。

王威如愿登上了圆梦的舞台，演唱了一首《阳光总在风雨后》。节目录制过程中，她没有掉一滴泪。她说：“我来到这个舞台，不是为了展示一路走来的辛酸，我是要为病痛中的人们加油。如果生命给我们一段特殊的旅程，不要害怕，就精彩地活！即使离开，也要微笑着走！”

节目播出后，一位特殊的观众打来了电话。他就是北京煤炭总医院院长王明晓。不久，王威住进这家医院，开始接受治疗。

那场扣人心弦的手术足足进行了六个半小时。医生小心地剥离与肿瘤纠缠在一起十几年的血管和神经，从王威的颈部整整取出了10个肿瘤，最大的像个拳头。

“当我睁开眼睛，得知手术成功的那一刻，我傻笑着哭了……”王威回忆说，“当时我觉得连泪水都是甜的。”

有了“明天”的人生，终于可以从容规划。王威对院长说：“我也要像你们一样救死扶伤，帮助更多需要帮助的人。”

经王院长推荐，黑龙江鹤岗卫校破格录取了王威，并免除了她的学费。

怀着感恩之心，2011年12月19日，王威在家人陪同下，郑重地签下了遗体眼球捐献志愿书。她的父母也和她一起加入遗体捐献的公益事业中：“过去那么多人帮我们，现在是回报的时候了。”

2012 年，王威回到了北京，成为一名护士。她说：“我懂得患者的痛苦，因为我曾经像他们一样饱受病痛折磨。所以，每一次护理，我都让自己的动作再轻柔一点，笑容再温暖一些。”

2013 年，王威在医院进行了系统的复检。检查结果显示：肿瘤标志物没有了，健康状况良好。

可以有梦想，并且来得及去追求和实现——这看似天经地义，对王威来说却是失而复得、倍加珍惜的幸福。

18 年来，癌症让她时刻准备面对生离死别，让她提早品味了苦涩，读懂了什么是绝望，也让她参悟了人生。她说，如果把每一天当成生命中的最后一天去度过，你就会发现，很多令人不快的事都是过眼云烟，根本不值得介怀。唯有专注于感受美好、留下美好，方能无愧此生。

“这场病，其实是上天赐予我的化了妆的礼物。”王威微笑着说。

肿瘤基因组：“推动肿瘤个体化治疗进入无创基因检测时代”

肿瘤是基因病。

国际上肿瘤基因组进展如何？中国情况怎样？肿瘤基因检测离百姓有多远？未来将怎样？带着一系列问题，新华社记者在调研中追问。

国际：已公布超过 1 万个癌症基因组数据

这是一个众所周知的案例——好莱坞影星安吉丽娜·朱莉，通过基因检测发现携带基因突变，为预防乳腺癌的发生，进行了乳腺全切除。

近年来，大量科学研究已经证实，绝大多数肿瘤是由遗传、环境及感染等因素引起的，而且均从导致基因损伤开始。

中国医学科学院教授张宏冰说，作为一种复杂疾病，癌症的致病机理、分型标记和演化过程均为待研究破解的科学问题，癌症患者个体间的差异更是目前临床治疗面临的一大挑战。随着多组学技术的发展，癌症的研究正在经历一场革命——在分子生物学水平上对癌症进行全面系统的研究，将有助于癌症预防、诊断和治疗新技术和新手段的开发和应用，为人类攻克肿瘤的道路奠定基石。

国际上，科学家们携手前行——国际癌症基因组联盟拟对全球 50 种主要癌症进行完整基因组研究，包含来自 10 个国家的 25000 例样本，建立公开的癌症数据库，给未来的癌症研究及治疗以参考和依据，目前已公布了超过 1 万个癌症基因组的数据。

中国肿瘤基因组研究：取得系列具有引领意义的科研成果

2012 年起，在“十二五”国家 863 计划支持下，我国科学家在“重大疾病的基因组技术”重大项目 12 个课题中，以肿瘤为研究对象，对 12 种肿瘤进行研究，为肿瘤分子分型和个体化诊疗提供技术支撑和基础数据。

“其中有胃癌、大肠癌、食道癌、肝癌和鼻咽癌等五大肿瘤加入国际癌症基因组联盟，成为大型国际癌症计划的重要组成部分。”来自中国肿瘤基因组协作组的杨焕明院士说。

这一重大项目在多种癌症上取得了初步但具有引领意义的科研成果，在国际权威杂志上发表了一系列论文。

食管癌是最具侵袭性的癌症类型之一，近 70% 发生在中国。中国医学科学院肿瘤医院的课题组对 158 个食管鳞状细胞癌病例进行了基因组分析，确定了 8 个与食管鳞状细胞癌显著相关的突变基因，对于改进食管鳞状细胞癌的诊断及治疗策略具有重要指导意义。

深圳大学第一附属医院（深圳市第二人民医院）蔡志明团队找到新型致病基因突变，为膀胱癌诊断治疗提供新的可能，使膀胱癌成为首个拥有 SCCS（姐妹染色单体结合及分离）相关基因突变的癌症。

瑞金医院陈竺院士的团队发现急性髓细胞样白血病的发生与 DNMT3A 基因突变相关，宁光课题组在胰腺神经内分泌瘤中发现 T372R 突变在 30% 的样本均有发生……在其他常见高发肿瘤基因组的研究上，我国科学家团队也取得了一系列成果。

“目前的技术可一次性检测 508 个肿瘤相关基因”

癌症基因组学技术正逐渐走向临床应用，为癌症能在基因层面实现更早期检测、分型、用药指导、预后监测提供科学依据。

中国医学科学院肿瘤医院副院长王明荣说，从基因层面防癌治癌，确实可以预测癌症高危人群，提高癌症预防工作的目标性和有效性，同时可以提高癌症诊疗技术的有效性和针对性，改善患者的生存和预后状况。

“通过抽取受检者外周血，对和肿瘤相关的游离 DNA 进行基因检测，就可能对肺癌、乳腺癌、结直肠癌、胃癌、甲状腺癌、前列腺癌等多种常见高发癌症进行超早期、无创伤性的检测，推动肿瘤个体化治疗进入无创基因检测时代。”从事肿瘤基因检测研究的国家 863 计划专家、苏州生物医药创新中心主任姬云博士说。

目前的肿瘤基因检测，究竟进展如何？

记者采访了世界最大的“基因工厂”——深圳华大基因研究院。华大基因研究院自1999年成立之时起，一直开展肿瘤基因组学研究，已研究20多类癌症，参与并主持国际癌症基因组项目、亚洲癌症研究组织、中国癌症基因组计划、中—丹乳腺癌等多项国际领先项目，在国际权威杂志上发表了数十篇癌症领域科研成果。

“目前的技术可一次性检测508个肿瘤相关基因，解读88种肿瘤药物，全面、精准地解读肿瘤药物和基因的关系，根据患者的基因信息，协助医生选择合适的治疗药物，为患者制订个体化治疗方案。”华大基因研究院院长汪建表示。

“击瘤勇进”：构建中国人群的肿瘤“基线数据库”

肿瘤基因组研究极其复杂，需要对大量人群进行基因测序。

为此，英国已经启动十万人的基因组测序计划，奥巴马也宣布过一项名为“精准医学”的计划，打算通过分析100多万名美国志愿者的基因信息，更好地了解疾病形成机理，“指引我们离治愈癌症和糖尿病等疾病走得更近，使我们所有人有机会获得帮助我们自己和我们家人更加健康的个体化生命信息”。

“肿瘤基因组检测还需要做大量工作。”华大基因研究院启动了“炎黄计划·肿瘤篇”——“集智科研，击瘤勇进”计划，投入过亿元自主经费支持。

这一计划分为“十万肿瘤科研计划”和“万人肿瘤‘基线’研究计划”两大部分，前者主要针对严重危害我国人民健康的几类高发肿瘤：肺癌、乳腺癌、结直肠癌、肝癌、胃癌、肾癌、前列腺癌、卵巢癌、白血病和淋巴瘤，与全国各大科研院所及医院合作，计划每一种肿瘤收集至少1

万份样品，进行对应的基因组、表达谱、蛋白质组、小分子组、免疫组、宏基因组等多组学检测分析，为肿瘤的临床治疗和预后提供有力的科学根据；“万人肿瘤‘基线’研究计划”拟测定超过 1 万人的肿瘤相关基因组学、蛋白组学、代谢组学、免疫组学等组学信息，通过比较健康人群和已确诊的肿瘤早期、中晚期人群之间的各项指标差异，划出健康人群和肿瘤患者之间在多种组学指标上的“分水岭”，构建中国人群的肿瘤“基线数据库”，为肿瘤的早期检测提供重要依据。

“肿瘤基因组研究是很有希望的一个领域，下一步还需要广泛验证。建议国家进一步加强统筹，用统一规范的方式联合各个团队的力量共同进行研究。”姬云博士建议。

焦点透视：癌情凶猛的背后

2 月 4 日，世界癌症日。2015 年的主题是“癌症防控目标，实现并不遥远”。

当前癌情何以凶猛？癌症凶猛的背后，隐藏着哪些“秘密”？新华社记者聚焦四大焦点问题，深入剖析癌症高发的原因。

焦点一：人口老龄化、不健康的生活方式

对中国癌情凶猛的解释，全国肿瘤防治研究办公室副主任陈万青认为，更主要的原因是人口老龄化。在本质上，癌症是人体衰老的结果之一，老化是驱动癌症发展的代谢发动机，这已是科学界的共识。

自 1999 年起，中国就进入了老龄化社会。2010 年第六次全国人口普

查数据显示，我国老龄化程度更加严重，65 岁以上人口已达 8.87%，远远超过联合国定义的 7% 的人口老龄化标准。癌症的发病率随年龄增长呈上升趋势。

“人口老龄化是癌症发生率上升的重要原因。”中国医学科学院肿瘤医院副院长石远凯表示，我国老龄化状况将在未来相当长的时期内持续加重，这意味着癌症等慢性非传染性疾病发生率的持续上升势头难以遏制。

当前的癌情凶猛，无法仅仅用衰老来解释。事实上，人的健康反映了生活经历的总和，大部分癌症的发生是因为我们经历了什么——我们处于怎样的生活环境，有哪些生活习惯。这一点，在一些特定癌症上表现得尤为明显。

影响癌症的生活方式，不仅仅是吸烟，还有不良的饮食习惯。中国工程院院士、中国抗癌协会副理事长程书钧表示，我国居民膳食结构发生了明显的变化，城市和富裕农村中的超重和肥胖，已经成为严重的公共卫生问题。这也是导致结肠癌、直肠癌和乳腺癌等癌症发病率上升的重要原因之一。

焦点二：环境污染

肿瘤学家们的共识是：环境污染、不良生活方式、食品安全问题与现代社会生活造成的精神压力是癌症高发的主要原因。

大气、水、土壤等环境污染加剧，成为备受关注的癌症发病率上升的主要因素之一。不排除在某些严重污染地区，例如环淮河地区的“贡献率”大大提高。

中国医学科学院基础医学研究所教授、中国疾控中心原副主任杨功焕向记者展示了她经过 8 年调研的成果——《淮河流域水环境与消化道肿瘤死亡图集》，这张图展示了淮河流域癌症的真实一面。

图上标出了水质数据与肿瘤死亡数据比对，沿河区域与远离河流区域的数据比对等。“这个研究证实了污染和肿瘤的关系。”杨功焕不无忧虑地说，环境的问题不重视，贻害子孙。

环保部 2013 年印发《化学品环境风险防控“十二五”规划》，其中明确表示，因受有毒化学品污染，个别地区出现“癌症村”等严重的健康和社会问题。这被认为是承认存在“癌症村”现象的首次官方表态。

我国的肺癌稳居癌症死亡排行榜首位，因此当“十面霾伏”时，人们会将污浊的空气与肺癌等疾病联系起来。杨功焕表示，国际癌症中心研究署（IARC）已证实空气污染与肺癌的关系很大。有专家表示，我国将发达国家工业化进程上百年的环境问题压缩在数十年内，复合型的环境污染加上庞大的人口基数，对健康的影响更为明显。

记者走访了大量肿瘤防治专家、临床医生，他们认为，我国肺癌发病率还会上升。中国抗癌协会科普宣传部部长、北京宣武医院胸外科主任支修益介绍，长期大量吸烟（包括一手烟、二手烟和三手烟）是一个漫长滞后的致癌过程。

北京大学肿瘤医院院长季加孚说，空气中的 PM2.5 问题，是近些年才出现的。癌症的发展需要过程，因此，对于今天已经五六十岁的人来说，这种空气污染不会明显增加他们患肺癌的风险。但试想，一个 10 年前出生的人，从他小时候起，就长期呼吸这种高 PM2.5 的空气，今后得肺癌的概率肯定要大大提高。对此，季加孚很忧虑：“照目前这种环境污染的态势，中国的下一代将迎来癌症发病高峰。”

焦点三：家底不清，方向不明

“每年估计新发病人300多万，但是到底是多少，我们并不知道。”北京大学肿瘤医院副院长沈琳说，因为在很多基层和贫困地区连癌症诊断都成问题，我国癌症谱不同地区也不一样，高发病种也不一样。

沈琳的老师在20世纪70年代做过癌症流行病学调查，现在还在引用20世纪70年代的调查结果。

“现在生活水平发生翻天覆地的变化，癌症谱也发生很大改变。”沈琳说，“但实际上发生怎样的改变并不知道，稀里糊涂地治疗，稀里糊涂地研究政策，没有一个肿瘤防治的总体策略，没有整体规划，怎么进行防治？”

我国肿瘤防治当前的“糊涂账”让所有肿瘤防治人员苦恼。多位肿瘤防治专家疾呼，我国癌症综合防控“家底不清”，缺乏有效的综合防控措施。

中国医学科学院肿瘤医院副院长王明荣、全国肿瘤防治研究办公室研究员代敏等专家，用6个“缺乏”形容当前我国癌症防控的漏洞：缺乏以证据为支持的全国性癌症综合防控策略和措施，特别是缺乏预防措施；缺乏癌症负担及其危险因素的全面数据；缺乏癌症诊疗的全国性和区域性数据；缺乏癌症诊疗的标准化和规范化；缺乏国有知识产权的抗癌药物；缺乏相关立法和多部门协作抗癌的机制。

陈万青说，《2012年中国肿瘤登记年报》全国肿瘤登记中心收到全国104个肿瘤登记处2009年的肿瘤登记数据，然而只有72个登记处的数据通过审核入选报告。根据世界卫生组织国际癌症研究署2013年的数据录用通知，我国大陆只有12个肿瘤登记处的相关数据达到要求。这说明我国部分肿瘤登记点的数据质量不高。

“防控癌症，我们缺乏最基础的数据。”北京大学肿瘤医院党委书记朱军说。基础数据的不健全，不仅使一些相关的科学研究难以开展，甚至会影响国家有关癌症防治规划的科学性、针对性。

“就像打仗，如果不派出侦察兵，都不知道敌人在哪儿，你打哪儿呢？”北京市肿瘤防治办公室副主任王宁说，美国的登记覆盖率达到90%以上，生存率、死亡率都有详细的跟踪情况和数据库管理。

焦点四：缺乏统一规划，诊疗不规范

具有讽刺意味的是，由于癌症患者大量出现，各地肿瘤医院目前大多门诊量、住院量突飞猛进，但癌症预防工作却相当薄弱，人才队伍流失严重。国家癌症中心已经中央编制办公室和国家卫生计生委批准成立，但6年来，内设机构一直在筹建中，而且没有地方对应的机构支撑。

记者在一些省份调研发现，省一级的肿瘤防治办公室是卫生行政部门批准的，编制和人员都没有解决，多数挂靠在肿瘤医院，市、县两级，大多还没有成立相应机构。与此同时，基层肿瘤预防人员和经费非常匮乏。

“癌症的防控是综合性工作，必须很多部门合作，我国缺乏能够协调财政、卫生、环保、科技、民政等部门的统一癌症防控机构。”王明荣、代敏等专家还有一个担心，对于“十三五”规划的编制，在癌症防治方面，如何总结过去的工作，如何规划都悬而未决，更重要的是，如何落实规划。这些都将耽误未来癌症防控工作的实际开展，也让那些从事了半辈子肿瘤防控工作的专家对“癌症宣战”有些顾虑。

“我们各个省都有肿瘤医院，而医学院却没有肿瘤专业，不可思议。”沈琳说，国家卫生计生委现在有31个学科，仅口腔就有3个学科，竟然没有肿瘤学科。当前医院里的所谓肿瘤专科人员，很多都是从其他领域改

过来的，这也是造成患者被误诊漏诊，甚至治疗不规范的重要原因。

“全国到底有多少能够治疗肿瘤的医疗机构，多少肿瘤科的床位，没人完全说得清楚。”代敏说，肿瘤诊治机构、防癌体检机构均没有准入，谁都可以治疗肿瘤。技术没有准入，治疗标准各不相同。比如肿瘤治疗临床规范化，全国两次肿瘤防治规划都提到。

“现在治疗还是很混乱，指南也有，但是如果不按照这个指南走，也没有人受到约束。”陈万青说。

从基因组学到临床有多远？

2014 年的一天，中科院北京基因组研究所接到一个电话：一对出生 18 天的双胞胎被诊断为“混合谱系白血病”，一种多发于婴儿的恶性白血病。医生说化疗毒副作用大，婴儿根本受不了。家长情急之下转向研究所，寄希望于最新的科研进展能帮助幼小的生命。

家长的求助，源于 2014 年 2 月的一篇报道：该所研究员王前飞与医科院天津血液病医院联合主持的一项研究，从解析肿瘤基因组入手，发现了急性白血病的一个新抑癌基因，为研发白血病新的治疗方法提供了重要靶点。

基因突变是肿瘤发生的根本原因之一。如何在有 2 万多个基因的人类基因组中找到发病相关的改变，其难度不亚于大海捞针。“如果真的能根据我们找到的基因组改变，研发出有针对性的药物，疗效好毒副作用小，那婴儿可能就有救了。但一种新药的开发，绝不是三五年的事情。”在王前飞看来，肿瘤基因组学与临床很近，也很远。

王前飞本科学医，2002 年获约翰斯霍普金斯大学细胞和分子医学博士学位。在他读博士期间的 2001 年，人类基因测序完成。“当时很激动，原来生物学可以有这么大的视野。”博士后他便选择了基因组学研究。

白血病在我国恶性肿瘤中死亡率排第六，在青少年肿瘤患者中死亡率排第一。白血病以及其他的恶性肿瘤为什么难治？王前飞说，这是因为肿瘤多种多样还千变万化。不但每种肿瘤不一样，同类肿瘤病人之间也不一样，同一个病人的肿瘤细胞之间还有差异，所以用同一种方法治疗肿瘤效果不好。比如白血病作为一大类病，不仅分急慢性，急性中还分为多种不同类型。“我的希望是，找到所有白血病类型中不同的关键基因改变，以便寻找针对性的办法，也就是基于基因组学的个体化治疗。”

目前，世界范围内的肿瘤基因组研究已完成了对人类 20 多种常见肿瘤的全景式扫描。科学家们认为，由此而产生的海量数据中只有少量的改变能真正促进肿瘤的发生。但如何鉴别出这些关键性的遗传突变，又如何能利用这些发现来帮助病人，是癌症研究者面临的重大挑战。“最初是关心癌症基因组到底有什么样的改变，现在更关心怎么用基因组的发现来解决临床问题。”王前飞说。

王前飞和同事通过对白血病病人的全基因组测序，检测出大量基因的遗传突变。在半年多时间内，利用生物信息学分析和功能实验研究不断地缩小范围，最后确定了一个可能的关键基因。

“这个基因在多个病人中反复发生突变，就像一个人老在犯罪现场出现，值得高度怀疑。”王前飞解释说，“从功能上来说，这个基因的作用是专门对包含遗传信息的染色体进行化学修饰的。这些化学修饰不会引起遗传突变，但能决定遗传信息如何被解读以及什么时候被解读。”

染色体化学修饰的改变是否能直接引起肿瘤发生，一直缺乏足够的实验证据。“通过小鼠的白血病模型，我们证明特定染色体化学修饰的异常对某些类型白血病的发生发展有着至关重要的作用。从临床上来说，可以设计药物改善这些异常变化从而缓解疾病。”

目前，王前飞和同事们已经开始对新的白血病类型的基因组研究，并追踪基因突变在疾病进展中的演化规律，这是一个激动人心的长期性的工作。

“10多年前的激动是没有具体目标的憧憬，今天的激动有更多现实的希望，更强烈的真实感。虽然困难很大，但具体研究已有很多进展。”王前飞说，他开始思考，如何针对临床的难题，与医院和医药研发单位合作，让科研离病人更近一点，让科研成果更快地体现出它的临床价值。

据介绍，最经典的抗癌药是化疗药物，破坏DNA复制。但正常细胞和癌细胞都需要复制，化疗不分好坏地“炸毁城池”，副作用大。20世纪90年代开始有靶向药物，针对性强，相当于攻破一个“堡垒”。但肿瘤细胞非常狡猾，它会应对药物发生新的突变，从而使药物失效引起疾病的复发。

而王前飞和同事们研究的染色体化学修饰所代表的肿瘤发生机制，给癌症的治疗带来新的希望。这种机制既有普遍性，同时它又有肿瘤的特异性，“如果能针对这些异常化学修饰设计出相应的药物，它攻打破坏的就不只是单个的靶点，而是切断肿瘤细胞各个‘堡垒’所必需的重要物质”。

对此，王前飞充满信心：只要方法、方向、思路是对的，那就有希望。

“对癌‘宣战’不言而喻”
——九“问”北京大学肿瘤医院院长季加孚

“对癌‘宣战’不言而喻。”中国抗癌协会胃癌专业委员会主任委员、北京大学肿瘤医院院长季加孚从事消化道肿瘤外科和研究工作，对肿瘤防控工作有着深入的思考。

调研中，新华社记者设计了 36 个问题，专访这位权威专家。除面对面访谈外，季加孚还以 2 万字的篇幅对问题进行了书面回答。

“这是个将来确实会付出惨痛代价的社会问题”

【问】如何看待当今中国肿瘤防治的形势和特点？

【答】特点就是大城市呈现发达国家的癌谱，农村地区呈现发展中国家的癌谱，发病率是世界平均水平，但是死亡率高于世界平均水平。

相关部门没有重视“健康——慢病——肿瘤”的发展问题，没有意识到这是个将来确实会付出惨痛代价的社会问题。各地基层政府更多关心经济指标，以此衡量官员和地方发展的政绩，忽略的健康问题恰恰是民生的核心问题。

“开展癌症综合防控已迫在眉睫”

【问】全球每年新发癌症病人 1/4 在中国，而且仍持高发态势，这说明什么？

【答】这跟中国人口基数较大有关。若从发病率来看，全球范围内癌症发病率最高的地区为北美、欧洲、澳大利亚等，而中国癌症发病率大概处于世界平均水平。

中国癌症发病率呈高发态势，与人口老龄化有关，与我国近年来新的诊断技术应用有关。一些经济欠发达地区高发的“穷癌”，如胃癌、食管癌等，发病率有所下降；而随着乙肝疫苗的广泛应用，我国肝癌发病率基本持平；此外，肺癌、结直肠癌、乳腺癌、甲状腺癌、前列腺癌等肿瘤发病率持续增长，这与烟草的大量使用、居民膳食结构不合理、生活行为方式的改变、环境恶化以及临床检查技术的提高密切相关。开展癌症综合防控已迫在眉睫。

死亡率高的原因：早诊早治不到位

【问】我国人口癌症发病率接近世界水平，但死亡率高于世界平均水平，是什么原因?

【答】一是人种和癌谱等客观原因。欧美白种人最常见的是皮肤癌，99%的患者能治愈，我们常见的是肺癌、肝癌、消化道癌症这些生存率不到10%的癌症，与中国人吸烟、传染病和不良饮食习惯有关。二是早诊早治不到位。例如肺癌，北京市确诊的肺癌80%以上都是中晚期，预后很不好，而欧美早期能达到一半左右。

肿瘤监测体系有待完善

【问】一方面是中国癌症死亡率相对较高，一方面美国癌症死亡率、发病率先后开始持续下降，这一现象给我们怎样的启发?

【答】美国在1971年就制定了《国家癌症防治法案》，正式向癌症宣战，虽没有实现征服癌症的宏伟目标，但最终迎来了癌症发病率和死亡率的拐点。具体看来，美国建立了完善的肿瘤监测系统，明确了防控重点和方向，并在病因预防、早诊早治等各方面都采取了行之有效的措施。

我国虽也在不断加大癌症防控投入，但癌症发病率和死亡率在过去20年间仍持续攀升。原因何在？首先，我国的肿瘤监测体系有待完善，财政支持和队伍培训还需要加强；其次，我国在烟草控制、职业防护、健康宣教、疫苗使用等方面做得不够，造成相关危险因素在人群中并未得到有效控制；再次，我国临床发现的肿瘤患者，有相当大的比例已是中晚期，虽然近年来我们已加大了癌症筛查的投入，但由于筛查技术和手段的不成熟、覆盖面较小、未纳入基本公共卫生服务体系，使得我国早诊早治工作与美国等发达国家相比还有很大差距；最后，我国癌症的规范化诊疗方面尚有欠缺，影响了癌症治疗效果。

“将更多抗肿瘤药物纳入医保”

【问】癌症患者就医负担重，因为大量临床用药都是自费药，而且进口药居多，在减轻患者负担方面，您有什么建议?

【答】一是将更多抗肿瘤药物纳入医保，与患者共担药品费用；二是引导慈善机构进入肿瘤防治领域，开展慈善赠药、设立专项救助基金援助困难患者等活动，进一步减轻患者负担；三是加强国产药物研发，与进口药开展良性竞争，降低药品价格；四是推广防癌保险，鼓励群众购买，实现风险转移和分担；五是探索形成规范治疗，合理的治疗可以节省费用；六是进一步探索中西医结合治疗，通过综合治疗手段提高疗效，降低费用。

慢性感染：“需积极治疗”

【问】有专家说，我国癌症死亡中有 57.4% 是可预防和避免的，怎样实现?

【答】2012 年 9 月，中国医学科学院肿瘤医院肿瘤研究所乔友林等人在国际学术期刊《肿瘤学年鉴》上发表论文《中国癌症归因分析》指出，中国的总体癌症死亡中，57.4% 都是可避免的。从发病原因看，慢性感染是导致癌症发病和死亡的首要原因，占 29.4%；其次是主动和被动吸烟，占 22.61%；最后是食用蔬菜水果不足、饮酒、职业暴露与环境污染等各种因素。如果针对这些原因进行预防，可以大大降低肿瘤的发病率。

实际上，很多慢性感染与癌症的发病紧密相关，如慢性乙肝病毒、丙肝病毒、幽门螺旋杆菌、人乳头状瘤病毒、EB 病毒、结核杆菌感染等和肝癌、胃癌、宫颈癌、鼻咽癌等诸多癌症相关，需积极治疗。

对癌“宣战”不言而喻

【问】中国到了对癌“宣战”的时刻了吗？

【答】从 1971 年美国《国家癌症防治法案》吹响向癌症宣战的号角开始，经过 40 年战斗，美国癌症的发生率和死亡率开始下降。但癌症仍然是美国和世界导致死亡的主要疾病。而我国的形势更为严峻，从 2000 年开始，恶性肿瘤位列城市居民主要疾病死亡率首位，以 2012 年为例，恶性肿瘤的死亡率为 162.87/10 万，高于心脏病 129.19/10 万和脑血管病 125.15/10 万。因此，我国对癌“宣战”的必要性不言而喻。

癌症已被证实和基因有密切关系

【问】如何从基因层面防癌治癌？

【答】目前已经证实，许多癌症的发生是由于原癌基因的激活而过度表达或抑癌基因失活而使其表达受抑制所致。一方面，对于部分遗传性肿瘤疾病，基因检测有利于及早干预，避免相关肿瘤发生及进展；另一方面，目前已经发现许多基因和癌症的发生、发展有密切的关系，对突变基因的干预可以实现对患者的个体化治疗从而达到最大化治疗效果。但是相关治疗目前仍然处于研究阶段。

免疫治疗需进一步规范管理

【问】免疫疗法 2014 年被美国《科学》杂志评为年度科学突破之首，中国免疫疗法情况怎样？

【答】肿瘤的免疫治疗可以分为三种方式：免疫反应的非特异性激活，机体抗肿瘤免疫的主动强化和具有抗肿瘤活性免疫细胞的被动输注。

免疫疗法是转化医学的重要组成部分，但目前仍然缺乏诊疗规范及技术标准，尚不能替代规范的临床治疗方式。目前国内多地开展生物治疗中心、医院，在免疫治疗方面进行了有益探索，具有广阔的应用前景，但目前国内多数医院治疗条件并不充足，并不具有相应的自体免疫细胞制备室等必需设备。免疫治疗需进一步规范管理，进而造福更多患者。

首家质子重离子医院揭秘

患者自己躺上治疗床，大约一刻钟后治疗结束，整个过程没有异样感觉，之后也不会出现传统光子放疗后常见和严重的疼痛、黏膜皮肤反应……

2015 年，质子重离子这一代表当前国际先进水平和未来发展的尖端技术已经在我国开始运用，并于当年圆满完成了临床试验病例的治疗和随访，给无数被病痛阴影笼罩的肿瘤患者带来希望。

十年磨一剑

上海市质子重离子医院完成最后一例临床试验患者的随访，到

2015 年 5 月为止，没有一例出现和放射治疗直接相关的中度或以上的毒副作用。

质子和重离子技术是国际公认最先进、最尖端、最复杂的放疗技术，长期以来，只有德国、日本、美国等少数发达国家开展。从获悉质子重离子技术，到引进设备、建成医院、开展临床试验治疗，上海十年磨一剑。

2003 年 7 月，上海正式启动了项目前期调研，除了是引进质子还是重离子的技术路径分歧，还有投资成本高、运营成本高、治疗容量有限、回报周期长等客观困难。有关机构召开了近 30 次专家论证会，实地考察了 7 个国家的 17 个质子、重离子中心和科研机构，形成各类调研论证报告 16 份近 10 万字。

2009 年 2 月，上海召开专家咨询论证会，邀请高能物理方面的中科院院士、加速器和临床放疗专家充分讨论，与会专家就选择引进质子重离子系统设备达成一致意见。

2013 年，上海市质子重离子医院正式成立；年底项目基建完工，总建筑面积达 5.25 万平方米，满足了建筑沉降、微震动、电压稳定性和工艺冷却水等严格要求。

2014 年上半年，为期两年半的设备安装调试工作全部完成，攻克系列技术难题，在引进吸收的基础上注重创新，例如将呼吸门控技术结合笔形扫描技术运用于肝癌、肺癌等胸肺部、腹部肿瘤放疗，能有效克服人体呼吸移动给治疗定位带来的不利影响。

一流设备一流团队

上海市质子重离子医院是我国第一家、全球第三家同时拥有质子重离子放射治疗设备的医疗机构，一流的设备和一流的团队，确保“杀癌利剑”安全有效。

和传统光子放疗一进入人体就是能量高、毒副作用大不同，质子或碳离子在到达肿瘤病灶前，射线能量释放不多，但是到达病灶后，射线会瞬间释放大量能量，形成名为“布拉格峰”的能量释放轨迹，整个治疗过程好比是针对肿瘤的“立体定向爆破”。“能够对病灶进行强有力的照射，降低肿瘤活性、缩小肿块，同时又保护正常组织，使疗效最大化。”医院临床技术委员会主任蒋国梁教授介绍说。

医院的地下铺设着厚达3.7米的辐射防护墙，直径达21米的同步加速器源源不断地产生质子和重离子束流，加速到光速的70%后，分别进入4个治疗室。治疗室内，运用先进的笔形扫描技术，计算机将肿瘤模拟分层，再控制射线进行逐点、逐层扫描。机器臂自动将患者调整到位，确保无色的粒子束流精确击中靶区，可治疗人体内30厘米深度的肿瘤，是许多手术中器械无法操控运用的深度。

国际粒子肿瘤放射治疗协作委员会主席尤金（Eugen Hug）表示：“上海市质子重离子医院拥有世界一流的设备，不仅能为患者提供优质的治疗，也将为全球患者和学术界提供来自中国的宝贵经验。”

立体定向爆破肿瘤

2014年6月14日，经历了两年半时间的系统设备安装调试后，一位71岁的前列腺癌患者成为接受质子重离子临床试验的第一位病患。国家有关部门组织了全国工程、物理、放疗临床、放射外科及卫生统计学等方面的权威专家制订并通过临床试验方案，分为放射治疗、观察随访两个阶段。

30分钟的治疗中，病灶被精确定位，分割成每片仅数毫米厚的薄片，碳离子抵达病灶精准爆破，计算机显示每片肿瘤薄片接受扫描放射之后由白变绿，意味着 DNA 基本破坏，癌细胞被杀灭。这位陈老伯高兴地说：“十年磨一剑，我是幸运人。”

2014 年 8 月 22 日，突破了本次临床试验中难度最高的呼吸门控技术，首次成功应用该技术结合“笔形扫描”治疗了 2 例肺癌患者，治疗人次达 28 人次，创临床试验期间单日治疗数的最高纪录。

9 月 28 日，最后一例头颈部肿瘤患者完成质子射线治疗后顺利出院，意味着为期 3 个半月、全部 35 例临床试验病例的治疗工作已结束，其中头颈部 10 例，胸部如肺癌 4 例，腹盆腔部如肝癌、腹膜后肉瘤、前列腺癌 21 例；使用重离子射线治疗 22 例，质子射线治疗 13 例。质子重离子系统设备运行平稳，开机率达到 91%。

治疗结束前，患者们自发组织完成了 35 米长卷，上面书写着“我们是志愿者，我们更是幸运者”“悬壶济世心，妙手回春艺，往来奔波苦，治病救人功”……

在接下来的 3 个月时间，医院对患者们每月都开展严格随访，初步结果令人振奋。接受治疗的所有前列腺癌患者相关癌症指标都趋于正常或完全正常；脊索瘤患者头痛、眼睛睁开困难等症状消失或明显好转；1 位肝癌患者在治疗 1 个多月后肿块即明显缩小，且未出现肝功能损坏，自己开着助动车来到医院。

姚贝娜捐献眼角膜引发的调查

导言　让生命以另一种方式延续

听到歌手姚贝娜捐献眼角膜的消息，而且是姚晓明大夫做的手术，当时我在云南出差，第一时间就给有关同志打电话，建议启动调查，为中央提供决策参考。

我开始接触器官捐献，是2014年9月17日在斯里兰卡参加国家主席习近平夫人彭丽媛和斯里兰卡总统夫人共同出席“爱的回馈——中斯友好光明行”活动的报道，才知道这个仅有2000万人口的国度竟然是全世界最大的眼角膜捐赠国——从20世纪60年代至今，斯里兰卡国际眼库已捐出67000多枚角膜，涉及57个国家、140多个城市。

近些年来，斯里兰卡向中国捐赠千余枚眼角膜，使众多中国眼疾病人重获光明。而中国医疗小组通过这次“中斯友好光明行”活动，计划为斯里兰卡1000名白内障患者免费实施复明手术，负责这次光明行活动的，就是深圳的眼科医生姚晓明。

出差回到北京后，这件事始终还萦绕心头：中国器官捐献现状究竟如何？存在哪些问题？每年因终末期器官衰竭等待器官移植的患者究竟有多少？2015年起我国全面禁用死囚器官后，器官从何处来？

于是，组织记者赴京、沪、鄂、赣、粤等省市调查，走进中国人体器官捐献中心、中日友好医院等单位，试图解开器官捐献之谜。

移植器官来源紧缺，本身是世界性的难题。

“感恩回报，让等待之路不再漫长。”这是器官移植患者的呼唤。

“愿更多人知道器官移植的艰辛。”这是中国肺移植第一人陈静瑜大夫的“肺腑之言”。

“挑战世俗，把有用的器官留给需要的人，让生命结束得更有意义。只要这份工作还需要我，我就会一直干下去。”这是辽宁“劝捐”第一人、11年带动2000余名志愿者的保安杨东文的心愿……

数字，最能彰显器官捐献之惑：一方面，我国每年大约有150万名器官衰竭患者，有30万适合器官移植方式治疗，每年仅有1万多人能得到器官移植的救治。

另一方面，我国能做器官移植手术的医生只有几百人，具有器官移植资质的医院只有169家。

此外，到2015年4月，全国在册的器官捐献协调员仅547位，其中169位是红十字会专职协调员，其余为器官获取组织专业协调员。

专家们提出不少建议：加强对捐献者身后的困难家庭救助力度，打破传统观念的束缚，完善器官捐赠的法律体系和社会保障机制……

百万人口年捐献率5年增长60倍，但比例仍偏低

将去世者功能良好的器官或组织捐献给需要移植的患者，是帮助他们延续生命的重要方式。截至2015年4月的近5年里，我国百万人口年捐献人体器官率增长了60倍，年均器官移植数量仅次于美国，居世界第二，进展迅速，但从数据看，比例仍然偏低。

国家卫生计生委的消息显示，截至2015年3月1日，全国实现公民逝世后捐献案例3502例，捐献大器官9344个。移植患者的一年生存率和五年生存率等指标居国际领先水平。

统计数据显示，2014年，我国公民逝世后捐献案例1699例，捐献大器官4548个，每百万人口年捐献率由2010年的0.02%上升至2014年的1.2%，增长了60倍。

尽管如此，与其他国家一样，来源短缺仍是长期困扰我国人体器官移植工作发展的瓶颈。据估算，我国每年因终末期器官衰竭等待器官移植的患者约有30万人，而每年器官移植数量仅约1万例。

“我国的人体器官捐献，从数据来看，比例还很低，这是多方面原因造成的。”中国人体器官捐献中心业务部副部长高新谱介绍，一方面，我国捐献行为认知度还较低，另一方面，相关法律和制度体系需要逐步建立完善。

我国器官移植工作始于20世纪60年代。自2007年颁布实施《人体器官移植条例》以来，我国逐步建立了人体器官捐献体系、人体器官获取和分配体系、人体器官移植临床服务体系、人体器官移植术后登记体系和人体器官移植监管体系。

2010年3月，国家卫计委与中国红十字会总会共同启动了公民逝世后

器官捐献试点工作，并于2013年2月在全国范围内推开。2014年3月，中国人体器官捐献与移植委员会正式成立，从国家层面对器官捐献与移植体系进行顶层设计，陆续出台了一系列推动公民逝世后捐献的政策措施。

目前，公民带着身份证，到中国人体器官捐献中心或者所在地的省级人体器官捐献管理中心或人体器官捐献办公室填写志愿登记书，就可以成为器官捐献的志愿者，这张登记表具有法律效力。志愿者拥有唯一编号，可供以后捐献时查询。

为保障器官科学公平公正分配，我国于2013年9月1日正式启用中国人体器官分配与共享计算机系统。器官分配系统严格遵循器官分配政策，以技术手段最大限度排除和监控人为干预，以患者病情紧急度和供受者匹配程度等国际公认的客观医学指标对患者进行排序，实现自动化的器官匹配。

世界卫生组织认为，这个系统摒除了人为干预，是确保器官捐献移植透明、公正和可溯源的根本措施，也为增强公众对器官捐献的信任奠定了基础。

器官捐献之惑

2015年以来，从歌手姚贝娜捐献眼角膜，到清明节四川男子脑死亡捐献器官至少救活7人，器官捐献一直是人们关注的热点话题。中国器官捐献现状究竟如何？存在哪些问题？新华社记者赴京、沪、鄂、赣、粤等省市调查，试图解开器官捐献之惑。

能做移植手术的医院都有人排队等器官

捐献人体器官，被誉为“献上生命的礼物”。如此“贵重礼物”挽救他人生命，成就的感人故事不少。然而，仍有很多患者在苦苦等待中去世。武汉大学中南医院移植中心曾有 2 名病人，因等不到合适的肝源离世。

我国是世界第二器官移植大国，但公民自愿捐献器官率较低。2015 年起，我国全面禁用死囚器官。北京、江苏、湖北、上海等地从事器官移植的医学专家认为，器官来源原本就很紧张，现在就更加紧张了。

禁用死囚器官，是法治中国的应有之义。中国器官捐献与移植委员会主任委员黄洁夫说，过去“由地方司法部门与移植医院获取死囚器官”的方式是不透明的。

然而，等待器官救命的患者的痛苦、绝望又让人刻骨铭心。记者在北京、上海、江苏、湖北等地大医院采访了解到，凡是有资格做器官移植手术的医院，几乎都有人在排队等待器官救命。遗憾的是，有部分患者在等待中离开了这个世界。

“我们病房内几十个病人仍在苦苦等待合适肺源。”中华器官移植学会委员、无锡市肺移植中心主任陈静瑜 2014 年底发的这条微博引起广泛关注。

国内较早开展肺移植的中日友好医院，“已经 4 年没做过肺移植手术了，就是找不到供体”。中日友好医院大外科及胸外科主任刘德若说。

作为器官移植的专家，刘德若、陈静瑜等太了解器官稀缺带给病人的痛苦了。“由于供体太少，一个受体从决定可以接受肺移植开始，通常需要等待 1.5 年至 3 年时间才能如愿，很多患者就在等待中死亡。”陈静瑜说。

30 万名适移者仅 1 万多名获移植

我国器官捐献事业，除了规范禁用死囚器官外，依然有很长的路要走。

当前较流行的说法是：我国每年大约有 150 万名器官衰竭患者，有 30 万名适合器官移植方式治疗，每年仅有 1 万多人能得到器官移植的救治。

黄洁夫对此有不同看法：“无法进行移植不都是因为缺少供体，有很大一部分病人因经济原因放弃手术。还有一个现实原因是，我国能做器官移植手术的医生只有几百人，具有器官移植资质的医院只有 169 家。”

不过，记者在医疗机构采访时，众多从事器官移植的医务人员认为，在医患矛盾突出、官办慈善机构又陷入信任泥沼的当下，器官捐献事业发展举步维艰。在“身体发肤，受之父母”的传统观念影响下，捐献者义举得不到应有肯定。

江西省大余县一位农民捐献罹患肾衰竭去世的 3 岁儿子眼角膜，事后许多村民指责他“拿儿子的身体卖钱”。“免费捐器官，换个器官却要花几十万”等，人们的这些认识，与对器官捐献政策不了解和器官分配不够透明、公开有关。

中国器官捐献与移植委员会 2012 年在武汉和广州进行民意调查，40% 以上的人表示不确定是否会捐器官。“他们不知道这个器官捐献是不是公平公正的。”黄洁夫说，这可能是原因之一。

黄洁夫说，我国自开始自愿捐献器官以来，至 2015 年 1 月 31 日，全国实现公民逝世后捐献案例 3326 例，仅 2014 年实现近 1700 例，超过之前历年总和。“这表明器官移植依赖死囚的局面已经打破。”

“器官捐献率低，落后的不是传统观念，是行政管理的体制，把管理体制搞好，公民捐献意愿就会提高。”黄洁夫说，“公开、透明、可溯源的器官分配体系至关重要。”

当前，我国研发并启用了人体器官分配与共享计算机系统，以患者病情紧急度和供受者匹配程度等国际公认的客观医学指标对患者进行排序，用技术手段最大限度排除和监控人为干预。公众的期待是，让这些措施能够实实在在地执行下去。

签了捐献协议，医院会不会不积极救治

如何认定患者死亡，是影响器官捐献的关键问题之一。患者依然担心，“会不会我签署了捐献器官的协议后，医院就不会积极救治我了”。

黄洁夫说，结合我国传统文化，我国器官捐献工作以心死亡为法律依据，制定了中国器官捐献死亡判断 3 类标准：脑死亡、心死亡、心脑双死亡。此标准由神经科与重症监护医生等经过严格训练后判定。

从事器官移植的医学界专家指出，“心死亡”“脑死亡”和“心脑双死亡”三者并存，但在实际操作过程中，由于三者之间的界限比较模糊，很容易产生法律纠纷。

参与过多次器官移植手术的南昌大学第一附属医院普外科一位专家表示，假如死者家属质疑医生因摘取器官而抢救不力，医生将百口莫辩。

多位器官移植专家共同建议，国家层面虽然出台了死亡认定技术规范，但希望建立严格的第三方评估机制，从制度上明确捐献者、医务人员和受捐者各自的责任和义务，以避免不必要的纠纷。

制度设计面临的几个问题

当医生发现一个潜在器官捐献者时，他应第一时间通知医院指定的红

十字会专职协调员。红十字会专职协调员负责与家属沟通、抚慰，处理法律方面问题，器官获取组织专业协调员则负责与医生沟通，进行医疗专业评估。

截至 2015 年 4 月 9 日，全国在册的器官捐献协调员仅 547 位，其中 169 位是红十字会专职协调员，其余为器官获取组织专业协调员。“相比于我国的器官捐献发展趋势和需求，这个数量远远不够。”中国人体器官捐献中心业务部副部长高新谱说，在禁用死囚器官，完全依靠公民自愿捐献器官的当下，这一问题显得更为突出。

2015 年我国对捐献者的身后事尚无配套优惠措施。记者采访时，有人表示，一个人捐献了自己的器官，救了另外一条甚至数条生命，在他的身后事上，比如火化、殡葬费等方面却得不到任何抚恤，会令捐献者寒心。

再就是医疗费用问题。2014 年，中国人体器官捐献中心处理的捐献案例 1699 个，挽救了 3400 多人。“这些捐献者往往面临大量的医疗债务，1200 多人需要这方面的救助。2014 年国家大约拨付了 84 万元，远远不够。”高新谱说。

针对上述问题，高新谱说，我国对 660 名协调员进行培训，通过了资格认定考试。

黄洁夫等专家特别指出，对捐献者身后的困难家庭给予救助，绝不等于器官“买卖”或“交易”。要明确捐献者家庭申请救助的程序，掌握适宜的救助标准，既要确保捐献人和法定受益人的基本权益，又不能让器官捐献“自愿无偿”的原则被扭曲。

一些器官捐献者的家属表示，希望对人体器官捐献者困难家庭进行人道抚恤或困难救助，并协同为捐献者家属提供缅怀亲人的场所，建立纪念墓地、纪念林、纪念碑或纪念网站，缅怀和纪念器官捐献者。

器官移植是治疗各类终末期器官衰竭的有效手段，被誉为“医学皇冠上的明珠”。1960年，我国进行了首例临床肾移植。对捐出器官的人来说，无疑是给患者献上了“生命的礼物”。

湖南岳阳一位器官捐献者的妻子说：“丈夫因车祸死亡后，我选择将他的肾脏等器官捐献出来，挽救他人的生命，也让丈夫的生命以另一种方式得以延续。”

“希望有更多的人加入器官捐献队伍中，让更多患者受益。”陈静瑜说。

感恩回报，让等待之路不再漫长

2015年1月底，等待6年之后，26岁的湖南女孩李丽（化名）终于移植了来自姚贝娜的部分角膜，可以再次看清这个世界。而此前，李丽因为患有先天性角膜皮样瘤影响了视力和外观。

相比李丽，30多岁的湖北农民工小邓却没有这么幸运。小邓的左眼被啤酒瓶碎屑划伤，苦等一年多也没有等到合适的角膜。为了避免更大范围的感染，小邓摘除了左眼装上义眼，出于这个原因，他找工作也受到很大影响。

湖北、上海、辽宁等地多位接受或等待器官移植的患者告诉记者，等待生命礼物的道路实在太漫长，希望也很渺茫，如果他们有机会等到被捐献的器官，他们也一定会以同样的举动回报社会。

袁守汉：我还这么年轻，要让人生有价值

2014年8月，38岁的湖北人袁守汉被确诊为脑肿瘤，在武汉做完手

术后 3 个月就复发，并导致双目几乎失明。2015 年 1 月初，他来到上海希望能够为自己寻求一线生机，但因为手术难度太大，医生迟迟没有通知他准备手术的时间。

在等待手术时，袁守汉就表达了器官捐献的意愿。他告诉记者，以前死守着传统观念，认为“身体发肤，受之父母”，无论生还是死，都要完整。“现在想想我还这么年轻，除了脑子，其他地方都好好的，白白浪费太可惜了。”袁守汉说。

1 月中旬，医院采取全新手术方式，不开颅从袁守汉的鼻子里进去微创切除了肿瘤和瘢痕。手术成功后，为了表明自己的决心，袁守汉正式签署了一份器官捐献的志愿书，承诺无论自己以后遇到何种情况导致生命无法延续，都会无偿捐献自己的器官。

袁守汉坦言，最初自己签订捐献书确实是因为对病情悲观失望，打算彻底放弃的无奈之举。“住院期间，我从电视、互联网里了解到器官捐献，也大概知道是咋回事，这次我签捐献书，是真的下定了决心，人要回报社会，人生才有价值，我感觉自己的决定没有错。”

小孟：因为感恩才要回报

14 岁那年，老家在辽宁的小孟右眼受了外伤，因为当时视力没有受到影响，小孟一直没有去医院就诊。这几年，在大连打工的小孟发现自己右眼角膜上长了一个白斑，视力也越来越模糊，5 米之外的人和东西基本看不清。

2014 年 10 月，眼看着右眼视力越来越差，小孟拿着打工的全部积蓄来到辽宁沈阳市何氏眼科看病，医生诊断需要移植眼角膜。

小孟说，自己还算比较幸运的，只等了 3 个多月，就等到了可供移植的角膜。“但这 3 个多月里的每天都很煎熬，因为不知道什么时候能得到角膜。不知道拖的时间一长，会不会加重病情。”眼睛还蒙着纱布的小孟告诉记者，自己每隔一两天就要打电话到医院去问一下。“现在角膜来源少，愿意捐献的志愿者也很少，我在医院看到一些患者等不到合适的角膜，就到北京等大城市去求医了。”

如今，做完眼角膜移植手术的小孟右眼视力逐渐恢复，他说，虽然不知道捐献给自己角膜的是谁，自己也没有办法向他的家人表示感谢，但他决定等出院后就去签下角膜捐献志愿书，希望以后能够帮助到其他人。

患者等待之路有望不再漫长

2014 年，湖北武汉 7 岁男孩陈孝天，在罹患恶性肿瘤无法治愈后，将自己的肾脏移植给患尿毒症的妈妈周璐。发生在亲属之间的器官移植，绝大部分是长辈救晚辈。像小孝天这样去世后将器官捐出来救长辈的，这在湖北省是第一例。

懂事的小孝天在病床上说：“妈妈病了，我想救她！”小孝天的器官还救活了另外两位成年人，他的离开，给三个人带来了新生。

然而，还有更多的患者仍在苦苦等待这份来自生命的礼物。武汉大学中南医院移植中心曾在一段时间内收治了 8 名肝衰竭的病人，其中 2 人就因等不到合适的肝源抱憾离世。

中国器官移植获取联盟执行主席、中南医院器官移植中心主任叶启发教授介绍说，移植器官来源紧缺，本身是世界性的难题。在湖北，每年等待器官移植的患者有 4 万人，根据这一需求，湖北器官来源远远不够。

从 2015 年 1 月 1 日起，中国停止死囚器官使用，器官移植全部使用公民器官捐献。叶启发说，与此同时，中国人体器官分配与共享系统将逐渐发挥作用，这有利于加快器官捐献的公益化进程。

来自湖北省人体器官捐献管理中心的数据：2014 年完成捐献 184 人。历年累计 317 人。其中，2010 年实现捐献 2 人，2011 年 8 人，2012 年 26 人，2013 年 97 人，2014 年一年比前 4 年捐献的总和还要多。

专家分析，从近几年的趋势看，死囚来源的器官已不占主流，其退出对器官来源也没有决定性影响。

“道路曲折，前途光明。”尽管时常目睹病人憾别人世，但叶启发坚信，器官捐献往后会越来越普及，更多病人会因此受益。他认为，全国公民自愿捐献器官的工作已经全面铺开，已带来明显而持续的增长。

中国肺移植第一人陈静瑜的“肺腑之言”

2014 年我国共完成 147 例肺移植手术，其中无锡市人民医院的陈静瑜团队完成 104 例，陈静瑜成为当之无愧的中国肺移植第一人。

2015 年，52 岁的陈静瑜是无锡市人民医院副院长、无锡市肺移植中心主任、中华器官移植学会委员，长期从事普胸外科临床工作，近年来开始从事肺移植的基础及临床研究。

中国肺移植第一人

在欧美国家，肺移植已经相当成熟，截至 2013 年底，全球已完成 4.7 万多例肺移植手术，所有肺移植病人的中位生存期为 5.7 年。尽管我国的肺移植起步并不算晚，却历尽艰辛。

据陈静瑜介绍，1994 年 1 月至 1998 年 1 月我国只做了近 20 例肺移植手术，仅有2例肺移植病人术后长期生存，余下病人均在术后短期内死亡，以后肺移植工作在我国停滞了近5年时间。

2002年9月，陈静瑜为首的无锡市肺移植中心成功完成了国内第一例单肺移植治疗肺气肿，使得停滞5年的临床肺移植工作再次燃起生机，再次启动了我国的临床肺移植。然而，至2014年底全国肺移植总数仅523例，其中2002年至2014年无锡市人民医院就完成肺移植343例。

目前，无锡市人民医院的肺移植受者1年、3年、5年存活率分别达到了78%、61%和48%，已达国际先进水平。2012年在布拉格召开的全球心肺移植年会上，陈静瑜团队介绍了中国心脑死亡捐献的肺移植临床经验，得到了国际心肺移植界的高度认可，推动我国心肺移植融入国际大家庭。

肺移植手术处境仍显尴尬

但是，与每年动辄数千例的肝脏、肾脏移植手术相比，2014年全国肺移植手术仍只有区区147例，足见肺移植的尴尬处境。“同样的延续生命，一个逝者的肝、肾能被利用，大量的肺源却被浪费了。”陈静瑜不无惋惜地说，“当然，这与肺源质量有关系，更与肺移植的知晓率有很大关系。”

正是因为肺移植较少为大众所知，很多次的手术都成为媒体关注的焦点，也屡屡报道各种“爱心接力”的感人故事，有的“爱心接力”就显得惊心动魄：

“1月31日晚，我们获知桂林有人捐献器官，2月1日早上6点，我们的医生从无锡开车赶往南京禄口机场，坐9点30分的飞机。12点左右，医生到现场看供体是否可用，15时30分开始取肺，然后赶17点30分桂林飞浦东的飞机。20点左右，肺源抵达浦东机场，22点送达无锡医院。肺从供体取出后，必须 5 小时内抵达手术现场才能确保有效，你知道我多着急？”

为确保肺源能准时送达手术现场，陈静瑜团队不得已再次动用网络力量。赴桂林取器官的胸外科医生刘峰在微博上说：今天上午桂林有一位脑死亡患者爱心捐献，我急赶桂林，拟下午取下捐献器官乘坐上航 FM9379，17 ：30 的航班赶回浦东再回到无锡市人民医院进行肺移植手术，各个环节是环环相扣的，希望一切能顺利，将那位捐献者的大爱传递到无锡的病人身上。

“微博求助千里送肺源”被一些人质疑为“道德绑架”，陈静瑜说这只是“无奈之举”。“当然，我不会拿患者的生命开玩笑，我们是卡着航班的时间点来给患者做术前准备的。如果没有航空公司的配合，我宁愿停掉这台手术。”手术成功后，陈静瑜通过微博，向东方航空公司表示感谢。

不遗余力鼓与呼

文质彬彬的陈静瑜从小就喜欢篆刻，篆刻也成了他现在的主要业余爱好，也经常在微信或微博上展示他的新作品。他认为，篆刻的刀法与手术刀法有异曲同工之妙，练的都是手法，追求的都是完美。

追求完美，并没有妨碍他在微博中的“重口味”之举。陈静瑜的微博名叫“陈静瑜肺腑之言”，本意是说说“肺病医生的真心话”，却经常把手术台上切下的病变肺“晒”到微博上，令人目不忍睹。

他解释说，开微博除了和病人、网友交流，传递一些正能量外，更重要的是做好科普宣传。“很多人只知道肾脏、肝脏可以移植，还不知道肺也可以移植，直到肺部疾病恶化到晚期才来求救。所以尽管目前肺移植技术已很成熟，但社会对这一技术却不太了解。”

陈静瑜说，当前国内的肺移植医疗团队也严重缺乏，很多省份的“第一例”肺移植手术，都是通过陈静瑜的团队完成的，团队走了，当地就很难再开展相关手术。其他地方有了肺源后，首先想到的还是找无锡的陈静瑜，辗转数千里后才能获得“新生命”。

“当务之急，是为肺源的运送开通绿色通道，不浪费任何一个可用肺源。”作为全国人大代表的陈静瑜，在 2015 年的全国“两会”上再次呼吁，“尤其是飞机转运要开通绿色通道，才能使器官及时转运到相关医院。”

辽宁“劝捐第一人”杨东文：十几年带动 2000 余名志愿者

“年满 18 周岁，没有法定传染病，家属同意的情况下，就可以就近到户口所在地的红十字会去登记，成为器官捐献志愿者。如果你在沈阳，我们也可以上门登记……”采访过程中，杨东文的电话响起，他耐心地向咨询者介绍器官捐献的条件和报名方式。

初中学历，职业是一名保安，在器官捐献这个对很多人而言稍显陌生甚至有所抵触的领域，45 岁的杨东文已经坚守了十几年。

与红十字会结缘始于 2001 年，辽宁红十字会号召市民加入中国造血干细胞捐献者资料库，杨东文所在的中老年自行车队就申报成立了“红十字会自行车宣传队”，在骑行健身的同时，宣传捐髓救人知识。2004 年，了解到器官捐献缺口，杨东文发起成立了辽宁省自愿捐献遗体器官志愿者俱乐部，成为国内最早宣传捐遗的志愿者俱乐部。

工作初期，他数不清遭受过多少冷嘲热讽、白眼甚至辱骂，有在病床前家属坚决反对，最终反悔的；有根据捐献者电话上门登记却吃到闭门羹的；还有人在 QQ、微博上进行辱骂……但杨东文从未放弃，他坚信自己工作的意义。为了不错失任何一个电话，他 24 小时开机；在家里、单位和红十字会，他准备了 3 个背包，里面有各种材料、表格，以便接到捐献者电话可以随时出发……

“像他一样选择帮助别人，让生命延续，我们每个人都应该向他致以崇高的敬意。”2014 年 5 月，义工吴绍新的捐赠遗体告别仪式上，杨东文说。每当有捐献者去世后，他都尽可能在第一时间赶到医院，帮逝者擦身、穿衣，主持葬礼，这不仅是对逝者的尊重，也是对生者的慰藉。

他积极帮捐献者申请政策，促成了辽宁省第一座人体器官捐献纪念广场建设，以及沈阳市《关于免除人体器官捐献者部分殡葬服务费》文件的出台。

志愿服务十几年，杨东文坦言最对不起家人。他节假日大多在外面做宣传，一年陪妻子逛不上一回街。他收入微薄，却为志愿服务前后花费 3 万余元，一家三口至今还住在房龄 30 多年的不到 40 平方米的房子里。

在杨东文和省红十字会的共同努力下，2015 年辽宁报名参加人体器官捐献的志愿者人数已经超过 2000 人，实现捐献遗体 300 多人，有 60 多人因角膜移植手术而重获光明，40 余人因器官移植获得新生。

让杨东文欣慰的是，越来越多的人开始关注器官捐献。“当代雷锋”郭明义及多名辽宁省、市道德模范也加入志愿者队伍，以他们的感召力影响着更多人。

“挑战世俗，把有用的器官留给需要的人，让生命结束得更有意义。只要这份工作还需要我，我就会一直干下去。”杨东文说。

别让器官捐献“卡”在细节上

我国每年约30万人适合器官移植治疗，2014年仅1万多人得到救治；我国是世界第二器官移植大国，却是器官自愿捐献率较低的国家之一。除了传统伦理的束缚、法律制度不健全以外，要提高器官捐献率，还要将捐献流程中暴露出的“小问题”解决好，希望相关部门拿出更合理的解决办法，别让救命的器官“卡”在细节上。

首先，要改善公众“不知如何入门”的细节问题。捐献器官，首先得明白流程，但现在即使是有些医生，也不知道该到哪里办器官捐献手续。破解捐献率低的窘境，入脑入心的宣传是一方面，更应该为可能的器官捐献者提供便捷的路径，这样才可能最大限度地争取潜在捐献者。

其次，器官捐献涉及环节多、部门多，它们之间配合的细节问题也影响着器官捐献行为。比如，按照现行交通事故处理条例，交通部门处理交通事故往往要清场，抢救伤员送往医院，等发现没有救治希望了，即使伤员是捐献器官的志愿者，这时候他的器官早就过了移植的黄金时间。解决好这一细节问题，可考虑让交通管理人员和急救人员同时到车祸现场，急救医生发现伤者没有救治希望，且志愿捐献器官，应第一时间通知相关方，避免“器官浪费”。

还有，要处理好关于费用的细节问题。捐献器官是免费的，但有一种特殊情况，就是捐献者脑死亡后，有时候需要让器官在体内运行一段时间，让受者做好准备。这一阶段的用药非常昂贵，费用该由谁负担呢？这种细节问题考虑不到位，最终会影响捐献者或家属的决定。应该制定适宜的救助标准，既要确保捐献者一方的基本权益，又不能让器官捐献“自愿无偿”的原则被扭曲。

我国器官捐献率低，不仅有传统文化方面的问题，也在于行政管理体制没搞好，服务细节没做到位。不过，器官捐献在我国开展时间不长，出现一些问题在所难免。只要及时发现问题，堵住这些看似是细节的漏洞，公众参与器官捐赠的积极性势必会有所提升，由器官资源稀缺导致的各种问题也将得到缓解。

2000 多万人口小国成为“世界之眼”的启示

印度洋上，一个仅有 2000 多万人口的国度竟然是全世界最大的眼角膜捐赠国——从 20 世纪 60 年代至今 2015 年，斯里兰卡国际眼库已捐出 67000 多枚角膜，涉及 57 个国家、140 多个城市。

从当年只能等待每年数例死刑犯人的眼角膜，到成为“世界的眼睛”，有何奥秘？新华社记者探秘斯里兰卡国际眼库。

“最多的时候一天接到过 50 枚眼角膜”

在斯里兰卡首都科伦坡 7 区，耸立着一座金色人像——这是著名的斯里兰卡眼角膜之父哈德逊 · 席尔瓦博士。塑像身后，便是驰名世界的斯里兰卡国际眼库大楼。

“按照计划，明天夜间航班会有 20 枚眼角膜空运到中国厦门眼科中心，现在我们有了 8 枚，预计今晚到明天早上会陆续收到 10 多枚。”在位于眼库大楼三层一侧的实验室内，贾纳特指着处理完毕冷藏封存的 8 枚眼角膜说。储存眼角膜的冰箱一侧挂着一面小小的锦旗，表明冰箱是由中国成都爱迪眼科所赠。

20 枚，仅仅是一个保守估算后得出的数字，贾纳特非常轻松地表示，根据经验，角膜来源和数量无须担心，“几乎每天都有新增的角膜送来，每天 20 枚是比较合理的数量，多了就不好处置。最多的时候一天接到过 50 枚眼角膜”。

“希望能为中国提供更多角膜”

不远处的无菌操作台前，工作人员正在对眼角膜进行专业处理：将角膜从球体上摘离，切成指甲片大小后，放进装满药水的小玻璃瓶内。

“这是两种不同的药水，一种是本地药，角膜最多只能保存 5 天，另一种是进口药，非常昂贵，但能保存 14 天。”贾纳特介绍，根据运送地的远近和航班安排，他们决定选取哪种药水。

“我们唯一的担心仍然是不够快，目前的航运网络基本能够保证角膜离开人体后 24 小时内到达目的地。要知道，尽管斯里兰卡向世界提供大量角膜，但与需求量比起来依然不够多。”贾纳特表示，目前在中国一枚眼角膜会用于救治两例病人，“为了病人更好地康复，我们希望能为中国提供更多角膜，希望尽快实现一比一使用。”

贾纳特的表态背后，是本国眼角膜捐献在数量上的充足性——在斯里兰卡这个只有 2000 多万人口的国家，已在无偿捐赠角膜志愿书上签上名字的人就有百万人之巨。

“每一任总统都捐献了眼角膜”

20 世纪 60 年代，斯里兰卡的眼角膜捐献还处于空白，唯一的眼角膜来源是每年数例的死刑囚犯。

50多年前，身为医学博士的席尔瓦投身斯里兰卡眼角膜捐赠事业——在目睹收治的不少眼疾病人因缺少眼角膜而导致失明后，席尔瓦博士怀着沉痛的心情写下那篇著名的《人死眼犹生》，这篇文章被后人普遍视为点燃斯里兰卡眼角膜捐献热情的一簇火苗。

“席尔瓦家里的冰箱除了食物以外还得保存角膜，斯里兰卡赠往国外的第一枚眼角膜也是席尔瓦亲自乘船运送到新加坡。”贾纳特说，1985年，在国际友人资助下，眼前这座眼库大楼才得以建成，这里成为斯里兰卡与外界保持最广泛接触的机构之一。

也不是没有遇到过障碍，最初一两年里，取角膜时遭遇家属敌意是常有的情况。1963年后，每个月从几枚增加到几十枚甚至几百枚，直到今天的全民善行。在贾纳特看来，宗教信仰是决定斯里兰卡成为“世界之眼”的先决因素：“席尔瓦的呼吁，遇到斯里兰卡宗教中的‘布施’概念，使得眼角膜捐献得以迅速推动。”

但他也坦陈，斯里兰卡眼角膜捐献能有今天的局面，还得益于有席尔瓦博士等一批人几十年如一日的努力推进，在巧妙结合宗教思想的同时，号召宗教界、政界、文化界人士进行带动性捐赠，全国密集而强大的采集网络则同期进行，终于在今天形成全民捐献的盛景。

“斯里兰卡每一任总统都捐献了眼角膜。西里塞纳和夫人数年前签署了捐赠书，前总统拉贾帕克萨还担任部长时就和夫人决定捐赠了。”

角膜捐赠网络由一个个骑在摩托车上的乡村医生构成

在贾纳特看来，除了宗教信仰这一先决要素无法复制外，在世界其他范围内推行角膜捐赠，应该做好“长期准备”，加强呼吁，从意识上破除障碍，建立强大的采集网络系统，并且从制度上形成规范。

在斯里兰卡 6.5 万平方公里的国土上，分布着 450 多个联络处，几乎每个乡村医生都在国际眼库受到过专业培训，确保在逝者去世后珍贵的 4 个小时内完成意愿询问、捐赠签署、球体摘取并第一时间送达眼库。

为保证角膜捐赠效率，每一个联络处的医生都有一辆坐骑——斯里兰卡庞大的角膜捐赠网络，正是由一个又一个骑在摩托车上的乡村医生构成。

“静待”中国进步

中国驻斯里兰卡大使夫人丁玥在斯里兰卡多年，深入了解了斯里兰卡角膜捐赠情况，2014 年 9 月曾全程推动“中斯友好光明行活动”。

“斯里兰卡眼角膜捐赠最大的原因在于其宗教信仰，这是任何一个国家都比不了的优势。”她认为，某种程度上，斯里兰卡的角膜捐赠的确有着其不可复制性。

“中国人本质上乐善好施，但历史文化决定了在推行角膜捐献上，中国有很长的路要走。”在丁玥看来，斯里兰卡用了近 50 年来推动角膜捐献，中国应该对此有充分的思想准备。

丁玥同时认为，随着中国社会的进步，中国角膜捐献会在未来数年内看到显著推动。“我们静待新一代年轻人的成长，静待民族素质、教育程度提高与思想的解放。这些实现了，中国的角膜捐献甚至器官捐献也就值得期待了。”

让生命走得更远

这是生命另一种方式的延续，是人生另一种价值的体现，更是逝者用爱为生者留下的一份特殊礼物。清明节期间，全国多地发起对器官捐献者的追思。这些特殊的贡献者，值得人们感恩和铭记。

四川宜宾一名男子遇车祸脑死亡，家人决定捐献其所有有用器官，至少帮助 7 人获得重生；湖南一名 90 后捐献的器官挽救了 4 位患者的生命，帮助 2 位患者重见光明；安徽合肥一名“换心人”重获健康后热衷于公益，自己也签下了捐献器官志愿书……一个个有关器官捐献的故事，凝聚着逝者对生者的深深祝福；而生者对逝者的浓浓感恩使生命的价值更加彰显，也因此而倍加动人。

然而，“入土为安”“身体发肤，受之父母”等传统观念，仍使器官捐献未被普遍接受；器官捐献的法律法规尚不完善，活动缺乏有效保障。凡此种种，使得中国的器官捐献率一直处于世界较低水平。随着我国器官移植完全来自公民自愿捐献，如不在全社会大力倡导和推进器官捐献，本就不足的器官捐献将更加稀少。

数据显示，中国每年有数十万名患者需要器官移植，许多患者等不到器官捐献就失去了生命。这些患者明明可以救治，却因器官来源不足而错失希望。打破传统观念的束缚，完善器官捐赠的法律体系和社会保障机制，必将使更多患者重获新生。

生命的价值不应体现在逝去之后是否风光大葬，而应体现于能否为他人提供帮助，能否为社会作出贡献。期待更多人参与到这场爱与生命的接力中来，让患者不再错失生存下去的机会，让更多人重获新生，让更多家庭获得圆满，这才是器官捐献的意义所在。

中医药究竟处于黄金发展期还是低谷期?

导言　中医药要重新站起来

“中医药究竟处于黄金时期还是低谷期？”

一个复方专利中药循证医学的发布会上，我抛出困惑。

没想到，西医们争相回答：处于黄金期！为什么？因为经过循证医学研究的复方中药在国际上发表论文，人家不再问组分了！

这是2015年实施中医药调研过程中真实的一幕。

健康中国，是小康中国的重要组成部分。而健康中国，当然离不开中医药。

“道法自然，天人合一”“阴阳平衡，调和致中”“三因制宜，辨证论治”“固本培元，壮筋续骨”……中医药是中华优秀传统文化的重要组成部分和典型代表，从宏观、系统、整体角度揭示人的健康和疾病的发生发展规律，体现了中华民族的认知方式，深深地融入民众的生产生活实践中，形成了独具特色的健康文化和实践，成为人们治病祛疾、强身健体、延年益寿的重要手段，维护着民众健康。

党的十八大以来，党和政府把发展中医药摆上更加重要的位置。在全国卫生与健康大会上，习近平总书记强调，要“着力推动中医药振兴发展”。中国共产党第十八次全国代表大会和十八届五中全会提出“坚持中西医并重”“扶持中医药和民族医药事业发展”。2015年，国务院常务会议通过《中医药法（草案）》，并提请全国人大常委会审议，为中医药事业发展提供良好的政策环境和法治保障。2016年，中共中央、国务院印发《“健康中国2030”规划纲要》，作为今后15年推进健康中国建设的行动纲领，提出了一系列振兴中医药发展、服务健康中国建设的任务和举措。国务院还印发《中医药发展战略规划纲要（2016—2030年）》，把中医药发展上升为国家战略，对新时期推进中医药事业发展作出系统部署。

这一系列决策部署，描绘了全面振兴中医药、加快医药卫生体制改革、构建中国特色医药卫生体系、推进健康中国建设的宏伟蓝图，中医药事业进入新的历史发展时期。

而在2015年年中做出中医药调研的决策，当时的背景，是中医药一直争议很大，人们对中医药的看法莫衷一是……

在这样的背景下，我们跑了两三个月，在国家中医药管理局、中华中医药学会、同仁堂集团分别召开了座谈会，又遍访名医、专家，就中医药发展的一系列问题进行请教，如国医大师路志正，中国工程院院士张伯礼，广安门医院院长王阶、副院长仝小林，广安门医院肿瘤科原主任、中国中医科学院肿瘤研究所副所长林洪生，中国工程院首位针灸界院士暨国医大师程莘农嫡孙、北京中医药大学教授、大诚中医针灸医院院长程凯，国家中医药管理局政策法规监督司副司长杨荣臣，中国社会科学院中医药国情调研组组长陈其广，同仁堂集团科技质量部部长黄宁，安徽中医药大学校长王键，北京平心堂中医门诊部董事长张晓彤，科技部中国科学技术发展战略研究院副院长王宏广，等等。

这次调研，我们在中华中医药学会支持下，还专门设计了一套问卷，对全国上千名来自基层的“春播医生”进行了调查，共计发放纸质问卷1000份，回收有效问卷874份，受访者是来自全国县、乡、村三级医疗机构的基层医生。调查结果显示，逾八成受访者相信中医药服务在解决医改这个世界性难题上大有作为，79.7%的受访者“同意自己的孩子或亲属从事中医药工作”。

为提高效率，当时我们还建立了一个中医药微信群。迄今为止，里面一批中医药专家和研究者仍然十分活跃……

调研基本结束时，恰逢屠呦呦因在抗疟疾药物青蒿素方面的突出成就获得2015年的诺贝尔生理学或医学奖……

调研后两个月即2015年12月22日，新华社发布消息——习近平总书记致信祝贺中国中医科学院成立60周年指出：“中医药学是中国古代科学的瑰宝，也是打开中华文明宝库的钥匙。当前，中医药振兴发展迎来天时、地利、人和的大好时机，希望广大中医药工作者增强民族自信，勇攀医学高峰，深入发掘中医药宝库中的精华，充分发挥中医药的独特优势，推进中医药现代化，推动中医药走向世界，切实把中医药这一祖先留给我们的宝贵财富继承好、发展好、利用好，在建设健康中国、实现中国梦的伟大征程中谱写新的篇章。”

“老树”如何发“新芽”？

中国中医科学院广安门医院的疑难杂症科室“一号难求”，苏州的“虚拟中药房”受市民欢迎，民营针灸连锁机构粉丝数量达几十万……

新华社记者赴北京、甘肃、青海、云南等地，就中医药发展进行调研，发现在广大“中医人”的努力下，一些创新实践可圈可点，中医药这棵“老树”正孕育“新芽”，焕发出勃勃生机。

坚持中医现代化：寻找攻克顽疾的密码

中国中医科学院肿瘤研究所与美国国立癌症中心补充替代医学办公室筹建国际中医肿瘤研究联盟，力图通过中医现代化办法寻找攻克癌症和延长患者寿命的“钥匙”。

“我们已在美国设立办公室，开展中美间长期的科研合作。2015 年又把中药对肿瘤干细胞的影响、治疗肿瘤中药的相关机理研究等 6 个研究课题带到美国招标。”广安门医院肿瘤科原主任、中国中医科学院肿瘤研究所副所长林洪生说。

这一切的背后，是近年来广安门医院在中医治疗肿瘤上的斐然成绩：肿瘤科主持编制的《恶性肿瘤中医临床指南》全球首发，获得海内外中医专家广泛认可。

“我们的医生不仅要懂肿瘤，还要学习内科、免疫、药理，以及现代检测手段和实验方法，用科学的方法和数据评价中医对肿瘤的治疗效果，从而让中医在医学界获得真正的认可和尊重。”林洪生说，“中医药要重新站起来，需要在与西医平等和谐的交流合作中展示自己的独特优势。”

广安门医院院长王阶说，在攻克世界医学难题、造福人类健康方面，传统中医药堪称一个极大的宝库，完全有可能通过中医药现代化破解一些密码。这次中国中医科学院研究员屠呦呦获得诺贝尔奖不仅证明中医药现代化对拯救人类生命的重要贡献，对中医药界也是极大鼓舞。

中医药要发展，就要用现代科技的方法挖掘内涵。王阶说，广安门医院一直重视名老中医传承，在此基础上，坚持现代化、国际化、特色化的中医发展之路，在肿瘤、肾病等领域进行了有益探索，在院内中药制剂、食疗营养保健等领域也硕果累累。

在肾病科，一位透析患者告诉记者，充分透析配合中医药治疗，并发症得到有效控制，生活质量明显提升。

“我们一直坚持中医特色。”肾病科主任占永立说，在用现代化手段提高诊断准确率的基础上，肾病科建立肾病治疗数据库，形成了针对不同中医证型的系列处方，研制了“益气清热膏”和“益气降浊胶囊”等院内制剂，配合艾灸等其他中医手法减轻患者的病痛。

“时代在变，中医需要与时俱进。只有不断学习和交流，才能有更广阔的视野，掌握更新的诊断和治疗方法，从而更好地造福患者。”占永立说。

医疗健康服务：中医连锁店开到海外

在北京、上海的连锁医院出诊，给北京中医药大学的硕士研究生面授，与海外医师代表团交流，给针法培训班学员授课，开展免费公益讲座及微博微信健康传播……这就是拥有几十万微博微信粉丝的北京大诚中医针灸医院院长程凯的工作日程表。

40 多岁的程凯是中国工程院首位针灸界院士、国医大师程莘农的嫡孙，也是程氏针灸第四代传承人、北京中医药大学教授。近年来，在他的不懈努力下，以程氏针灸疗法为特色的大诚中医连锁机构在北京、上海陆续建立了 4 个临床传承基地，2015 年在澳大利亚、美国、加拿大举办了“程门解穴”传承培训班。通过微博微信的社交平台，程凯已建立起一个大型海内外针灸专家群，来自 20 多个国家和地区的中外针灸专家，经常用视频、图片和文字交流在治疗疑难杂症方面的探索。

2015 年初，程氏针灸布里斯班中医诊所正式开业。他当年正筹备

2016年在美国旧金山和加拿大卡尔加里开办连锁诊所。

程凯说，现在国际上对中医针灸学认可度很高。“要让中医走向世界，可以先把针灸推广出去，针灸需要传扬，传了才能扬。爷爷撰写的《中国针灸学》，现在依然是美国、加拿大等国针灸师考试的必读教材之一。”

从2005年利用家族积蓄开办第一间针灸诊所至今，程凯对中医所遭遇的一些冷遇、面临的困境体会很深。他说：“对于针灸或其他中医疗法，有的人信，有的不信。如何让他们信？那一定是疗效。”

半个多世纪以来，程凯和爷爷、父亲三代人在门诊接待患者上百万人次，越来越多的人通过小小的银针重新发现中医的神奇。

近年来，除了在电视节目中传播，程凯还在寻找更多中医传扬的机会。任中国科协穴位保健方法首席传播专家的他，已将穴位养生讲座引入韩国游轮的旅游线路，成为健康旅游业新尝试。而新推出的“程博士中医保健到家服务O2O项目”，更是对中医服务＋互联网的积极探索。

虚拟中药房：搭上“互联网＋”快车

“现在看病拿中药，真是太方便了！”在苏州姑苏区娄门街道娄江社区卫生服务中心，记者偶遇来这里取药的方大爷。这位患有糖尿病、高血压的老人长期服中药，过去到市里看病要乘车一个多小时，回家还得熬药，很麻烦。

“虚拟中药房”是姑苏区为推广中医药服务而提出的创新举措——中医开具电子处方后直接传输至药房，待患者付费后，电子处方自动传送至中药饮片企业，次日代煎好的中药饮片会被送回社区卫生服务中心……这些举措正让越来越多的百姓享受到中医药的便利。

国家中医药管理局政策法规监督司副司长杨荣臣说，分级诊疗已成为深化医改的关键任务，其中中医药的基层医疗能力提升至关重要。

然而在部分地区，医疗机构即便设置了中药房，由于中药饮片使用量小，周转时间长，饮片质量也会存在过期、霉变的隐患。

苏州市卫生局中医处处长马郁说，通过对供应链条的创新管理和对中药饮片的集中配送，有效减少了基层医疗机构的投入，方便了群众就医。

截至 2015 年，姑苏区已有 27 家社区卫生服务机构开展了中药饮片集中配送服务。据当时估算，一年多来，全区因实施中药饮片集中配送节约支出约 360 万元。

2015 年，国务院办公厅发布《关于积极推进“互联网＋行动”的指导意见》，提出各级各类医疗机构要积极利用移动互联网提供在线预约诊疗、划价缴费、药品配送等便捷服务。

“在‘互联网＋’的时代，中医药如何发展创新，是我们面临的新课题，也是必须抓住的新机遇。”马郁说。

中医导师制：让更多医生扎根基层

“重新做回学生，学与不学确实大不一样。”这是甘肃省庆阳市中医院肛肠科医生朱虹向老中医马晓勤拜师学艺 3 年后的深刻感受。

2010 年，甘肃省启动五级中医药师承教育培养中医人才试点工作，从省、市、县、乡、村选出 1000 名中医导师带 3000 名徒弟，在岗在职，一对一指导，一带三年。

“中医侧重关注人的个体差异，而不是标准化的治疗模式。”中国社会科学院中医药国情调研组组长陈其广认为，中医个性化治疗一定要在大量日常医疗过程中，跟师才能更好地传承经验。因此，除院校制培养模式外，师承制是必需的。

“学校学的东西远远不够。”朱虹1995年从陕西医学院毕业，进入庆阳市中医院工作，随着病例的增多，她越发感觉到能力不足。

“跟师3年，不但提高了中医理论知识，临床诊断、治疗技能也明显提高。”朱虹说，她身边有7名中医师，通过师承教育，重新当了“学生”。

由于效果明显，甘肃省第二批五级师承教育已于2014年启动。

长期以来，由于相关规定，不少依靠家族传承和民间秘方行医的基层中医无法取得执业资格。2013年，甘肃省卫计委决定，将此类人员纳入乡村医生资格准入考试，当年就有1800人考试合格，获得执业资格。2015年10月，甘肃再次举行这项考试。

在多种培养模式下，甘肃省中医师从2009年的1.7万名增加到现在的4万名，可以满足省内百姓对中医药的需求。

国医大师路志正对记者说：“中医是一门辨证医学，需要大量丰富的临床实践，很多名中医都是通过基层锻炼、师徒相传培养出来的。”

当年，年仅19岁的路志正在师父的指导下行医乡间，声名鹊起，他终身铭记着师父的口授心传，也坚持在95岁高龄带徒传承。

“师承制度要坚持下去，尤其是对广大农村基层，这样才有扎得下根的乡间中医，真正为百姓服务。”路志正说。

据悉，近年来国家大力加强中医师承制度建设，通过设立中医药非物质文化遗产传承人、名老中医工作室、博士后培养站等形式，鼓励中医薪火相传。

直击中医药发展三大挑战

新形势下，中医药发展面临哪些挑战？怎样才能获得更快更好的发展？

带着一连串问题，新华社记者历时两个多月深入调研发现，我国中医药事业在获得长足发展的同时，也面临着一些挑战，亟待做好培育生存土壤、加快人才培养、着力提高中药材质量等紧迫工作。

挑战一：中医药生存土壤亟待进一步培育

“如果华佗再世，崇洋都被医治……马钱子、决明子……用我的方式，改写一部历史……”周杰伦的流行歌曲《本草纲目》唱响时，引发中医古籍《本草纲目》脱销。

“我孩子会唱这首歌后，就提出要看《本草纲目》。”北京市中医管理局局长屠志涛惊讶地发现，流行文化对孩子的影响极大，不是孩子们对传统文化不感兴趣，而是大人没引导好。

起源于“伏羲制九针”的中医药，根植于中华传统文化，蕴含着深邃的智慧。然而，伴随传统文化教育的弱化，中医药领域出现了离老年人越来越近而离年轻人越来越远的现象。

中国社会科学院中医药国情调研组组长陈其广说：“中医药是打开中华文明宝库的钥匙。没有中医药的复兴，就没有中华传统文化的真正复兴。”

兴办《养生堂》等电视节目、建设中医药文化科普宣传教育基地、41项中医药项目被列入《国家非物质文化遗产名录》……近年来，我国初步形成中医药文化与医疗、保健、教育、科研、产业等协调发展的格局。然而，中医药文化的发展现状与人民群众的需求尚有差距，高效且顺畅的中医药文化发展和创新体系需要进一步健全，中医药文化专业队伍有待继续充实和加强。

对一些地方在中小学尝试“识百草”、加强中医药文化教育的做法，专家们表示肯定。安徽中医药大学校长王键说，中医药传承更为根本的是要“从娃娃抓起”，中医药知识要写进中小学课本，为中医药的传承创造良好的社会土壤和环境。

“谦”字门中医儿科术“非物质文化遗产”传承人郑俊谦建议，中医药文化是传播中华文化的载体，应该更多地走出去。

安徽中医药大学教授黄辉呼吁在民众中持续开展中医药文化科普宣传。他说，弘扬中医药文化不仅仅在于营造氛围，更重要的是研究和挖掘出中医药的科技文化内涵，通过多种形式传播，让群众真正理解和认同。

王键还建议国家中医药管理局筛选出适合不同人群的中医药健身方法，先行在中医机构、卫生单位推广普及，成熟后向全民推广。

挑战二：多措并举加快人才培养

“我毕业于中医药大学七年制中医专业，课程设置是 60% 中医、40% 西医，最后是中医没学通、西医没学精。”北京某中医院的医生小庄说，他的 110 名同学中仍在吃“中医饭”的不到 20 人，有的同学至今不会开方子。

“小庄们”的窘境是当前中医药院校教育的缩影。来自一所著名中医药大学的统计显示，2012 年至 2014 年，该校毕业学生 9719 人，选择进医疗单位的人（包括从事西医工作的）仅为 28.77%，即不足 2800 人。

这所大学的负责人说："上完大学却学不好看病，人才不流失才怪呢！如果按 70% 以上的比例继续流失下去，后果不堪设想。"

早在 1962 年，新中国第一届中医学院学生毕业前夕，秦伯未、于道济、陈慎吾等 5 位中医专家联名给卫生部写信，指出中医学院在培养目标、中医课程内容安排等方面存在问题。迄今 50 多年过去，这些问题仍然存在。

业内人士强调，中医药院校还迫切需要培养既懂基础理论又懂临床的高水平师资，这是提高教学质量的关键，否则中医药无法得到传承与弘扬。

此外，师承教育也很不乐观。北京平心堂中医门诊部成立的初衷，是为实现原卫生部部长崔月犁"保持和发扬中医药特色"的遗愿。开诊 16 年来，"送走"了 15 位名老中医，而靠师承仅培养出 1 名年轻传人。董事长张晓彤说："年轻中医是种子，如果一代不如一代，中医药前途堪忧。"

为改变局面，国家中医药管理局高度重视名老中医学术经验传承和对特色诊疗技术、方法的整理及推广应用工作，先后评选了两届 60 位国医大师，探索建立中医药人才激励机制，还正在全国遴选 200 位基层老中医（含民族医）专家，积极建设传承工作室，培养基层中医药人才。

中国中医科学院广安门医院副院长仝小林说，中医要向两头发展，一头是高精尖，培养的人才要成为中医学科的带头人；另一头是大力培养乡村和基层医生，尤其是全科医生，改变广大农村和基层中医药人才严重不足的现状。

挑战三：着力把中药材的质量搞上去

"现在的中药，连我自己也很难说愿意吃了。"国家中医药管理局医政司原司长、中华中医药学会内科分会主任委员孙塑伦面对记者坦言，“‘中医亡于中药’，虽然有些言过其实，但是我们要警钟长鸣。”

药为医用，医因药存。中药是中医的重要物质基础，中药材是我国重要的战略资源。近年来，我国中药产业获得长足发展，2013 年中药产业规模达 6324.4 亿元，培育了一批中药产业大品种、大品牌，打造了一批知名中药生产、流通企业，提升了中药产业影响力。

然而，记者在调研中也听到不少业内人士反映，目前我国中药资源保护和发展也面临不少问题，比如：部分野生中药资源流失、枯竭。中药材选种育种、规范化发展缓慢，重产量轻质量，化肥、农药、生产调节剂滥用现象屡禁不止。

面对中药资源保护存在的挑战和问题，有关部门积极采取行动。

实现中药材的可持续生产，必须从摸清中药资源家底入手。近些年，我国推进中药资源普查试点工作，建成了一批中药资源动态监测信息和服务监测站。

中国中医科学院副院长黄璐琦说：“种子好药材好，药材好药才好。我们要实时监控全国药材主产区的药材价格、质量和产量，为政府决策提供科学依据。”

2015 年 4 月，国务院办公厅转发《中药材保护和发展规划（2015 — 2020 年）》，提出力争到 2020 年中药材资源保护与监测体系基本完善、中药材保护和发展水平显著提高，还提出实施野生中药材资源保护工程、优质中药材生产工程等一系列举措。

国家中医药管理局副局长马建中表示，要强化质量管理，筑牢中药产业发展生命线，包括建立中药溯源体系，使中药整个生产经营活动始终处于有效监控中；完善中药质量标准体系，加强行业监管，规范中药产业链全程的过程管理，形成长效追责机制。

中国积极“复活”经典名方

作为传统医学与现代医学并重的国家，“中医药发源地”中国高度重视经典名方的保护与开发，正试图通过“复活”经典名方并开掘新药造福更多人。

企业行动，各显神通

中医治病多用方剂，历史上有文字记载的方剂近 10 万个。这些方剂的剂型多为丸、散、膏、丹，如安宫牛黄丸、六味地黄丸等，存在外观差、口感差、携带不便等缺点。

伴随时代发展，现代人的疾病谱发生变化，不少野生珍稀中药材原料已经或正在枯竭，经典名方越来越难以满足人们日益增长的医疗保健需求。

借助现代科技手段，对经典名方进行深度挖掘，研制出更多、更好的中药新药，正成为越来越多科研院所、企业的选择。

有些中药新药集经典名方之大成。连花清瘟胶囊是我国自主研发的治疗感冒的中成药，汲取了古代名医用药的精华，结合现代抗病毒、抑菌、提高免疫力的中药研究成果创制而成。如今，这一“古为今用”的创新中药已在全国 12 万家医院、药店推广应用，并于 2015 年启动美国 FDA 认证工作。

其主要研发人中国工程院院士吴以岭说，我们要从战略高度确立并尊重中医药的科学价值，重视、支持、发挥中医药的整体理论思维优势和理法方药一体化的组方原创优势，让传统中医药发挥更大作用。

有些中药新药属于经典名方“起死回生”。青海省金诃藏医药集团在抢救、挖掘、整理藏医药古籍文献的基础上，对经典名方进行了二次开发，研制成功25个独家新药品种。主治小儿伤风感冒的处方药“安儿宁颗粒”就是其中的一个，其源于100多年前藏医药学家云旦加措的《藏医临床札记》。

金诃集团董事长艾措千透露，他们编写的《中国藏医药方剂大全》，至少有超过5000个藏药处方正在等待“古为今用”。

有些中药新药是经典名方“去芜存菁”。有着300多年制中药历史的北京同仁堂，也在不断创新中谋求更大发展空间。

北京同仁堂十大名药之一的牛黄清心丸的本方源于宋代《太平惠民和剂局方》的“牛黄清心圆”，有“科学凉茶”之称。同仁堂集团科技质量部部长黄宁告诉记者，考虑到该药所含朱砂等药材的重金属含量较多，长期服用易引起中毒，同仁堂调整了方子并生产出不含朱砂和雄黄的牛黄清心丸。

有些经典名方，重新焕发勃勃生机。“云南白药”是彝族名医曲焕章以彝族民间用药为基础，吸取马帮行医用药经验，同时借鉴《本草纲目》和《滇南本草》等中医典籍于1902年创制的。

云南白药集团总经理尹品耀介绍，近年来他们在古方基础上拓展研制了白药膏、气雾剂、创可贴等用途更广泛的新型系列产品，其中气雾剂年销售额已达18亿元。

5个经典名方药效物质基础已明确

我国还通过各类科研项目支持中药经典名方的挖掘与开发。

1999 年，“方剂关键科学问题的基础研究”获得国家重点基础研究发展计划立项资助，这是中医药界的第一个“973 项目”，共分 8 个课题组。

中国工程院院士张伯礼介绍，百余名科研人员引进现代科学技术方法，以六味地黄方、复方丹参方、清开灵方、血府逐瘀方等 5 个经典名方为样本，创建了以中药组分配伍理论为指导的研制现代中药的新模式和相关技术。

由丹参、三七、冰片三味中药组成的复方丹参类系列中成药，是中药方剂的代表性名优品种，也是销量比较大的中成药大品种。

“我们经过多年研究，明确其药效物质基础是水溶性的丹酚酸类、脂溶性的丹参酮类及三七皂苷类，建立了药材、中间体的指纹图谱以及用组分配伍优化设计现代中药的新模式，为名优小复方中药的二次开发创制出新模式，改变了传统中药‘粗大黑’的形象。”张伯礼表示。

“对经典名方的二次研究过程，也是中医药理论和实践实现重大突破的契机。”张伯礼说，研究证实，千百年说不清、道不明的中药药效物质含量、作用机理，现已成为可以定量、定性的标准组分、组效关系及配伍配比，为中药实现标准化、现代化、国际化奠定基础。

加大中药经典名方开发力度

“重大新药创制”是我国 10 多个科技重大专项之一，近些年对经典名方的研究提供了连续支持。

2013 年，“重大新药创制”科技重大专项立项支持了“经典名方标准颗粒的研究”，对 20 个经典名方进行药材基源、炮制方法、制备工艺、质量标准及安全性评价的示范性研究。课题依据传统中药临床汤剂使用形式，采用现代制药工艺及设备生产，参考国际质量控制方法，拟研制出既符合中医用药规律、保持中药方剂特点，同时满足工业化生产要求、质量稳定可控的经典复方标准颗粒，突出体现中医药理论和中药炮制学概念与方法，运用符合中医药理论的方法指导经典名方开发研究，建立“来源于古代经典名方的中药复方颗粒”研发及生产的技术规范，将有效地推动经典名方的标准化、产业化和临床应用。

2015 年，“重大新药创制”科技重大专项立项支持了“中药经典名方开发”课题，以 8 个中药经典名方为载体，研究中药经典名方药效物质基础、质量控制、配伍合理性等共性关键问题，建立适于经典名方开发的若干共性关键技术，开发出“基于原方、高于原方”的创新中药品种，为人民健康提供安全、质优的中药新药。

与此同时，一些地方纷纷出台鼓励和支持中医药健康服务业或中药产业发展的规划、政策，对经典名方提出了支持政策。安徽出台的《安徽省中医药健康服务发展规划（2015 —2020 年）》提出，鼓励和支持中医机构，根据传统名方和名老中医的验方，按照国家有关规定自制中药膏、丹、丸、散等普通制剂，鼓励和支持将特色中药制剂开发成中药新药。

中药经典名方名单正在加紧制定

政府部门也纷纷行动起来。为遵循中医药研究规律，体现中药注册特点，《中药注册管理补充规定》规定，包括经典名方在内的中药复方制剂处方中符合相关要求的，可仅提供非临床安全性研究资料，并直接申报生产。

近年来，国际医药巨头纷纷从中国经典名方中寻找新药线索，申请知识产权并高价返销，“洋中药”已占据我国中成药市场的一定份额，加剧了中药材种质资源危机和中药材资源研发利用的国际竞争。

国家中医药管理局有关负责人透露，中医药是我国的瑰宝，对传统知识提供有效的知识产权保护，不仅符合我国利益，也有利于在世界范围内弘扬中华传统文化。我国将完善中医药专利审查标准和中药品种保护制度，研究制定中医药传统知识保护名录及标志清单，逐步建立中医药传统知识专门保护制度。中药经典名方名单也正在加紧制定中。

全国政协委员王承德建议转变保护观念，促进经典老药的深入研究，体现大数据时代要求，打造具有临床应用价值的现代中药经典品种，制定鼓励中成药品种二次开发的政策。

中医药正惠及更多国家的人民

诺贝尔奖得主屠呦呦受中医古籍启发找到治疗疟疾的青蒿素，使古老神秘的中医药成为世界瞩目的焦点。

“青蒿素是传统中医药送给世界人民的礼物，对防治疟疾等传染性疾病、维护世界人民健康具有重要意义。”正如屠呦呦获得诺贝尔奖后发表的感言，中医药的独特优势也在日益被国际社会所认可。

据世界卫生组织及相关机构数据统计，中医已传播到 171 个国家和地区，针灸在 103 个国家明确使用，中医医疗（含针灸）机构达 8 万多家，海外各类中医药从业人员约有 30 万。

截至 2015 年，我国已与外国政府及有关国际组织签订了 83 个专门的中医药合作协议和近百个含有中医药合作内容的双边政府间协议，中医药正在惠及更多国家的人民。

青蒿素的发现体现了中国在中医药传承创新领域的积极探索。国家中医药管理局政策法规与监督司副司长杨荣臣说：“在坚持中医药学原创思维的前提下，我国中医药界以临床实践为基础，积极利用现代科学技术努力推动中医药传承与创新取得了新的进展。”

2015年，我国已启动16家国家中医（民族医）临床研究基地建设，开展中医药防治传染性疾病和慢性非传染性疾病的临床科研体系建设；通过组织古籍文献整理、研究和出版，开展名老中医临床经验、学术思想传承研究等形式，加强中医药传承应用研究和中医药传统知识保护。近年来，中医药领域获国家科技进步二等奖24项及技术发明二等奖3项。

同时，我国中医药系统近年来在深化医改、人才培养等多方面亮点频现。在深化医改过程中，中医药通过发挥自身特色与优势，缓解了群众看病贵、看病难的问题，丰富了中国特色基本医疗卫生制度。

数据显示，2014年，中医以4.45%的医疗机构、7.19%的中医人员、占政府卫生支出比例2.61%的中医机构财政拨款，承担了15%左右的诊疗服务。同时，中医门诊次均费用和住院人均费用分别约占综合性医院的79%和74%。

传承创新中医药靠的是人才。截至2014年，我国共有高等中医药院校42所设置中医药专业的高等西医药院校99所，比27年前分别增加了14所和88所。

除加强院校人才培养外，我国还通过评选国医大师探索建立中医药人才激励机制；通过在全国建立名老中医药专家传承工作室加强学术传承；创新师承教育与院校教育相结合的高层次中医药人才培养模式等培养更多后备军。

逾八成基层医生相信中医药在缓解医改难题中大有作为

中华中医药学会对全国千名来自基层的“春播医生”进行的问卷调查显示，逾八成受访者相信中医药服务在解决医改这个世界性难题上大有作为。

此次调查共计发放纸质问卷 1000 份，回收有效问卷 874 份。受访者是来自全国县、乡、村三级医疗机构的基层医生。

当被问及“中医药服务在解决医疗体制改革这个世界性难题方面会大有作为吗”，85.5% 的受访者认为“肯定有”，另有 13.8% 的人表示“不确定”，仅有 0.5% 的人认为“起不了什么作用”。

中华中医药学会标准化办公室主任郭宇博说，作为中华传统文化的重要载体，中医药有着深厚的群众基础，尤其在基层更有其强烈需求和吸引力。20 世纪六七十年代，上百万名“赤脚医生”靠一根针、一把草，有效地解决了我国广大农村地区缺医少药问题，受到世界卫生组织的高度评价。

受此启发，为提升基层医疗机构的中医药服务能力、提高基层百姓的健康水平，中华中医药学会于 2012 年底在全国发起了“春播行动”。截至 2015 年 6 月，“春播行动”已在全国完成基层医生初级培训 544 场，培训 4.8 万多人；完成基层医生提高班培训 83 场，培训 1 万余人。

春播医生们纷纷表示受益匪浅，他们对中医药的未来充满信心。调查显示，79.7% 的受访者“同意自己的孩子或亲属从事中医药工作”。

“中医药工作有非常好的前景，我对中医药充满信心。”辽宁省庄河市兴达街道社区卫生服务中心医生曲慧说。调查表明，与曲慧有同样想法的受访者占到 85.8%。

然而，调查还显示，“政策扶持不到位”“人才匮乏”“传承问题”“专业培训不够”“资金投入不足”“中医药适宜技术推广难”等因素，均不同程度地影响到当前基层中医药服务能力的进一步提升。

受访的江苏省扬州市邗江县杨庙镇双庙村医生吴正余认为，当前基层医疗机构最迫切需要解决的问题是，加大中医药适宜技术推广力度。

中华中医药学会副秘书长洪净表示，医改涉及全国人民的福祉，其难点在基层，如果中医药服务能够在广大基层充分发挥自身的特色与优势，必将有助于推动医改这一世界性难题的有效解决。

专家建议将中医药发展纳入国家战略

传承数千年的中医药具有医药、经济、文化、安全、生态及科技自主创新等战略特性和价值。有关专家建议，将中医药发展纳入国家战略，充分挖掘传统中医药这个伟大宝库，为人类健康事业作出更大贡献。

科技部中国科学技术发展战略研究院副院长王宏广在《传承与发展·2015 广安创新论坛》上表示，针对当前医疗卫生领域存在的“西快中慢”现象，建议将中医药发展纳入国家战略，建立政府可保障、百姓可负担、医保可持续的中国特色基本医疗制度，力争以“中国式办法”解决医改这一世界性难题。

他说，中医药涵盖一、二、三产业，具有增进人民健康、增加就业机会、推动经济发展的多重作用，前景广阔。

中国社会科学院中医药国情调研组组长陈其广博士指出，建设具有鲜明中国特色的人民健康保障体系，是一项非常必要和紧迫的重大国家战略，对促进民族振兴、国家富强意义深远。

一些受访专家认为，中医药发展的长远目标应该是：同步发展传统中医药与现代中医药，增强创新能力、拓展服务领域、提升服务能力、完善医学模式，建立健全支撑中国梦的“健康为本、中西并重、防治结合、病有所医”的健康保障体系。

为此，王宏广、陈其广及中国中医科学院院长张伯礼、安徽中医药大学校长王键、云南白药集团总经理尹品耀、北京崔月犁传统医学研究中心负责人张晓彤等提出以下建议：

遵照“中西医并重”方针，结合制定“十三五”规划，强化中医药中长期发展战略的顶层设计，确立中医药在人民健康保障体系中“病前主导、病中协同、病后核心”的战略定位。

加快中医药立法，建立健全符合中医药自身发展规律的、独立且垂直的中医药管理体制，解决省级以下缺乏专职管理队伍的问题。同时，修订部分制约中医药发展的法规规定，在执业资格准入、职称评定、人才培养、新药审批等方面给予更加宽松的政策。

完善院校教育、师承教育以及家传、自学等多层次、多元化的中医药教育与培养体系，以全体中医药工作者传承为基础，以名老中医学术经验继承为重点，重视民间医和民族医的传承与发展，确保中医药可持续发展。

积极实施创新驱动战略，与实施重大新药创制相结合，建设传统中药与现代中药科技强国、产业大国，打破化学合成西药垄断全球的局面。

加强对中药材、中成药、中药处方、中医药诊疗方法等的知识权益保护，将中医药学的资源优势转化为产业优势和国际竞争力优势，从容应对国外药企利用中药材原料进行植物化学药研发、返销的潜在威胁。同时将中药材作为国家战略资源，摸清家底、提高质量、合理运用。

配合国家“一带一路”总体战略部署，制定并实施中医药“一带一路”发展战略规划，以中医药为“文化名片”，在沿线国家开展双边、多边合作，增强中国走向世界的文化软实力，增进国际社会对中华文明的认同。

此外，在中小学校设置中医药科普必修或选修课，积极推动在全国人民中形成“学中医药、用中医药”的良好社会氛围。

陈其广强调：“没有中医药的复兴，就没有中华传统文化的真正复兴；没有中华传统文化的真正复兴，就没有中华民族的伟大复兴。”

国医大师路志正祖孙三代的中医情

14 岁修习中医，19 岁悬壶乡里，95 岁高龄仍在杏林耕耘，他就是蜚声海内外的中国“杂病圣手”——国医大师路志正教授。

记者采访到这位为中医药事业奉献一生的耄耋老人，发现他们一家都从事中医药工作。孩子们始终不忘路老的教诲，以振兴中医药作为家族使命。

路志正：“强基层”中医优势明显

“中医药学的伟大宝库应该挖掘，国家现在重视中医、支持中医，很正确，人民群众要真正热爱中医、相信中医、应用中医，这样中医才有希望。”刚一见到记者，路老就拿出一大摞他收集的政策文件和报纸刊物，谈起中医药发展现状。

除了吃饭和休息，路老几乎把所有时间都献给了中医事业。客厅、卧室里随处可见医书、古籍，茶几和床上摆满他正在编纂的文集资料。

1920 年，路志正生于河北省藁城市的一个中医世家，其伯父路益修为家乡名医，父亲亦粗通医道，家庭的熏陶使其酷爱医学。1934 年路志正正式拜游学河北的名医孟正己先生为师。经过 5 年学习，他开始行走乡间独立应诊。

“中医不能纸上谈兵，要在实践中不断积累。我们首批 30 位国医大师，有一半是从基层干出来的。”路老常以自身为例，强调中医药在基层诊疗中的优势作用。

路老始终不忘基层。几十年间，他心系家乡中医药事业发展，专门破格录取几位基层医生随他临证学习。只要身体允许，他便回家乡为乡亲们义诊。

几十年如一日，路老每周坚持到中国中医科学院广安门医院出诊。每天，老人的身边围着来自全国各地的弟子，其中既有年过半百的知名中医，也有正在攻读的中青年学者。

“每一位患者，路老都亲自望闻问切，再给我们提问。每一个方子，他都反复斟酌，坚持精确至简的用药原则。”《路志正医学丛书》编委杨凤珍说。

路志正在徒弟和儿孙协助下，整理编纂《路志正医学丛书》。他希望通过对自己一生中医实践的系统梳理，将中医药的优秀经验传承下去。

“中西医学是两种不同的理论体系，各有所长，也各有不足。在临床中参考现代医学检查数据是必要的，但治疗时，仍要根据中医理论辨证论治，不要被西医病名束缚了自己的思路。”这是路老行医的心得，也是他对后辈的期待。

路京华：中医发展当自强

“中医是中华文明造就的医学，是中华民族数千年文明与智慧的结晶，与西方文化有着不同的思维方式。学习中医并不是有几个方子就能看好病。”在路志正的二儿子路京华眼里，中医就像他从小接触的古书，有着说不尽的理趣、道不完的意蕴。

60岁出头的路京华从小跟父亲练“童子功”。父亲对他要求很严，让他背诵经典古籍甚至要比看着读流利。

近年来，路京华往返于中日之间，一边跟随父亲出诊，学习父亲的经验，整理父亲的医学论著，一边致力于在海外推广中医药文化。

“日本人对中医非常感兴趣，很多非医疗从业人员把学习中医当作一种文化修养，宁愿自掏腰包。”路京华说，这说明中医文化很有魅力，我们中国人自己应该重新认识和评价这笔宝贵的文化财富。

路京华认为，中医药要做大做强，关键要有适宜的环境和土壤。作为一名合格的中医医生，要具备文史哲基础，不仅精通医学，还要旁通天文、地理、气象、历法等知识。

孙辈：学中医是从小的梦想

“在我们家，从小就受中国传统文化和中医学的熏陶，所以我们从小就立志继承医业，像爷爷一样将来成为一名好医生。”路老的孙子路昭远及外孙郑昭瀛异口同声地向记者解释他们学习中医的原因。

路昭远是路老的长孙，毕业于日本信州大学医学部，毕业后进入日本某红十字医院工作，为继承爷爷的中医事业，放下工作，毅然回国学习中医。

每当回忆起在日本行医的经历，路昭远都会更加深切地感到中医的神奇。他说：“在治疗过程中不时会感觉到西医的局限，我便运用中医中药进一步提高疗效。”

郑昭瀛从小跟随路老学习中医。作为一名在读博士，他不仅运用学到的理论知识对路老的病案逐个研习，同时积极进行临床实践，并结合自身的研究方向对中医的哲学内涵、中医药文化传播等内容进行深入思考。

郑昭瀛与同学共同创办了名为“中医梦想汇”的微信公众号，他们希望踏上时代节拍，凝聚更多年轻中医人的力量，实现心中的中医梦想。

“努力将中医药学不断继承和发展下去，让更多的人获益于中医药，是我们这代人一生肩负的使命。”郑昭瀛说。

期待中医药重振雄风

中国科学家屠呦呦因在抗疟疾药物青蒿素方面的突出成就获得2015年的诺贝尔生理学或医学奖，让人们再一次把目光聚焦到中医药上。人们为屠呦呦获奖而振奋，更期待中医药能重振雄风。

中医药是具有悠久历史的宝贵财富，是中华文明的重要组成部分。在西医药尚未进入我国的久远年代，中医药就创造了属于自己的辉煌。唐代《新修本草》是世界上最早的药典，孙思邈的《备急千金要方》和《千金翼方》集诊治经验之大成，李时珍《本草纲目》对药物学发展作出重大贡献。华佗、张仲景、孙思邈、李时珍等星光熠熠的中医药学名家，至今仍被世人传颂。“若有疾厄来求救者，不得问其贵贱贫富，长幼妍媸，怨亲善友，华夷智愚，普同一等，皆如至亲之想”的医德要求，始终成为中国医生的行为准则。

遗憾的是，一段时间以来，中医药在我国广大基层的覆盖面面临不断缩小、服务能力萎缩的局面，让有识之士深感忧虑。一些老中医几十年的医学积累面临无人传承的尴尬，社会上有关中医药科学性的议论声不时响起。然而正如屠呦呦所说：“青蒿素是传统中医药送给世界人民的礼物。”作为蕴藏着深厚积淀的宝贵财富，中医药完全可以在新的历史条件下重振雄风，大放异彩。

实现中医药复兴，需要做好顶层设计。当务之急，是确定中医药中长期发展的战略，确立中医药在人民健康保障体系中“病前主导、病中协同、病后核心”的战略定位。

明确战略地位后，还要切实落实“中西医并重”方针。要根据中西医各自不同的规律、特点和优势，实行分业管理，加快中医药立法进程，健全中医药法治体系，推动中医药持久健康发展，为世界人民的健康作出更多新的贡献。

第六章

乡村中国

- 确保贫困人口到 2020 年如期脱贫——扶贫调查
- 没有好的乡村教育，就不会有美丽乡村
- 探访健康乡村守望者

确保贫困人口到2020年如期脱贫——扶贫调查

导言　最高领导人两提“如期”的意味

“小康不小康，关键看老乡。”这是一次历时3个多月、调动新华社9个分社数十名同事参加的大范围、极深入的调查，主题就是两个字“扶贫”，口号是“到最贫困角落去”。

党的十八大闭幕当天，我曾经牵头写过一篇3000字左右的文章《三千天不久，只争朝夕——中国开启全面建成小康社会倒计时》，源于当时住在“职工之家”反复研读报告时发现“如期”二字，顿感非同小可。要知道，这等于向全党全国乃至全世界立下了军令状：当时掐指一算，再过8年多，即2900多天，不到3000天就要宣布实现全面建成小康社会目标了。再查统计局反映实现全面小康程度的6个方面20多项指标，采访党的十八大代表进行剖析，城乡、区域等种种不平衡，扶贫等重大问题客观存在，任务何其重也，一种紧迫感油然而生。

习近平总书记2015年6月中旬贵州之行，短短三天时间，再次表明对扶贫攻坚的高度重视，“扶贫开发工作依然面临十分艰巨而繁重的任务，已进入啃硬骨头、攻坚拔寨的冲刺期。形势逼人，形势不等人。各级党委和政府必须增强紧迫感和主动性”，向外界再次发出强烈信号——提出了“确保贫困人口到2020年如期脱贫”的明确要求，吹响了扶贫攻坚决战决胜的号角。

又是“如期”二字！

扶贫等重大问题往往牵一发而动全身，把握难度大，敏感程度高。

这是一次典型的极度调查——战友们深入贫困角落，足迹遍及大凉山区、怒江地区、秦巴山区、武陵山区、甘肃“三西”地区、贵州边远地区等众多特贫地区。从贫困人口家庭到村寨乡镇，地市、省里，采访对象涉及各个层面。

为了掌握全局情况，全面把握扶贫形势，到国务院扶贫办采访主要负责人和业务司局干部以及相关专家就有4次！正是在扶贫办总结的基础上，我们才提出了两条曲线——一条是财政投入曲线，年年增加，一条是脱贫人口曲线，年年减少，一条曲线向上，一条曲线向下，直观形象地反映出了扶贫攻坚难度越来越大的客观事实。

这次“极度调查”，体现在参与者充满热情和激情，充满使命感，甚至不怕牺牲上——李柯勇、刘诗平、王清颖和众多参与者冒着生命危险，爬悬崖，过陡坡，深入贫困角落探访，回到北京，又到高校和智库向专家请教，带着问题去，带着答案回……

这组报道既强调扶贫之难，直接展现贫困角落，同时又突出强调中央领导的重视和各地的积极实践，还为扶贫攻坚提出了“超常用人”“超常制度约束”等许多建设性意见，引导全社会高度重视和全面认识扶贫问题，从一个侧面起到了动员和发动的作用。

一图胜千言，播发的大量图片包括图文互动、图片故事，被大量网站、公众号转载，广为传播，震撼人心。一时间，扶贫成为热门话题，腾讯阅读量就高达1亿多，朋友圈不断刷屏，反响有点超乎预料。

“中国式扶贫”面临历史大考

二十多岁的小伙子兰金祥背着几个月大的儿子，两条红布带交叉打在胸前。他的身后，是用树枝、竹片拼成的茅草房，木条上挂满被烟火熏黑的毛絮，所谓的“门”就是一块由竹篾编成的“板”……

这是记者在国家级贫困县贵州荔波采访时见到的一幕。时至今日，我国西部山区依然存在类似的贫困景象，与之印证的是一组沉重的数字：当中国跃居世界第二大经济体、东部发达省份“富可敌国”的同时，我国每天收入约1美元的贫困人口超过7000万。

改革开放以来，我国政府主导的大规模开发式扶贫战略成效显著，走出一条广受世界赞誉的“中国式扶贫”道路，从1978年到2014年，累计减贫逾7亿人。随着2020年全面建成小康社会的节点不断迫近，“中国式扶贫”又面临着一场严峻的历史大考。

从当前贫困形势看，“多、广、深”的贫困现状依然不容乐观。

贫困人口数量多。2014年全国农村贫困人口为7017万人，其中河南、湖南、广西、四川、贵州、云南6个省份的贫困人口都超过500万人。

贫困区域分布广。全国不仅有14个连片特困地区，而且28个省级行政区存在相当数量的生活在贫困线以下的群众。

贫困程度依然深。全国还有20多万人用不上电，数千万农村家庭喝不上“干净水”，全国还有 7.7 万个建档立卡的贫困村不通客运班车，83.5 万个自然村中，不通沥青（水泥）路的自然村有 33 万个，占 39.6%。贫困人口中因疾病导致贫困的比重超过 40%，需要搬迁的贫困人口近 1000 万。

与此同时，随着经济发展的“减贫效应”逐年递减，与过去相比，同样的投入、同样的方法难以取得应有的“产出”。专家认为，“中国式扶贫”有必要在以往成功经验的基础上，进一步改革创新，走出一条适应新形势的扶贫之路。

——从粗放“漫灌”到精细“滴灌”。国务院扶贫办主任刘永富说，贫困人口致贫原因各不相同，有的读不起书，有的看不起病，有的住危房，有的没有劳动能力，有的缺乏启动资金，不能“眉毛胡子一把抓”，而要“一把钥匙开一把锁”，精准扶贫、精准脱贫。

——从各部门“单打独斗”到“握拳出击”。“每年各行各业的扶贫资金不少，但我们以往条条管理的方式，使得钱到了地方比较分散。就像烧水，总是在五六十度。”中国国际扶贫中心副主任黄承伟坦言，“要想烧开，必须加火，把全部资源集中起来。”

——从政府“一己之力”到全社会“共同面对”。从 2014 年开始，我国将每年的 10 月 17 日设为“扶贫日”。国务院扶贫办副主任郑文凯介绍，“1017”谐音为“邀您一起”，意在最广泛地动员全社会力量投入扶贫济困工作。

——从“可有可无”到“硬性考核”。“以前地方上政绩考核多以 GDP 论英雄，扶贫工作干得好没奖励，干得不好也没有处罚。”中国人民大学反贫困问题研究中心主任汪三贵说，随着各地改革贫困县考核机制，提高贫困人口生活水平和减少贫困人口数量成为考核“硬指标”，扶贫开发将从“可有可无”转为“主要工作”。

专家同时认为，对贫困问题的艰巨性、长期性和复杂性要有更深刻的认识。

“全面建成小康社会，并不是所有人都达到同样的发展阶段，东部地区的小康标准和西部地区的肯定不一样。”汪三贵表示，“比较现实的目标是，到2020年，目前7000多万贫困人口的生活水平都达到贫困线以上，实现不愁吃、不愁穿，保障义务教育、基本医疗和住房。”

直面中国贫困角落

中国最穷困的人口生活得怎么样?

在中国早已成为世界第二大经济体的今天，这个问题似乎游离于很多人特别是都市人的视野之外。

2014年国家统计局数据显示，全国农村尚有7017万贫困人口，约占农村居民的7.2%。

“扶贫开发工作依然面临十分艰巨而繁重的任务，已进入啃硬骨头、攻坚拔寨的冲刺期。形势逼人，形势不等人。”

2015年10月18日，习近平总书记在贵州召开部分省区市党委主要负责同志座谈会，要求各级党委和政府把握时间节点，努力补齐短板，科学谋划好“十三五”时期扶贫开发工作，确保贫困人口到2020年如期脱贫，向全国全世界立下了扶贫攻坚决战决胜的军令状。

新华社派出9支调查小分队，分头前往中西部贫困地区，实地体察父老乡亲的生活状况。一方面，通过30多年的扶贫攻坚，农村贫困面大幅缩小，贫困被赶进了“角落”里。另一方面，今后的扶贫不得不去啃最硬的骨头。那些最穷的地方，也正是底子最薄弱、条件最恶劣、工程最艰巨的贫困堡垒。

大凉山，一个贫困样本

推开一扇破旧的木门，记者让眼睛适应一会儿，才逐渐看清了屋内情形：屋子分成两半，左侧是牛圈，杂草上散落着牛粪，空气中弥漫着一股刺鼻的味道。右侧是人住的地方，借着手机光亮才能看到床铺—— 一块木板搭在 4 摞砖头上。屋中央，地面摆了 3 块砖，上头架锅，底下烧柴，这就是炉灶。没有一张桌子，连个板凳都没见到。土墙被多年的炊烟熏得一片漆黑。

这，就是四川省大凉山区美姑县拉木阿觉乡马依村村民尔日书进的家。

锅里煮了些土豆，便是他一家 5 口的午餐，有的土豆已经发了芽。对他们来说，吃米饭和肉是一件奢侈的事。大米每 10 天逢集时才能吃到；肉一年最多吃 3 次，分别是彝族过年、汉族春节及彝族火把节。

45 岁的尔日书进左眼失明了。睁眼时，只见红红的一片。

3 年前，他发现眼睛有问题，却没钱去县医院看。有新农合可以报销医药费，但要个人先垫资才能报销，他垫不起。看病还要路费、生活费，对他来说这是一笔大开销。他就一直拖着，直到无法医治。

墙上有两张奖给“优秀少先队员”的橘色奖状，获奖者是尔日书进 14 岁的大儿子。他家老二、老三都到了学龄，却没有上学，一脸懵懂地望着记者……

尔日书进的生活，是大凉山区贫困现状的一个缩影。

多年来，扶贫工程一直在这片 6 万平方公里的高寒山区艰难推进。一些人利用政府的小额贷款、技能培训，开始跑运输、种花椒、搞养殖，或是外出打工，慢慢赚了钱。还有近 50 万人从危房搬进了四川省重点民生工程“彝家新寨”。

然而，在总人口近 500 万的凉山彝族自治州，绵延千百年的贫穷根深蒂固。

马依村有很多十来岁的孩子，三五成群地奔跑玩耍，似乎尽情享受着无忧无虑的童年。可村支书吉克石都的话却让记者难以释怀：这个村适龄儿童没有读书的有上百人！

衣食住行，样样令人心酸

“家徒四壁”常用来形容贫穷。可在贵州省荔波县瑶山乡巴平村兰金华的家里，连一面严格意义上的“墙壁”都没有。

他和母亲住的茅草房已有几十年历史，是用树枝、竹片拼成的，缝隙里抹着些牛粪，寒风和光线从无数孔洞透进来。

一盏昏暗的灯下，柴草、杂物、简单的农具堆在一起。长年烟火凝成的一条条黑毛絮从房顶、木架上垂下来。角落里篾片围成的两个小窝，就是母子俩的“卧室”。

前一阵房顶漏雨，兰金华只好到隔壁弟弟家打地铺。弟弟的房子是几年前政府补贴 2 万元建的砖房，但至今没有门板，只挡了块竹编的薄片。

在集中连片贫困带，经过党委政府、社会各界的持续努力，百姓“衣不蔽体、食不果腹”的时代早已一去不返。但记者看到，有些极贫户，衣食住行仍样样令人心酸。

——居住。

安徽金寨县燕子河镇毛河村余大庆家，土房外墙上布满密密麻麻的小洞，是野蜂做的窝，每到春天野蜂就飞进飞出。墙根还有山老鼠打的大洞。几年前一场大雨，土房垮了两间。

在金寨县花石乡大湾村，78 岁的汪达开住的石屋已建了 300 多年，一面墙已消失，仅剩三面，如一个横放的“U”形，正对着长长的巷道，积雪和冷风直灌进屋。

——吃饭。

在贵州省从江县加勉乡污生村加堆寨，记者去了乡人大代表、51 岁的村民组长龙老动的家。一只白色塑料桶里有五六斤猪挂油，就是全家 3 口改善生活的美食了，做饭时切一小块，在锅里擦一擦，就算是有油了。而大部分时间，就是清水煮野菜。

记者正在采访，忽然有人拎来一只大公鸡。原来是龙老动要留我们吃晚饭，他家没有鸡，就跟邻居借了一只，准备杀给我们吃。他家两三个月才能吃上一次肉，却要杀鸡给我们吃。谢绝时，记者的心情实在是难以描述。

他那台电视机是全寨 19 户、67 口人唯一的电器，不是买的，而是社会捐赠的。他的卧室没有门，只挂了块塑料布，被褥下铺的是一层散乱的稻草。

在西南一些石漠化严重的山区，仍有季节性断粮。每月政府给每人 30 斤救济粮，有些村民还是不够吃，只能跟亲友借，来年打了新粮再还上。

石漠化山区石多土少，土层瘠薄，土下是喀斯特地貌“漏斗”，存不住雨水。每年的收成都很微薄，一方水土养不活一方人。

贵州武陵山区沿河县思渠镇有个村子名叫“一口刀”，就是“建在刀背上”的意思。全村 34 户，只有 1.5 亩水田。各家只好轮流耕种，轮不上的就在贫瘠的旱地种点玉米。就是说，一碗饭全村轮着吃，轮一圈要几十年。记者去采访时，已经轮了十多户。

——饮水。

宁夏西吉县向来干旱少雨。王民乡下赵村马虎钢平时拉一次水，来回要跑40公里，一次拉两大桶，大约一吨，能吃半个月。一吨水4元，拉一趟水油费就要十几元。“还不敢拉太多，放时间一长，水就不能吃了。”

在湖南保靖县木耳村3组，寨外路边有两处用石块砌成的小窖，泥土和石缝间渗下极细的水流，这就是数百村民的救命水源。旁边布满了深深浅浅的蹄印，牲畜粪便随处可见。

72岁的村民向远华说：“一连晴几天就没水喝，只能去几里外挑水。因为缺水，前年庄稼颗粒无收。”

——出行。

这次采访，记者未能到达最偏僻的贫困地区。在四川凉山，去最远的贫困村，从公路尽头出发，还要骑马走上三天，还得不下雨才行。而即使能够通车的地方，行路之难也常令人望而生畏。

云南怒江州泸水县古登乡念坪村的大山太陡了，耕地坡度竟达80度左右，几乎是“挂”在山上。在攀登过程中，村民指给记者看路旁一个坟丘，那里埋的是一个不小心摔死的村民。而牛、马摔死更是时有发生。人们说这里是“有天无地，有山无田，有人无路”。

2014年，同属怒江州的贡山县独龙江乡79公里山间公路改建完成，耗资7.76亿元。其中，仅打通一条6.68公里长的隧道，就花了约3.7亿元。照此计算，要全部修通偏远山区的通村、通组公路，所需投入将是天文数字。

有的地方仍以溜索为路。在云南福贡县马吉乡桥玛嘎村，记者看到，一条颤巍巍的钢丝绳横亘几十米宽的江面，十多个大人小孩正排队等着过索，这是全村百来口人进出的唯一通道。12 岁的小学生余强已是溜索“老手”。他把索扣往钢丝绳上一卡，溜绳一端固定，一端兜住大腿和腰，挂上书包，脚一蹬，腿一曲，顿时凌空飞向对岸，似乎一点都不觉得危险。

一群孩子，一声叹息

小七孔，中国南方喀斯特世界自然遗产地核心区，旅游旺季总是游人如织，甚至常常人满为患。然而，景区 5 公里外便是贵州省荔波县瑶山乡极贫区。

菇类村，全村 357 户，除一户开农家乐外，几乎再没有人依靠景区发家致富。当地特产瑶山鸡肉香味美，也一直没有打开近在咫尺的市场。

全村 1200 多人中，有 1100 多人是文盲、半文盲。多数村民至今不会找、也不敢找市场，只能靠种田维持温饱。

教育缺失成为一些困难群体脱贫的深层障碍。

甘肃东乡受教育人数呈“宝塔式”递减：一些小学一年级有 50 个学生，到五年级就只剩下 5 个。东乡县有个村庄 500 多人，至今没有出过一名高中生。

九年制义务教育在全国各地都已较为完善，免学费、营养午餐等措施更让无数孩子受益。但是，孩子初中甚至小学便辍学的现象在贫困山区并不少见，一些家长很早就带着子女外出务工。对于那些最穷的家庭来说，上学本身就是一笔难以承受的大开销。

在广西都安县隆福乡葛家村，记者看见一对小兄妹，穿着沾满泥垢的棉衣、凉鞋，背着装满牛粪的背篓，弓着腰，一步步向山坳走去。背篓里的牛粪超过 40 斤。男孩 12 岁，女孩 10 岁，但身高只有一米出头，非常瘦小。那天本该上学，但是教学点唯一的老师去乡里开会了，孩子们只能停课。

跟着他们去家里，他们的父亲正在为孩子读书发愁：“学费不收了，还有书本费、杂费和生活费怎么办呢？”

他家还有个初中生，每周从乡中学往返就要车费40元。不坐车，就只能步行几个小时山路，包括爬过陡峭的悬崖。

“最好的房子是学校”，的确已在大部分农村变成现实。但是，教育设施落后、师资缺乏，仍是贫困地区的共同难题。

以超常手段“攻坚拔寨”

小康不小康，关键看老乡。

到2020年全面建成小康社会的目标能否实现，一个关键指标，就是7000多万农村贫困人口能否走出“锅底”。

无疑，这是一个巨大的挑战。

自1978年至2014年，中国7亿多人成功脱贫，成为全球首个实现联合国制定的贫困人口比例减半目标的国家。然而，越往后，扶贫难度越大。构成最后贫困堡垒的，都是已经多年努力仍难以根除的顽疾。

“贫中之贫”，面对的是“难中之难”。

“十三五”最后一年，恰是2020年——这是实现全面建成小康社会的时间节点。时间紧迫！要用剩下不多的时间攻克这样一座堡垒，唯有采取超常的手段。

“各级党委和政府必须增强紧迫感和主动性，在扶贫攻坚上进一步理清思路、强化责任，采取力度更大、针对性更强、作用更直接、效果更可持续的措施，特别要在精准扶贫、精准脱贫上下更大功夫。”2015 年 6 月 18 日上午，习近平总书记在贵州召开部分省区市党委主要负责同志座谈会，吹响了扶贫攻坚决战决胜的号角。

两条相反曲线折射扶贫难

邓迎香，一名 40 多岁的农村妇女，因带领村民 15 年凿通一条出山隧道，被赞为“当代愚公”。

她居住的贵州省罗甸县沫阳镇麻怀村翁晶组被大山包围，太阳上午 11 点才露头，下午 3 点就下山。她女儿上小学，每天要走 6 小时山路，还都是陡峭的险路，前后摔死过 20 来头牛、马。所以，村里娃娃 10 岁才上学。

行路难，成了全村脱贫的“卡脖子”难题。

建材运不进来，村民只能住破旧的木板房。而山里的物产运不出去。有人想卖一头肥猪，要八九个人轮流抬着，手脚并用地爬山六七个小时，才抬到公路边。卖掉之后，还要请帮忙的乡亲吃顿饭。算下来，“肉价卖成了豆腐价”。

1999 年，穷怕了的村民决心自己修路。男女老少挥动铁镐、大锤、钢钎，点着蜡烛挖隧道。山太大了，进展缓慢，有人绝望、放弃、离开。倔强的邓迎香却不认输，带着剩下的人继续挖。十多年间，她落了一身伤病。她丈夫负责点炮，耳朵都震聋了……

记者走进了这条模样有点奇怪的隧道：没有路灯，每隔几米有个声控灯泡，喊一嗓子就亮，过会儿就灭。过隧道，得一路喊着走。隧道只有 216 米长，却不是直的，而是弯的。因为村民从两头同时开挖，没有精确的测量仪器，结果挖歪了，只好从中间扭过去一节。

就是这条简陋隧道，成了麻怀村的致富路。如今村民收入翻了两倍，住上了水泥房，买了摩托、小汽车。娃们上学，走15分钟就到了。

这条路的故事，恰如中国扶贫攻坚之路——现在到了向“卡脖子”难关发起总攻的阶段。

梳理近年来的扶贫数据，呈现出两条走势相反的曲线——

一条，扶贫资金越来越多：2010年，中央财政安排专项扶贫资金222亿元，以后逐年大幅增加，2014年达到433亿元，4年几乎翻了一番。

另一条，减贫人数却越来越少：2011年全国贫困人口减少4329万人，2012年减少2339万人，2013年减少1650万人，2014年减少1232万人。

两条曲线，折射的是扶贫难度的增加。

打开中国贫困人口分布图，14个集中连片特困地区赫然在目。它们覆盖了全国大部分深度贫困群体，又都是位置偏僻、山大沟深的地方，一般经济增长无法有效带动其发展，常规扶贫手段难以奏效。

贫困人口中还有相当一部分是老、弱、病、残的失能群体，对他们的帮扶难度更大。国务院扶贫办对全国农村建档立卡贫困户的一份数据分析显示，“疾病”在主要致贫原因中位列第一，占比高达42.1%，远高于缺资金、缺技术、缺劳力等其他原因。

记者看到，有些少数民族地区，在几十年内从原始社会、奴隶社会直接过渡到社会主义社会，一步跨千年，其发展平台、基础条件、自然环境、资源禀赋、人口素质比其他贫困地区更落后，贫困成因更复杂、程度更深，用同样的政策措施，无法达到同样的效果。

精准扶贫呼唤“超常思维”

完成超常的任务，需要用超常的思维大胆破旧立新。

2014年中央扶贫专项资金433亿元，假如平均到7017万贫困人口，每人头上只有617元。要保证“好钢用在刀刃上”，就要比以往更加精准地投放。

在宁夏西海固村民常宗义家，一道“Z”形裂缝由上到下贯穿窑洞。尽管危窑住了多年，他却难以享受国家的危房改造补助。

他说，当地政策是改造54平方米补助2.2万元，不足的部分要自己筹款。假如重新选址盖一座砖房，个人还要掏6万元左右。“我连3万元都没有。借钱给儿子结婚，还欠着5万外债没还上呢。”

国家补助2万多元就能盖得起房的，常常不是最穷的人家。宁夏固原市原州区寨科乡乡长王正奇说，最需要帮助的穷人，因为掏不起自筹资金，有补助也不敢要，反而享受不到扶贫福利。

扶贫开发贵在精准，重在精准，成败之举在于精准。

记者在调查中发现，在农村危房改造、扶贫搬迁等方面存在“补富不补穷”的现象，一些极贫群体成了扶贫“死角”。

中国人民大学反贫困问题研究中心主任汪三贵分析，“八七”扶贫攻坚计划实施以来，最早是重点扶持贫困县，后来扶持贫困村。普惠性政策让贫困地区发展普遍提速，但条件相对较好的人受益多，条件相对差的人受益少。

“要真正瞄准生产生活条件最恶劣的贫困群体，改变‘大水漫灌’的套路，实行精准化、针对化、差异化扶贫，做到一户一策。”他说。

超常精准用钱的另一面，是超常严格地管钱。

2013年，审计6省19县发现违规使用扶贫资金2.34亿元，涉及相关责任人143人。广西壮族自治区扶贫办原主任吴宇雄说，扶贫资金违规分为三大类型：一是挪用；二是侵占；三是扶贫项目实施过程存在漏洞，导致流失浪费。

扶贫资金管理仍存在薄弱环节。一些干部缺乏责任心，对资金使用疏于监管。一些地方项目报账制度执行不严格，明显的违规支出仍能顺利报账。

吴宇雄建议，要引入全新的现代方法改变粗放管理模式，建立专职人员队伍，对扶贫资金实现全程监管，覆盖财务、会计核算、提款报账、工程管理、招标采购、培训、监测与评价等所有环节。同时，应建立更严格的责任追究和惩戒机制。

扶贫攻坚的顶层设计也要有突破性思路。

坚持“因人因地施策，因贫困原因施策，因贫困类型施策”，习近平总书记强调，要因地制宜研究实施“四个一批”的扶贫攻坚行动计划，即通过扶持生产和就业发展一批，通过移民搬迁安置一批，通过低保政策兜底一批，通过医疗救助扶持一批，实现贫困人口精准脱贫。

这是对不同特点群体采取不同扶贫策略的“大精准”思路。中国国际扶贫中心副主任黄承伟认为，对于一些特别的群体，只能采取非常规手段。

——“通过扶持生产和就业发展一批”。这是对有劳动能力的贫困人口而言，估计有一半的人可以这么解决；可以外出打工的，重点研究怎么为他们提供就业机会。

——“通过移民搬迁安置一批”。自然条件过于恶劣、实在没办法发展的，下决心实行搬迁，这部分人大约有 1000 万。关键是不能一搬了之，要与小城镇建设、城乡统筹发展相结合，按“先有产业，再有公共服务和基础设施，再搬迁”的思路，梯次实施。

——“通过低保政策兜底一批”。对于那些重病、残疾失能的家庭，下决心由社会养起来。而在低保等制度外，可让他们以土地等资产入股扶贫项目，增加收入。

——“通过医疗救助扶持一批”。对因病致贫的贫困人口，要分类扶持。有些病能治好，如白内障，治好了就能看得见了，就有能力致富了。

超常制度约束：以“大扶贫”思路聚合资源

让7000多万农村贫困人口走出“锅底”，并不是扶贫办一个单位的事，也不仅是贫困地区的事，而是全中国的大事，需要举全国之力。

记者采访的众多干部群众、专家学者都认为，要在这么短的时间内完成这么艰巨的任务，特别需要发挥社会主义制度“集中力量办大事”的政治优势。

“扶贫开发是全党全社会的共同责任，要动员和凝聚全社会力量广泛参与。要坚持专项扶贫、行业扶贫、社会扶贫等多方力量、多种举措有机结合和互为支撑的‘三位一体’大扶贫格局”，习近平总书记强调。

宁夏永宁县有一个闽宁镇，取名便是“福建、宁夏合作”之义。

1997年，福建、宁夏联手在一片戈壁滩上建立了闽宁村，将首批8000名贫困农民从“苦瘠甲于天下”的西海固搬迁至此，盖房、开荒、发展产业。如今，村已拓展为镇，辖6个行政村，人口近5万。

“十几年里收入翻了十几倍，我们在这个庄子里算中等。”闽宁镇园艺村村民张耀武说，“家里大车、小车都有，三个儿子都有事做，我们老两口开个门市部，一年能挣一两万。”

这座兼具闽南风情和回族风格的新城镇，是闽宁合作的一个缩影。两省区建立对口扶贫协作关系十多年来，福建人力、物力、财力各层面的援助，带动了宁夏成千上万人脱贫致富。

先富帮后富、共同富裕，向来是改革开放的基本战略。事实证明，对口帮扶方式可以解决很多贫困地区自身难以解决、中央又照顾不到的问题。

武汉大学经管学院教授成德宁说，在扶贫攻坚的关键阶段，要强化对口帮扶的制度安排。国家从1996年就启动了这项工作，东部18个发达省市对口帮扶西部10个省份，但是一直缺少量化约束，没有纳入目标管理。下一步，可考虑给发达省份下指标，促使他们更快、更多地拿出资源投入扶贫。

有专家建议，对各中央部委也应建立类似硬性约束，落实其扶贫责任。

事实上，各部委一直是扶贫的参与者，都成立了扶贫开发领导小组，由部委领导甚至“一把手”任组长。很多部委还分别联系一些贫困片区，分别出台过专门的扶贫政策。教育部的农村义务教育学生营养改善计划、中等职业教育学生学费免除，全国妇联的妇女小额信贷，国家能源局的光伏扶贫，国家卫计委的“流动医院”项目，都在实践中取得了不错的效果。

然而，由于缺乏统一规划，不同部委扶贫力度不一，并且由于政策设计出发点不同，缺乏有效整合，扶贫政策合力尚未形成。

近年来，国家卫计委与教育部合作实施“农村订单定向医学生免费培养”，每年为中西部农村基层培养和输送合格的医学毕业生2.6万名，一定程度缓解了贫困地区医卫人才紧缺问题。但卫计委有关司局负责人表示，这与实际需求仍有很大差距。要建立贫困地区卫生人才流入绿色通道，还需要国家层面在高等教育招生、人才职称评聘、人才招录等多个方面，协调教育、人社、编制等多个部门给予政策支持。

“就像烧水，不能总是在五六十摄氏度，要想烧开，必须加火。”黄承伟以此比喻扶贫资源的分散，“我们有各种各样的资源，只因条块分割的管理方式，到了地方上就各自为政。要把资源集中起来，精准发力。”

聚合扶贫资源，还需要社会力量广泛参与。

2014 年末，贵州省黎平县岩洞镇铜关村举行了一场迎接 Wi-Fi 入村的典礼。腾讯公司宣布，将把铜关建成中国第一个移动互联网村，让贫困村民通过微信与外部世界交流，并在网上销售土特产。

阿里巴巴集团则尝试电商扶贫，启动了“千县万村”计划，帮助农民兄弟通过电商平台实现资源和市场的对接。3 至 5 年内，这一计划可望覆盖全国 1/3 的县及 1/6 的村。

汪三贵说，中国扶贫特点是政府主导，资源项目都是从上到下实施的，比如大型基础设施建设、社会保障体系等。但是一些小的扶贫项目，专业性民间机构和企业可能做得更有效。

而扩大社会力量的参与面，需要一系列体制、机制的突破创新。

甘肃东乡县委副书记马斌说，应当树立“大扶贫”思路。只有贫困地区内外、中央与地方、官方与民间共同行动起来，才能下好扶贫攻坚这盘大棋。

超常用人：“盯人防守”确保一抓到底

人，从来是扶贫攻坚的第一要素。

在国务院扶贫办主任刘永富看来，中央已经出台了一系列促进扶贫开发的政策，关键在于落实，在于各级领导干部有没有把老百姓的疾苦真正放在心上。

记者在调查中了解到，“贫困县领导不关心扶贫”的现象在一些地方不同程度地存在。很多地方仍是“GDP 第一”，把大量精力花在招商引资搞开发上。以扶贫名义要来资金、转手就挪给其他项目的行为时有发生。还有个别地方“穷县富衙”，高耸在贫困区中心的办公大楼格外刺眼。

河南省扶贫办主任张成智认为，出现这些问题，一是有些官员政绩观有偏差，二是考核体系不完善，对贫困地区缺少约束。

这一状况已有所改观。2014年，中组部、国务院扶贫办联合发文，改进贫困县党政领导考核机制，要求把扶贫开发作为考核的主要内容，以提高贫困人口生活水平、减少贫困人口数量、改善贫困地区生产生活条件为主要指标。

张成智说：“这项改革落实到位，要用硬手腕推进，与官员的‘乌纱帽’挂钩，由中央督查，做不到的就要处理人，一票否决。”

强化扶贫开发工作领导责任制；党政一把手要当好扶贫开发工作第一责任人；鼓励和选派思想好、作风正、能力强、愿意为群众服务的优秀年轻干部、退伍军人、高校毕业生到贫困村工作；要做到每个贫困村都有驻村工作队、每个贫困户都有帮扶责任人……习近平总书记从“用人”角度为加大力度推进扶贫开发工作指明了方向。

超常艰难、超常紧迫的扶贫攻坚，需要超常用人。在精准扶贫、精准脱贫时代，只有“盯人防守”才能实现细化到一家一户的高效帮扶。

甘肃省东乡县汪集乡何家村赵万福的脱贫就得益于此。这个68岁的老汉本是特困户，早年丧子，自身腿脚残疾，全家5口人生活窘迫。

“两间矮小的土房墙开了一个洞，他斜躺在炕上，身上盖着一条破毛毯，连起身打招呼的精神都没有。”东乡县能源办主任马占江回忆第一次来到赵家的情景。从2012年起，能源办16名干部受命结对帮扶何家村20家特困户。

干部们坐在赵万福家炕头上，跟他共商脱贫对策。先是帮他申请补贴，改造危房。他掏不起自筹资金，能源办就组织职工捐款，从办公经费中抽出一些，再从其他渠道筹款，终于盖起了新房。能源办是管能源的，很快帮他建了沼气池。又联系扶贫办，帮他申请扶贫资金，修羊圈，还发了 3 只羊。

最后，考虑到赵万福是残疾人，干部们又联系商务局，筹资在村里开了便民超市，就近安排他工作，这样他每个月能有 500 元收入。

3 年过去了，赵万福的生活发生了很大改变，不仅日子过好了，人也精神焕发。见到记者时，他连声感谢："国家把我照顾得好着呢！"

自 2012 年起，甘肃省开展"联村联户、为民富民"行动，40.8 万名党员干部结对帮扶 67.1 万个贫困户，3 年累计减少贫困人口 430 万人，贫困发生率由 33.2% 下降到 19.8%。

千军易得，一将难求。同一贫困地区，同样的扶贫政策，有的村富得快，有的村富得慢，差别往往就在于有没有好的带头人。记者听到了很多老支书、老村长带领群众脱贫致富的故事。而一些地方尝试"第一书记"驻村扶贫，见效更快。

记者拿到了这样一份成绩单：广西 2012 年选派的首批 3000 名"第一书记"已引进项目 3 万多个，累计投资 7.5 亿元，引导 16.3 个万农户发展特色产业，协调修建村屯道路 3.4 万公里、桥梁 2206 座、校舍 5346 间，帮扶困难群众 15.7 万户。

在安徽、山东、河南等省，"第一书记"同样得到贫困群众认可，并出现了一批深受老百姓爱戴的典型，如安徽小岗村的沈浩。

成德宁认为，"第一书记"之所以能迅速打开局面，就因为他们整体素质较高，能得到各级部门特别是财政部门支持，能调动多方资源。这一做法应在更大范围推广，覆盖全国所有贫困村，并且通过"第一书记"带出更多的致富带头人。

让 7000 多万贫困人口追上全面建成小康社会的步伐，意味着到 2020

年中国将消除绝对贫困，这是一项前所未有的伟大工程，没有先例可循。国际上成功的扶贫经验可以吸取，但完成任务最终还要靠“中国式扶贫”。

“对于扶贫开发，既不能垂头丧气，也不能盲目乐观。”刘永富说，在扶贫攻坚过程中，中国对贫困本身的认识也不断深化。必须承认，即便消除了绝对贫困，相对贫困仍会长期存在。贫困不是一两天产生的，要想根治，也不可能毕其功于一役。有些深层贫困问题，需要几代人甚至更长时间去解决，我们必须做好打持久战的准备，切实采取超常措施，切实加大扶贫力度，坚定信心，克难攻坚。

戮力同心打赢扶贫攻坚这场硬仗

小康不小康，关键看老乡。距离2020年实现全面建成小康社会目标没有多少时间了，而我国农村贫困人口到2014年还有7000多万。没有农村的小康，特别是没有贫困地区的小康，就没有全国的小康。小康路上，7000多万农村贫困人口的脱贫步伐直接决定着十几亿人作为一个整体能否如期到达胜利的彼岸。

全面建成小康社会，最艰巨最繁重的任务在农村，特别是集中连片特困地区。扶贫开发是我们第一个百年奋斗目标的重点工作，也是最艰巨的任务。14个连片特困地区成为横亘在全国人民共同富裕前进道路上最大的“拦路虎”。

要实现全面建成小康社会目标，就必须紧紧牵住扶贫攻坚的“牛鼻子”。历经30多年扶贫开发，剩下的多半是“硬骨头”，贫困群众面临吃水难、行路难、住房难、上学难、就医难、增收难等诸多问题，而极贫地区大多生态环境脆弱、生存条件艰苦、脱贫难度很大，发展中的贫困问题凸显。

重任在肩，时不我待，扶贫攻坚“冲锋期”就是要瞄准目标和靶心，真扶贫、扶真贫，把“硬骨头”、极贫区作为脱贫的“牛鼻子”，采取力度更大、针对性更强、作用更直接、效果更可持续的措施，特别要在精准扶贫、精准脱贫上下更大功夫，扶到点上、根上，让贫困群众真正得到实惠，逐步脱贫。

实现精准扶贫，必须做到扶持对象精准、项目安排精准、资金使用精准、措施到户精准、因村派人（第一书记）精准、脱贫成效精准，目标明确、任务明确、责任明确、举措明确，把钱真正用到刀刃上，真正发挥拔穷根的作用。想办法、出实招、见真效，有限的扶贫资源，必须配置精准，药方和病患一一对应，对症下药、精准滴灌、靶向治疗，不能再用手榴弹炸跳蚤。

实现精准扶贫，必须深化改革、创新机制，把集中连片特困地区作为扶贫攻坚的主战场，充分运用好国家加快贫困地区发展的各种政策，注重整体推进与精准扶贫相结合，把片区攻坚、直接帮扶、整村推进、产业开发等做深、做实、做细。要强化扶贫开发工作领导责任制，把中央统筹、省负总责、市（地）县抓落实的管理体制，片为重点、工作到村、扶贫到户的工作机制，党政一把手负总责的扶贫开发工作责任制，真正落到实处。

实现精准扶贫，必须进一步建立“瞄准机制”，做好贫困人口精准识别和建档立卡，并充分利用这个成果，把年度减贫目标分解落实到具体的贫困人口，并将扶贫措施、项目安排、资金使用与之挂钩，明确目标、要求和责任，定期逐一对照检查。要做到每个贫困村都有驻村工作队，每个贫困户都有帮扶责任人。

入之愈深，其进愈难。中国扶贫攻坚，如何完成伟大跨越，续写新篇章，成为时代留给中国共产党人的全新考题。“绝不能让一个少数民族、一个地区掉队”，当前就是要把集中连片特困地区作为主战场，紧紧牵住扶贫攻坚“牛鼻子”，汇聚强大力量，努力提高扶贫“精准度”、啃下攻坚“硬骨头”，戮力同心打赢这场硬仗。

一个贫困乡村的窘境

眼前的这个中年男人，穿着白衬衫，套在衬衫上的西服明显偏大，和我讲话时一直坚持用普通话，但透着浓重的川音。和其他老乡不同，我知道这个人肯定念过书，看过外面的世界。

他叫蒲德昕，是四川通江县空山乡的副乡长。这个县是国家级贫困县，而这个乡又属于该县最偏远的高寒地区。

蒲德昕是土生土长的空山人，当年父亲一句“就算穷死，也要让你念书”，愣是咬着牙让他在铁溪镇念完了职高，后来他又参加了自考，考上大专，毕业后分配回乡工作。

4 月初，空山乡依旧很冷，要烤火塘，这与山下已经穿着短袖的县城，有着天壤之别。

“上学时，同学们一听我是空山乡来的噻，都瞧不起我，叫我‘包谷佬’。”蒲德昕说，“那会真是个穷啊，空山乡有 8 个村，只有坝内的两个村条件稍好一点儿，可以点得起煤油灯，其他的村都用‘松光亮’，就是把松树劈成条条，点起来。没得路，一到领救济粮的时候，漫山遍野都是背着篓子的人。”

1994年，蒲德昕工作的第一个年头，卖掉了家里的两头牛，又借了4000元钱，给乡里建了一个电视站，“这里太闭塞了，我就是想让乡亲们看看外面的世界是啥样子”。

这时，火塘里发出了噼里啪啦的炸柴声。

蒲德昕指了指偎在火塘边的一口锅说：“这米饭一定要煨出锅巴才行，再拌上新煮的土豆，好吃。现在温饱都解决喽，2008年全乡都通了电，就是村路还都是泥巴路，也发展产业，但还是没有富起来。”

“白天在村里采访时，听村里人说过‘三套车’产业园，那是咋回事？”我问。

“‘三套车’产业园是乡里引进的扶贫项目，现在一些贫困地区都在搞产业园噻。空山这地方有种核桃的传统，但品种单一，形不成规模，所以乡里想这是个致富的好路子，曾引进外地的核桃苗嫁接，改善品种。唉！但最后因为外地核桃苗不适应空山高寒的气候，大面积死亡，造成了很大的损失。”蒲德昕说。

“那事先没有请专家在空山做试种和论证？”我又问。

“做喽，专家说应该没得问题，但没想到还是失败喽。”蒲德昕用手里的铁钎戳了戳火塘里的干柴，接着说，“你不知道，我们为脱贫想了好些法子。还想过搞旅游，坝上的风景好。但老百姓的思想观念是个问题，比如，核桃三年才能收，当时刚种了第一年，但村里有些人见树苗没结果，不听劝，愣是把核桃树给拔喽。所以这里靠搞副业致富比较困难啊。”

晚上，雨越下越大。和蒲德昕的聊天，让我感到一种莫名的焦虑。

对于中西部的贫困村而言，基础设施差可以建，但道路通了，脱贫的路又在何方？

下了一夜的雨，早上起来，全乡停电停水了。我用水杯里昨晚剩下的半杯水草草洗漱后，和同事摸黑出了门。

吃早饭时，听乡里干部说，因为乡里没有变压器，下雨高压线容易短路，但一停电，不知道是哪条短路，只能把全乡的每一条线路都检查一遍。2014 年 9 月 17 日通江大暴雨，这里曾停电 12 天。

雨还在下，我和同事决定分头去采访。同事去了坝上的凤凰村，我选择去“三套车”产业园看看。

进了产业园，走不远，就能看到大片的荒地，那里曾种植过核桃。听园区的管理员闫守太说，这个产业园有 120 亩，现在整个园区只能靠种植香菇有点收益，除去各种人工费用，整体效益不大。后来，又引进了成都的车厘子苗培育。

走出产业园时，我心情沉重。

“八七”扶贫，政策支持只能到贫困县；上一个十年，扶贫政策可以到贫困村；现在建档立卡，精准识别到具体的贫困户。但是如果没有产业带头人，这些精准识别出来的贫困户谁来带？如果有一天，外出打工的人因为年老体衰，回到村里，又有什么产业已经发展到可以让他们不会返贫？

极目远眺，人迹渺无。

忽然，一直没有信号的手机收到了微信。我打开微信，是远在北京的同事们正在工作群里讨论亚洲基础设施投资银行的报道，“世界银行可与亚投行合作扶贫”的字句，此刻格外醒目。

聚焦扶贫干部四大“困惑”

在中国，作为扶贫机制创新的重要举措，已有 43 万名干部被选派到贫困地区进行驻村帮扶。这些扶贫干部多是 70 后和 80 后，他们面临的贫困现状和问题，可能是山外的你无法想象的。

扶贫干部所见、所闻、所思、所惑是什么，新华社记者在扶贫调查路上专访了一批下派扶贫干部。

困惑一：致贫因素多，贫困程度深，扶贫压力大

翟敬军原在宁夏财政厅农业处工作，2014 年底，他作为扶贫干部，被派到固原市原州区张易镇大店村进行驻点帮扶。驻村第一天，他家访十多户人家，发现几乎家家贫困。不但家徒四壁，很多还是病、债叠加。对于他来说，村里的一切无不突出一个字：“穷”。

他在日记里写道：“这个被扶贫办列为销号村的大店村，贫困程度还如此之深。一旦销号，这个村的群众怎么办？”

翟敬军的所看所想，在中西部贫困地区具有一定代表性。四川食品药品监管局稽查专员王朝在汉源县挂职扶贫期间，在坭美乡见到彝族群众还与牲畜同住一间屋子时，颇为震惊。“老人一言不发，呆滞的眼神，让我深刻感受到，扶贫、扶志，任重道远。”

中国人民大学反贫困问题研究中心主任汪三贵认为，对贫困要有一个更深刻的认识，它不是一天两天产生的，扶贫也不是一代两代人的问题，是长期问题。由于致贫因素太多，中国扶贫难度相当大，没有简单的办法、一条措施就能脱贫。

困惑二：守着“金饭碗”讨饭吃，寻找脱贫出路困难重重

湖南湘西土家族苗族自治州永顺县小溪乡位于武陵山连片特困地区的核心区。由于风景秀丽，这里被列为自然保护区。当地扶贫干部发现，小溪乡成立保护区之前，村民的生活来源主要靠砍树烧炭、捕猎采药，成立保护区后禁止砍伐树木、捕杀动物，生活没了来源，有能力的村民离开这里，走不了的只能留在山里“守着金饭碗讨饭”。

对于守着资源讨饭吃的贫困地区，扶贫攻坚需要利用市场的力量。四川省社科院副院长郭晓鸣认为，中国的扶贫应该进入大扶贫的格局。要更多发挥社会扶贫作用，探索发展式扶贫道路。激活贫困地区资源要素市场，发展旅游、原材料加工等，找到企业扶贫与精准脱贫的契合点，会开辟一条新的道路，当中要用制度设计解决生态补偿问题。

困惑三：脱贫考核成了“数字游戏”，驻村帮扶没有“驻”进去

在西南地区的某县，一名扶贫干部抱怨说，按季度进行脱贫任务考核，年初报一个计划，但细化到了月，只能在贫困户中找出种植面积大的估算收益，从高到低排序“脱贫”。“压力很大，第一季度没有收成和收入怎么办？数字游戏，对扶贫有多大帮助？”

多地基层扶贫干部还表示，一是驻村没有脱岗，原工作单位任务繁重，每个月只能去村里一次；二是驻村帮扶更多的是协调社会救助和相关局办。但究竟能协调成多少，心里没底。

四川省扶贫与移民工作局副局长刘维嘉说，2020 年实现全面小康，关键在于贫困人口的脱贫问题。每年下达任务时，都有一句话，即将减贫情况落实到乡、村、户，让工作落到实处。“但按季度或按时间上报脱贫人口的问题，应是基层的片面理解。”

国务院扶贫办主任刘永富表示，驻村帮扶就是要求驻村干部脱离原工作岗位，扎扎实实地下到村里，天天和农民在一起。下一步，要对此项工作进行督察，严禁“走过场”。

困惑四：带不来项目和资金，不受当地老百姓欢迎

结穷亲、动真情，对下派扶贫干部而言，这是他们最大的收获之一。但也有一些下派扶贫干部反映，由于自己所在部门没有项目、资金，无法给贫困村带来具体的变化，在村里似乎并不能发挥很大作用，不会受到村民多大的欢迎。

四川省扶贫移民局副局长刘维嘉表示，下派干部在扶贫攻坚中大有可为，而且要起到关键性作用。当前，贫困农户不仅需要投入，还需要技术，如果下派工作队和扶贫干部的作用能发挥好，就能起到很好作用。

“如在银行对贫困户、贫困村的评级授信中，让下派干部及工作组参与，就能让更多贫困户在扶贫小额信贷方面免于担保、抵押，因为他们了解农户。”刘维嘉说，下派工作组还可与市场对接，把产业发展与电子商务平台建设联系起来，为农民找市场。

打好超常“组合拳”，确保贫困人口如期脱贫

科学谋划好“十三五”时期扶贫开发工作，确保贫困人口到2020年如期脱贫——习近平总书记在贵州召开7个省区市党委主要负责同志座谈会，听取对“十三五”时期扶贫开发工作和经济社会发展的意见和建议，向全党全社会发出了扶贫攻坚决战决胜的总号召。

“如期”二字，重如泰山。细心的人们也许会注意，之前，党的十八大报告中也出现了“如期”二字——“如期全面建成小康社会任务十分艰巨，全党同志一定要埋头苦干、顽强拼搏”。

两提“如期”二字折射出：无论是全面建成小康社会，还是完成扶贫

攻坚目标，时间都是如此紧迫，任务都是如此艰巨。

全面建成小康社会，最大的短板就是扶贫攻坚。新华社记者深入贫困角落调查发现，许多地方的贫困程度、扶贫攻坚的难度超过一般人的想象。

2014 年，距离 2020 年只剩下 5 年多时间。要补齐短板，使 7000 多万人摆脱绝对贫困，平均一年至少也得脱贫上千万人，而且往往越往后越难，按照常规思路办，肯定不行。只有增强紧迫感和主动性，采取超常举措，拿出过硬办法，切实落实领导责任，切实做到精准扶贫，切实强化社会合力，切实加强基层组织，才有可能“如期”完成既有目标。

超常举措、过硬办法，并非单一策略，而是要打好一套既有精准性又具综合性的扶贫“组合拳”。

打好超常“组合拳”，方向要准。时间紧、任务重，方向切不可有所偏移。要坚持党的领导，发挥社会主义制度集中力量办大事的优越性。党政一把手要当好扶贫开发工作的第一责任人，落实工作到村、扶贫到户的工作机制。在全面建成小康的道路上，不让一村一户掉队。从中央到地方，不同层级各担其责，共谋一盘扶贫大棋局。

打好超常“组合拳”，力度要强。扶贫开发是关乎全社会责任的民生大计，必须凝聚党和政府、社会、民众之合力。扶贫过程中产生众多需求，农村地区也出现诸多机遇，通过深化贫困地区的针对性改革，创新机制和政策，扶持生产与就业，彻底改变贫困地区“留人难”的困境。用好、用活贫困地区差异化的资源要素，将专项扶贫、行业扶贫、社会扶贫等多方力量拧成一股绳，把东部与西部紧密连接在一起，力求实现全体参与、协作共赢的扶贫发展大格局。

打好超常“组合拳”，落点要准。14 个集中连片特困地区仍是扶贫攻坚的主战场，要确保 2020 年如期全面脱贫，势必要发挥基层党组织的战斗堡垒作用。抓好基层组织建设，形成一支“沉得下去、真抓实干”的扶贫干部队伍。精准扶贫指导下的扶贫攻坚，不再是苦差事，而应是基层干部树作风、固思想、强能力的新平台。要用超常思维建设基层组织，敢用人、用对人，通过选派扶贫工作队和起用村中能人的方式，让真正了解农村生态、熟悉发展规律的人才为精准脱贫领路。

消除贫困、改善民生、实现共同富裕，是社会主义的本质要求，是中国共产党的重要使命。我们要充分认识到，实现7000多万人口脱贫，不是最高目标，而是底线目标。这项兜底工作必须完成，也一定能够完成。

让有限资源更精准指向贫困群众

随着2020年渐行渐近，全面建成小康社会的美好图景正徐徐展开。

“全面建成小康社会目标能不能如期实现，很大程度上要看扶贫攻坚工作做得怎么样。”正如习近平总书记所强调的，要打好扶贫攻坚战，留给我们的时间已经不多了。

面对如此艰巨的任务，我们到底应该怎么做？已有的常规扶贫举措能否适应当前形势发展？国务院扶贫办主任刘永富就此接受了新华社记者专访。

贫困地区面临五大突出问题

“党的十八大以来，习近平总书记多次深入贫困地区，看扶贫、讲扶贫，对贫困地区发展非常关心。贫困地区之所以贫困，有自然地理条件原因，也有社会历史原因。”刘永富分析，贫困地区经济社会发展面临的突出问题主要有五类。

—— 一是道路交通。经过多年发展，全国交通主网干线已经基本健全，但是贫困地区方便群众生产生活的村组内道路还欠账很多。

—— 二是生产用电。现在生活用电基本解决了，但是西部贫困地区还有 20% 的行政村缺少加工生产所需的三相电，制约了当地产业发展。

—— 三是农村住房。国家对农村危房改造有补贴，但是农民自己还是要出大头，越穷的人越享受不到补贴，越盖不起房子，住房不安全是个比较普遍的问题。

—— 四是教育问题。山里孩子每天要翻山越岭去上学，有的父母不得不搬到学校附近陪读。还有的贫困家庭孩子大学毕业后找不到工作，出现因学致贫现象。

—— 五是医疗卫生。贫困地区缺乏医疗资源，小病扛、大病拖，最后全劳动力弄成半劳动力，半劳动力弄成没劳动力。一人得大病，全家跟着穷。

“全社会都动起来，形成扶贫开发合力”

“对于扶贫开发，既不能盲目乐观，也不能垂头丧气。”刘永富说，确实全国还有部分地区十分贫困，特别是一些“犄角旮旯”的地方，地理环境、交通条件都不太好。

他表示：“但是，做总比不做强。我们不需要每一个村庄都通硬化路，这点即便是发达国家也做不到。但在有条件的地方帮一把、扶一下，就能解决一些问题。”

在刘永富看来，中央已经出台了一系列促进扶贫开发的政策，关键在于落实，在于各级领导干部有没有把老百姓的疾苦真正放在心上。

“我们去贫困地区县城看看，发展情况还比较好，但是到底下的贫困村、贫困户走走，才能看到贫困的真面目。扶贫开发不是没有办法，关键是有没有苦干真帮。另外，需要全社会都动起来，形成扶贫开发合力。”

据统计，全国劳动人口多数具有初中以上学历，但贫困人口以初中和小学文化程度为主，其中文盲、半文盲比例接近 14%。

“我看到一个贫困群众，问他为什么不出去打工，他说岁数大了，不敢出去闯了。问了下年龄，才 40 岁。可见扶贫要扶智，要从改变贫困群众的思想、眼界、观念入手。”刘永富说。

驻村干部“就是要住在村里，和老百姓一起干”

2014 年，各级政府向贫困村派出了 12.5 万个工作队、驻村干部 43 万人，成为带动群众脱贫致富的“主心骨”和“带头人”。

刘永富说，要让驻村干部发挥作用，关键是选对人。“你让单位的‘闲人’或刚参加工作的新人下去能行吗？本来农村工作就复杂，还没有实际工作经验，很可能是不知道怎么干，甚至形成老百姓不认识他、他也不认识老百姓的尴尬局面。驻村工作队不能像在机关上班一样经常回家，就是要住在村里，和老百姓一起干。”

谈到扶贫的具体手段，刘永富认为，2015 年开始推进的精准扶贫十大工程是有力抓手。

“比如整村推进工程，整合各类涉农资金来完善村组道路等基础设施，推进公共服务和发展特色经济，非常有效。再比如扶贫小额信贷，俗话说‘一分钱难倒英雄汉’，何况贫困人口还不是英雄汉，给他们启动资金，就能给生计带来很大变化。还有旅游扶贫、光伏扶贫等，都能有效增加农民收入。”

扎实推进扶贫攻坚

除了这些“短平快”的项目，一些惠及长远的扶贫工程也在谋划推进中。“像职业技术教育培训工程，让贫困地区农民孩子免费接受中等职业技术教育，掌握一门实用技能。两三年后毕业当个技术工人，就能带动全家人脱贫。稳定就业的，还可以去城镇落户。这个项目我们计划每年培训200万人。总的思路是，有劳动能力的贫困人口找到当地能发展的产业，就地脱贫致富；愿意走出去的培养成为城里急需的技术工人，走出去挣钱。我们还要对‘一方水土养不起一方人’的地方实施扶贫搬迁，帮助他们‘挪穷窝’，并实现稳定就业增收。”刘永富说。

2014年，全国扶贫系统完成了规模浩大的扶贫开发建档立卡工作。刘永富认为，这是推进精准扶贫的根基。“以前没有建档立卡，扶贫政策大多数是漫灌，一享受都享受，一不享受都没有。像免费午餐计划，要通过进一步完善，让有限的扶贫资源更精准地指向真正需要的群众，发挥出最大效益。”

“我们有理由相信，只要各地各有关方面以更加明确的目标、更加有力的举措、更加有效的行动，扎实推进扶贫攻坚，坚持区域发展与精准扶贫相结合，贫困地区贫困群众脱贫致富奔小康的梦想一定能如期实现。”刘永富表示。

没有好的乡村教育，就不会有美丽乡村

导言　身在北京，为何却说“那个北京”？

“乡村教育”调查，是“乡村中国三部曲”的第二部。

第一部是“扶贫调查”，产生了较大社会反响，影响了高层决策。

这次乡村教育调查小分队分成两组，分别去甘肃、湖南、河南、北京等地调查。调查的结果，让人喜忧参半，或者说“喜中有忧”：现在的乡村，大部分地方硬件都已经建起来，但是“软件”尤其是师资成了大问题，成了“最痛点”……

不是现场调查，又有谁能想到，就在北京门头沟小学，音乐教师杨雪的愿望竟然是“带孩子们去看80公里外的那个北京”。

身在北京，却说“那个北京”，究竟有几个北京？

这不禁让人想起科幻作家郝景芳创作的中短篇小说《北京折叠》——书里的北京空间分为三层，不同的人占据了不同的空间——“折叠北京”“立体北京”，何尝不是“立体中国”的折射？

这样的调研，小分队每次都要采访数十人甚至一二百人，都要行程数千甚至上万里，标题里动不动就有了“万里”二字，如《美丽的坚守：万里探访乡村教师》。

行万里路，才有了这样的影响力——河南封丘教学点的李艳丽老师有了电子琴可以开设音乐课了，湖南慈利返聘的“单腿老校长”有了新的义肢，湘西偏僻乡村有了新的支教教师……

乡村教育获得长足发展但仍“喜中有忧”

近年来，我国逐年加大农村教育投入，农村教学条件和质量获得了长足发展。硬件上，仅 2014 年中央财政就投入 500 亿元专项资金，全面改善贫困地区义务教育薄弱学校基本办学条件。软件方面，中小学、幼儿园教师国家级培训计划得到扩大实施，全年培训 240 万人次，实现中西部义务教育和幼儿园的全覆盖。

新华社记者赴河南、湖南、甘肃、辽宁等地调研后发现，不容否认的是，我国农村教育在取得长足发展的同时仍然存在一些困难和问题，比如生源流失、教师老龄化、教学质量有待提高等。

甘肃省兰州市西固区孟家山小学是一所按照百人规模建设的小学，上学期仅有 6 名学生，还分布在 4 个年级。“现在不愁别的事，最愁的就是孩子越来越少，这么好的学校如果没有了学生真是可惜。”孟家山小学校长陈爱邦说。

条件越来越好，可是学生越来越少，记者走访的多个农村教学点都存在这样的现象。数据显示，甘肃省学生人数在 10 人以下的“麻雀学校”达 3700 多所。

时任甘肃省教育厅厅长王嘉毅说，在农村地区接受义务教育的适龄儿童的家长大多是90后，他们在农村待不住，只要身体允许就带着家人外出打工，孩子也就离开当地到外地上学。

“学生的流动影响到了教师移动，许多乡村的小学变成了‘漂亮的薄弱学校’，优秀师资根本留不住，造成了县城学校大班额、农村学校‘空了心’的现象。”中国教育科学研究院研究员储朝晖说。

“目前的状况是村里老师想去镇上，镇上老师希望去县城，县城老师努力往市里奔，剩下的老师大多在50岁以上，年轻老师又很难招进来，工作越来越难做。”甘肃省会宁县一所学校的校长告诉记者。

教师老龄化是农村教育存在的另外一个问题。辽宁省鞍山岫岩满族自治县朝阳镇朝阳村大河南小学有30名学生，仅有的3个老师年龄分别为53岁、57岁、60岁。

“解决乡村教师流失问题，待遇是关键但并不是唯一，对教师住房、生活甚至是恋爱等现实问题都需要考虑到。”储朝晖说，光靠情感留人不可能解决目前的这些困境。

到2020年基本实现教育现代化，重点和难点在乡村。全国政协委员马德秀建议各级政府切实把加强乡村教师队伍建设作为教育优先发展的突破口，从最薄弱的老少边穷岛地区入手，采取有效的措施，尽快形成乡村教师“下得去、留得住、教得好”的良好局面。

可喜的是，乡村教育尤其是乡村教师进一步引起了中央高度关注。2015年6月初，国务院办公厅印发《乡村教师支持计划（2015－2020年）》，全面部署乡村教师队伍建设工作。

为进一步提高城乡义务教育经费保障水平，中央财政下拨城乡义务教育补助经费1305.8亿元，比2014年增加约80.9亿元，增长6.6%。

为落实《乡村教师支持计划（2015—2020年）》，从2015年起，中央财政扩大了“特岗计划”实施范围，将连片特困地区以外的省级扶贫开发工作重点县纳入政策覆盖范围。同时，从2014年10月1日起提高特岗教师工资标准，年人均西部由2.7万元提高到3.1万元，中部由2.4万元提高到2.8万元。

时任教育部部长袁贵仁表示，2015年将继续集中力量解决教育公平中的紧迫问题，加快缩小城乡差距。各地要在乡村教师待遇、职称评定、周转房、培养培训等方面制定有吸引力的政策措施。

美丽的坚守：万里探访乡村教师

矮小、拥挤的土坯房里，摆放着20世纪七八十年代的家具；红砖垒砌的矮墙，只有邻居水泥院墙的一半高；院子里堆满杂物、柴火和废品……这是乡村教师杜程枫的家。

虽然并不富裕，这位河南封丘县树人中学的语文老师却已经坚持从教20多年——

“军人讲军心，乡村教师也得讲‘军心’，就是对职业的坚持和信念。”杜程枫说。

和他一样，中国330名万乡村教师就像黑夜里的蜡烛，给15万所农村义务教育学校和4000多万个农村娃带来温暖的光。

2015年6月，国务院办公厅印发《乡村教师支持计划（2015—2020年）》，对乡村教师而言，他们期盼的阳光到来了。

记者奔赴湖南、甘肃、河南等地，深入最偏僻的角落，探访乡村教师，了解他们的生存现状，倾听他们的喜怒哀乐……

扎根

河南封丘，位于黄河滩区的国家级贫困县。树人中学距离县城约9公里。杜程枫和妻子段振岩大半辈子都在这里工作。

一个月2000元出头的工资，杜程枫夫妇要养活两个学龄女儿和双方老人。大女儿一直想买台电脑，可杜程枫没敢买，“买了电脑，家里其他开销就‘扯不开’了”。

经济拮据的家庭最怕病，偏偏妻子段振岩身体孱弱，杜程枫也因多年站讲台而落下了腰椎间盘突出的毛病，挨到非治不可的地步，在学校爬一层楼要一个小时。“为医药费发愁的时候，觉得自己都不会笑了。”杜程枫掏出一个皱巴巴的白色塑料袋，里面是几十张医院缴费单，不少看起来已有些年头，“我都存着，给自己留个念想，记得当初最苦的日子”。

纵然如此，杜程枫、段振岩夫妇从没想过改行。“最初也有点冲着公家的铁饭碗，被分到了农村，干着干着，就舍不得学生了。”

当被问起最幸福的事是什么，杜程枫憨憨一笑说：“评上了职称，可以加点儿工资。”而他最骄傲的是逢年过节，自己亲手送出农村的学生们回乡过年，会来看望他。

搬砖、绑钢筋、卖春联、贴年画……在乡村教师平均工资不到2000元的封丘县，这是老师们贴补生活的常态。可是，很少有人因此离开。

这些清贫的老师就像一群候鸟，每逢寒暑假四散开来，各寻生计；开学了，又成群结队回到校园，扎下根来。

《乡村教师支持计划（2015－2020年）》提出，要全面落实集中连片特困地区乡村教师生活补助政策，依据学校艰苦边远程度实行差别化的补助标准；在现行制度架构内，做好乡村教师重大疾病救助工作。

虽然还不知道自己的腰椎间盘突出能不能享受重大疾病救助，但支持计划还是让杜程枫感到很大的安慰。“国家知道乡村教师不易，情况肯定会越来越好的。”

坚守

距离封丘县900多公里的湖南慈利县，乡村教师卓从美在这个岗位上的年头比杜程枫更久。如果算上退休返聘，他已经干了40多年。

退休返聘教师卓从美，是湖南慈利县江垭镇龙潭湾点校的校长，也是老师，还是保安员和保育员。年过花甲的他，一个人守着这里的8个孩子。多年前，卓从美为保护学生而被落石砸中受伤，左腿截肢，之后，学生和家长一直称他“单腿校长”。

卓从美的作息时间是这样的：5时半起床，6时20分开学校大门，带着孩子们上早自习，然后去给孩子们做早餐。7时40分带着孩子们吃早餐，8时20分开始给4个年级轮流上课。11时30分，上午课程结束，孩子们做作业、玩耍的时候，卓从美就进食堂做午饭。12时带孩子们吃午饭，吃完他开始守着孩子们午睡。下午2时20分上课，等4时多孩子放学了，他才开始忙自己的事。

因为连轴转的“包班制”，卓从美上课时常常需要装着假肢连续站4个小时，下课了再转战厨房给孩子们做午饭，“上完语文上数学，上完这个年级上那个年级，中间连去厕所的时间都没有”。因为长时间站立，他的腿经常隐隐作痛。

1个老师，8个学生，空荡荡的教学点里，还有一片绿油油的菜地。

卓从美自己种了油麦菜、萝卜、白菜。他说，自己种的，孩子们吃起来健康。尽管和家人分隔两地，但一人坚守的他毫无怨言，“学生爱吃我种的菜、做的饭，我最开心”。

1976 年开始，卓从美成了一名乡村教师。2015 年 1 月，他原本已经退休了，可因为当地是山区，太偏远，其他老师不愿意来。领导找他当“补丁”，于是，他成了返聘教师。“其他人都不来，孩子们离不开我，我得守在这儿，直到守不动为止。”

相隔近千公里，河南省济源市王屋山深处的和平教学点，62 岁的张学明抱着和卓从美一样的想法。在过去的 42 年里，他教了成百上千个学生，其中有不少是祖孙三代，如今，这里只剩下 9 个孩子。

2014 年，退休后的张学明由于患有轻微脑梗，本已打算离开学校在家安享晚年，可是，山窝里的学校条件太差，没有新老师愿意来接替。无奈之下，学校只好返聘了张学明。

“假如我不来，这些孩子就没人教了。”张学明割舍不下这仅有的 9 个孩子，不顾家人劝阻，接受了返聘。除了包班上课，还给住宿的孩子们做饭、看大门，遇到冬天缺水时，还得挑着水桶走上二里地打水……

年过花甲的他，一人挑起了一所学校。

“等到孩子们不需要我了，我再退休吧。”坐在学校门口，看着自己坚守了 40 余年的校园，张学明的眼神朴实而坚定。

《乡村教师支持计划（2015 —2020 年）》提出，国家对在乡村学校从教 30 年以上的教师按照有关规定颁发荣誉证书。在卓从美、张学明这样兢兢业业一辈子的乡村教师眼里，这意味着国家对他们终其一生奋斗的事业予以肯定与尊重。

“还有，孩子和家长的肯定，对我们来说是另一种最大的荣誉。”张学明说。

挣扎

80后乡村教师小雪工作的学校，离北京市核心城区只有80公里，但孩子们去“真正的北京”机会还是不多。

她说，这里是“另一个北京”。

2010年，从黑龙江省齐齐哈尔大学本科毕业之后，小雪选择来到北京门头沟山区当老师。从学校到她位于城里的家，需要两个多小时。

2014年8月，小雪做了妈妈，2015年3月恢复上班。为了早些给山里的孩子上课，她把半岁的宝宝也带到了大山里。因为工作太忙，婆婆只好随着她一起到山区照顾孩子。

学校给小雪分了一间宿舍，十几平方米的开间里，陈设是一张床和一台电视机。

“来了才发现有落差。这里的学生比我过去实习的重点中学少多了。”小雪满心以为自己开口唱歌孩子们会喜欢，“可是我一张嘴，他们都吓坏了，觉得特别不好听，因为还不懂得欣赏美声。”

小雪说，她最大的心愿，就是多组织几次活动，带孩子们到80公里外的北京去看看。

小雪的内心不是没有挣扎。“刚毕业的时候也没想那么多，可是生活太现实了，有了孩子以后，我会犹豫，不想让孩子也在大山里生活。”

小雪的犹豫在乡村教师中并不少见。东北师范大学农村教育研究所发布的《中国农村教育发展报告2013—2014》中一组数据显示，65.7%的农村教师希望流动到城市任教，90.33%的乡镇教师希望到县及以上城市任教，93.35%的村屯教师希望到乡镇及以上地区任教。

距北京1500多公里远的甘肃省会宁县李湾小学，36岁的代课教师段晓霞在教了10多年学后，对未来也不那么确定了。

段晓霞教六年级数学、英语和二年级数学、思想品德，经济收入却还不到其他老师的零头，因为她是代课老师。

从刚工作时每月19元到现在每月200元，段晓霞和打工的丈夫、一对儿女生活得非常艰难。“最怕孩子生病，没有钱给他们看病，作为母亲，我难受。”

段晓霞全家住在学校的一间单身宿舍里，屋子里只有两张桌子、一个火炉、一张床和一个柜子，写字台台面掀起来就是切菜板，家里最值钱的是一台300元买来的旧电视机。

“和同龄人相比，我的脸上就带着老相。”段晓霞黯然，也觉得委屈，都是老师，待遇却十分不同。同时，她也恨自己没有抓住机会考取转正名额。

段晓霞小心翼翼地拿出一个盒子打开，里面是她这些年来获得的所有奖励：优秀教师、教学能手……可她不是正式编制教师。

根据甘肃省相关政策，她还可以通过考试转正。但是对于是否能通过考试，段晓霞心里没底：“年纪大了，记忆力也下降。如果不能转正，我也不知道该咋办。”

《乡村教师支持计划（2015—2020年）》提出，严禁在有合格教师来源的情况下“有编不补”、长期使用临聘人员。对于“段晓霞们”而言，这是不是另一个希望，仍未可知。

希望

10时50分，大课间铃声“开门红”音乐一响，瞬间点燃了整个教学点。

20 名小学生自由组队，玩起了花样跳绳，大绳双人换位跳、三人换位跳、大绳套小绳……银铃般的笑声响彻校园。两张年轻的面孔格外引人注目——她们是这个教学点的“新兵”：20 岁出头的乡村教师赵颖、姚文杰。

这里是河南省济源市下冶镇石槽教学点，位于王屋山的山坳里，周围青山环绕，距离市区 55 公里。教学点共有师生 60 人，其中幼儿园 34 人，一二年级 20 人，教职员工 6 人，辐射周边 5 个自然村。

赵颖 2013 年从南阳师范学院毕业后，通过特岗教师考试来到这里。“我刚来的时候，觉得这儿死气沉沉。喏，你看，现在校园像沸腾了一样。”赵颖乐呵呵地说。

“能把‘接力棒’交给她们，我就放心啦。”看着两位年轻老师和孩子们玩成一团，站在一旁的老教师李欣南非常感慨，“年轻人就是有活力，孩子们喜欢得很！”59 岁的李欣南是这里的“老兵”，因年龄和身体原因，目前主要负责学校后勤、安全工作。

姚文杰家在 100 公里之外的孟州市，2014 年大学毕业后来到这里当特岗老师。她说，这里的大课间活动丰富多彩，不光有跳绳，还有腰鼓、唱歌、舞蹈，还自编了《快乐的一天》《遥远的爸爸妈妈》等校本剧。“孩子们学得很快，腰鼓一周就学会了，最重要的是孩子开心。”

白天跟孩子们一起玩、一起上课、一起吃饭，晚上陪孩子们一起睡觉。闲暇时上 QQ，打电话给家人或同学，再看看书，这就是赵颖和姚文杰的学校生活。和一般年轻人相比，她们的生活里少了热闹，少了物质，却多了恬淡、纯粹、自由和安宁。

在赵颖和姚文杰的宿舍，记者看到了孩子们写给她们的小字条，上面写着“老师，我会想你的”“老师，我希望早点见到你，新年快乐”等。

“孩子们让我们感到了家的温暖，有的从家里给我们带枣糕、馍馍、红薯，周日下午返校，早早地就坐在校门口等我们回来，就像等亲人回家一样。”两年多来，赵颖最大的变化是：从不想来、不适应，到不想走、不舍得。

《乡村教师支持计划（2015—2020年）》提出，要拓宽乡村教师来源，鼓励有志青年投身乡村教育事业，畅通高校毕业生、城镇教师到乡村学校任教的通道。在主要举措中，则明确提出，适时提高特岗教师工资性补助标准；高校毕业生取得教师资格并到乡村学校任教一定期限，按有关规定享受学费补偿和国家助学贷款代偿政策。

对于赵颖、姚文杰这些90后的年轻姑娘们而言，新政策或许会为她们吸引更多年轻的同伴。

“我没想过走，我相信，还会有更多人来的。”伴着孩子们跳绳的英文背景歌，赵颖这样说。

记者发稿前，从教育部网站传来消息：2013年9月连片特困地区乡村教师生活补助政策颁布实施以来，22个省份699个县中已有21个省份604个县实施了乡村教师生活补助，受益乡村教师94.9万人，人均月补助标准为307元，比2013年增加49元……

让“师资”不再成为乡村教育“最痛点”

一方面是资金倾斜，投入增多，硬件加强；另一方面则是师资老化断档，结构性短缺……

建设美丽乡村，离不开乡村教育。记者调研发现，虽然近年来乡村教育进步巨大，但边远贫困地区乡村学校建设中的短板问题仍十分严重，尤其是师资问题是“最痛的痛点”。

怎样的乡村教育才能托起农村明天的太阳？面对《乡村教师支持计划（2015—2020年）》，人们普遍期盼，各项政策能精准发力，尽快落地，让“漂亮的薄弱学校”不再薄弱。

逐步告别“危房时代”

“那样的时代，以后就只能定格在图片里了。”搬出危房那天，刘凯军和学生们在教室前留了一张合影。

甘肃会宁，地处干旱贫瘠的黄土高原，却是基础教育的强县。刘凯军是会宁县杨崖集乡罐峡小学校长。他经历了乡村教育的“窘迫”时代，“不仅在危房里上课，甚至连教具都没有，上课就是粉笔加黑板”。

如今，他和学生们搬进了宽敞明亮的新教室，还用上了“班班通”等先进的教学仪器。

罐峡小学是乡村义务教育阶段学校基本办学条件改善的缩影。近些年来，随着国家及地方各级政府从政策、资金等方面加大投入力度，我国乡村教育进入了发展“快车道”，在基础设施等硬件方面同城市差距不断缩小。

据时任甘肃省教育厅厅长王嘉毅介绍，从2014年到2018年，甘肃规划总投入214.16亿元用于改善全省1.1万多所农村义务教育薄弱学校的基本办学条件，2014年已投入资金超过56亿元，新建、维修校舍120多万平方米，消除中小学D级危房151万平方米，项目覆盖了5400余所农村薄弱学校。

“让农村坐上教育发展的‘头把交椅’。”2014年通过国家义务教育发展均衡县验收的河南省济源市教育局副局长原涛说，该市山区学校的“班班通”比例达到70%时，城区还不到60%。该市所有农村学校、教学点都已实现“班班通”，并且所有上网费用全部由财政买单。

资金向乡村教育倾斜已成各级政府的共识。河南省教育厅提供的数据显示，2014 年该省财政教育支出中，仅农村义务教育阶段学校支出就占到 49.3%。湖南省教育厅统计，2014 年该省农村学前教育、义务教育、高中阶段教育学校共安排公共财政支出 495.51 亿元，占全省的 68.6%。

在中央层面，据不完全统计，中央财政 2014 年全年安排教育支出近 1600 亿元，其中安排农村义务教育经费保障机制资金 878.97 亿元，占比超过 50%。2010 年至 2014 年，中央财政还累计补助资金 966.6 亿元，用于改造乡村薄弱学校的基本办学条件。

我国已有 28 个省份的 757 个县（市、区）通过国家督导评估认定，成为国家义务教育发展均衡县，占全国县（市、区）总数的 26%。

“无论是基础设施，还是教师队伍、学生资助等，进步是很大的。”在基层从教近 30 年的十二届全国人大代表、湖南省通道侗族自治县第一完小校长蒙兰凤说。

祛除“最痛的痛点”

进步固然巨大，但短板依然明显。

地处武陵山区连片贫困地区，从湖南通道县县城驱车两个多小时，绕过 7 公里 118 道弯的盘山路，记者终于到达位于大山深处的金坑希望小学。校长杨国进充满忧虑：“随时可能请不到代课老师，根本没有体、音、美老师，英语主要靠外面来的支教老师。”

金坑小学有一至五年级 127 名学生，还有两个学前班 44 个孩子，共 171 人，11 名老师中有 5 个公办老师、4 个代课老师、2 个支教老师。代课老师每月工资仅 1200 元。

33岁的杨庆花2004年从怀化学院小学教育专业毕业后就在这里代课，她的两个孩子一个6岁，一个8岁。“也想过出去打工，又不想让自己的孩子成为留守儿童”，但因为工资太低，她“不知道自己还能在这儿坚持多久”。

金坑小学的情况并非特例。记者调查发现，一方面，在一些地方，农村教师老龄化严重，部分学校甚至面临教师“断档”之忧；另一方面，农村教师又存在严重的结构性短缺，很多地方只能实行包班教学，教非所学、学非所教情况较为普遍。

2015年4月1日，由习近平总书记主持召开的中央全面深化改革领导小组第十一次会议指出，到2020年全面建成小康社会、基本实现教育现代化，薄弱环节和短板在乡村，在中西部老少边穷岛等边远贫困地区。

“然而，乡村教育仍做不到让每个乡村孩子都能接受公平、有质量的教育，阻止贫困现象代际传递。”河南教育学院教授徐玉斌说，硬件的改善难掩教学质量上的鸿沟，质量差的关键在师资。“师资紧缺已成当前乡村教育最痛的痛点。”

记者在调研中了解到，在湖南省衡山县，乡村小学教师50岁以上的占41%，30岁以下的教师只占15%，少数乡镇找不到30岁以下的教师；河南省济源市56岁以上的乡村小学教师占20%；在一些农村教学点，退休返聘教师成为“主力军”。

作为农村教师重要补充渠道的特岗教师，也不能满足缺口需要。湖南省通道县2014年计划招聘120个特岗教师，最终只招到80多个；河南西华县2014年计划招聘220名老师，报到的只有160多个；封丘县非本地户籍的特岗教师流失率约为50%。

调研路上，记者看到、听到的一些事例折射出部分地区农村教师的结构性短缺令人忧心。

湖南省桑植县桥自弯小学，语文课曾由炊事员“代班”；河南一些农村孩子的数学课由体育老师来教。更多农村孩子的语、数、音、体、美课程，全部由一位包班老师来完成。

河南省济源市一位教育界人士告诉记者，她曾在听教时发现一所农村初中的生物课由音乐老师来教，上课时由于紧张，老师先带着学生唱了一首歌。该市教育部门统计，山区小学新入岗的数学教师专业对口率不到60%，报考语文、计算机、音乐、体育、美术而改教小学数学的教师达45%。

这些情况直接导致农村中小学的教学质量同城区中小学差距明显。2014年冬，济源市92所小学数学质量抽测，平均分85.2，城区小学全部超过平均分，农村小学仅有两所超过了平均分；2014年中招成绩分析，22所农村初中只有两所超过全市平均及格率。

“学生是根本，教师是关键，教学质量是公平核心，教师短缺导致质量无法保证，难阻学生外流，很多农村学校因此成了漂亮的薄弱学校。”储朝晖认为，财政倾斜并没有根本改变城乡教育质量的剪刀差，某些地方甚至有所加剧。

“漂亮的薄弱学校”怎么办？

“不怕贼偷，就怕来客。”采访中一位乡村教师如此描述自己的收入状况。

在湖南，农村教师人均月收入为2483元，远远低于同学历、同年龄外出打工人员收入，甚至比当地农民聘请的木工、水泥工的收入还低。

“收入少、地位低、前景差，乡村教师岗位凭什么吸引优秀人才？”

徐玉斌说，教师是最伟大、最美丽的职业，坚守在边远贫困地区的乡村教师则是更伟大的一群人，但偏偏是这些人的收入得不到保证，价值得不到承认。

记者走访发现，一些乡村教师为补贴家用不得不开发“第二职业”——有人晚上开出租车，有人暑假跟着建筑队绑钢筋，有人帮村里盖房修路搬砖，有人到周边工厂打零工。

河南省封丘县教育局一位干部说，外地来的男特岗老师找对象，当地种地的姑娘都不愿找他，“嫌他收入太低”。以往在村里受人尊敬的“老师”“先生”，现在成了连新房都盖不起的“穷教书的”。

“如果老师的待遇和地位在村里都是最低的，怎么能够让学生认识到知识的价值？”杜程枫和妻子都是乡村教师。周围外出打工的村民都建起了两层小楼，而他全家仍住在20世纪80年代盖的土坯房里，相比之下颇为寒酸。

为解决这一问题，2015年6月初，国务院办公厅印发《乡村教师支持计划（2015—2020年）》，全面部署乡村教师队伍建设工作，要求多措并举，定向施策，精准发力。

各部门、各地区都已开始积极落实计划要求。新学期开学全面推行的中小学教师职称改革的一个重要指向，就是要修订评价标准，向农村和边远地区教师倾斜。有些地方，像湖北省已出台支持计划的地方实施办法，从工资待遇、社会保险、教师补贴、职称评聘等方面，切实提高乡村教师的生活待遇。

“对于目前处于严重困难的乡村教育来说，这无疑是场‘及时雨’，对于改善乡村教育现状意义重大。”储朝晖说。

“乡村教师的工资待遇必须让别人羡慕。”蒙兰凤说，“同时还要拓展乡村教师补充渠道，统一城乡教职工编制标准，职称评聘向乡村学校倾斜，才能让‘漂亮的薄弱学校’提高教育质量，阻止住生源的恶性流动。”

受访专家认为，乡村教育是否公平、有质量，不仅关系老师、学生、家长，更关系新型城镇化的基础和全局。没有好的乡村教育，就不会有美丽乡村，也不会有城乡统筹发展，全面小康的短板就难以补齐。

储朝晖说，从根本上建立城乡教育的良性生态，就必须真正确立城乡居民平等享受义务教育权利的理念，然后通过资金投入、人员配置、政策调整等全方位的措施提升乡村教育水平。

“解决乡村教师问题，是提升乡村教育的重要支点，但必须看到，仅靠这个支点是不够的。让城市和农村的孩子拥有享受教育公共服务的均等权利，我们要做的还有很多。”他说。

让乡村教育得到质的提升

作为教师队伍建设的重要组成部分，乡村教师支持计划引起人们的关注。

党和政府高度重视教师尤其是乡村教师群体，采取了一系列政策措施，尤其是2015年6月发布的《乡村教师支持计划（2015—2020年）》，提出了拓展乡村教师补充渠道、提高乡村教师生活待遇、统一城乡教职工编制标准、职称（职务）评聘向乡村学校倾斜、推动城市优秀教师向乡村学校流动等八大举措，旨在解决乡村教师“下不去、留不住、教不好”等突出问题。

记者奔赴多地进行乡村教育调研，一些乡村教师反映，“料好更需加工好”，作为当前乡村教育“最痛的痛点”，师资问题需得到各级党委和政府进一步重视与支持。

祛除乡村教育“最痛点”，切实落实计划，地方各级人民政府是责任主体。各地应针对自身的特点，根据计划提出的各项目标任务和工作要求制订出符合实际的实施方案，做到多措并举、定向施策、精准发力、标本兼治，并且向社会公开，接受全社会的监督。

祛除乡村教育“最痛点”，切实落实计划，经费保障是重要方面。中央财政会通过相关的政策和资金渠道，重点聚焦乡村教师。各地政府在执行计划当中，要提供财政保障，调整财政支出的结构，加大投入力度。同时，要制定严格的监管制度，规范使用，强化监督，坚决杜绝截留、克扣、虚报、冒领等违法违规行为的发生。

应当看到，计划的落实并非易事，需要教育、财政等部门协调共进，形成联动机制和工作合力。对工作不到位的情况要公开，对推动不力的地方政府和部门要追究责任。

强国必先重教，重教必须尊师。制定实施乡村教师支持计划，是党中央、国务院立足全面建成小康社会战略全局作出的重要决策和部署，是惠及广大乡村教师、惠及亿万乡村孩子的民心工程，是缩小城乡区域发展差距、逐步实现共同富裕的关键之举，对于提升教师队伍能力水平、促进教育公平、提高乡村教育质量具有重要意义。

一分部署，九分落实。只有让好政策真正生根、开花、结果，才能让我国 330 万乡村教师得到实实在在的支持和提升。

教学点：乡村教育的“神经末梢”

作为我国教育系统的“神经末梢”，在偏远的乡村，散落着一些教学点……

到底是应加大力度撤并，还是应适当恢复？教学点撤并如何兼顾公平和质量？关于这一问题的讨论仍在继续。

上课是教师，下课是厨师

每个教学点平均只有不到 11 个学生，不到 3 个老师，老师年龄结构偏大，大多数临近退休，教学方式陈旧单一……兰州市教育局的一份调研报告这样显示。

这不只是兰州一地的情况。记者走访湖南、河南等地农村教学点发现类似问题普遍存在，一些教学点甚至已经到了教师后继乏人的境地。

河南省济源市和平教学点、湖南省慈利县龙潭湾教学点均因为找不到新老师接任，不得不返聘已经退休的老教师继续从教。河南嵩县车村镇纸房教学点 3 名公办老师都已 58 岁。济源市农村教学点 56 岁以上的老师占到 34%。

河南教育学院教授徐玉斌认为，由于教学质量同城市差距不断拉大，村民对村小、教学点的态度已由“村村办小学”时代的大力支持变为不闻不问，有能力的家长都将孩子送走了，留在教学点的多是家庭困难的留守儿童，很多家长对教学点的期望仅仅是照看好孩子不出事就行。

教育部门“惜投”，师生加速流失

据甘肃省教育厅统计，截至2014年年底，全省共有空壳学校1180所，1人学校有219所，5人以下学校1073所，10人以下学校1892所。

随着城镇化加速推进，未来还会出现更多空壳学校，教学点的学生也将继续减少。据河南省教育厅统计，从2011年底至2014年底，平均每个农村教学点的学生数从166个下降为71个。

湖南省桑植县一所由省级部门援建的小学如今只剩下漂亮的教学楼，记者前去探访时，宽敞的校园里只有几名中年妇女在打牌，许多校舍已经被村支部、村委会占据。此前这里曾是一所完全小学。

“钱往农村投，人往城市流”，这导致各地对教学点的财政投入也存在矛盾心态，虽不会主动撤并，也不会大量投入。记者调研的地方教育部门对教学点，均以保障底线、维持现状为主，有限的教育经费和项目很少往教学点倾斜，基本上处于等待教学点自然消亡的状态。

根据规定，教学点不足百人按照100人核拨经费，乡镇中心学校不得以统筹的名义截留、挤占、挪用、克扣村小学和教学点公用经费。不过，记者采访了解到，在部分地区，这些经费并不能直接核拨到教学点，多由中心校统筹安排使用。

教育部门还规定，薄弱学校改造计划等相关义务教育项目资金，要优先用于解决村小学和教学点的办学困难。这一规定在一些地区同样难以落实。“全面‘改薄’资金缺口巨大，连那些成规模的农村小学都保证不了，怎么可能先改造教学点呢？”一位地方教育部门人士告诉记者。

徐玉斌认为，一方面，教学点规模小、投入成本高的低效率特征，影响了教育部门对教学点的支持力度；另一方面，简单的资金投入不足以改变教学点的教学质量，家长们“用脚投票”又进一步强化了教育部门“惜投”的心态，这一闭合的因果循环形成的离心力，使得师资、学生、资金都无可避免地选择逃离教学点，政策约束只不过暂时延缓了逃离的步伐，而不可能从根本上改变逃离的趋势。

“教学质量才是最核心的公平”

“教学点撤并实质上就是如何兼顾公平和质量的问题。”兰州市教育局局长何泳忠说。

受访的基层教育界人士认为，要提升农村教学质量，必须进行一定程度的集中，这又可能导致部分困难群众孩子上学难，甚至辍学，正是在兼顾公平和质量的问题上，教学点陷入了“食之无味，弃之不能”的尴尬境地。

“保证了教学点不等于保证了教学质量，教学质量才是最核心的公平”“农村教育最大的短板就是教学点，这个短板堵不上，均衡发展就难以实现”“教学点越多，义务教育均衡发展就越难”……

这些说法代表了不少基层教育人士的观点。他们认为，逐步减少教学点，对农村中小学进行适度超前的集中，形成一定的办学规模，整合资金集中投入，这样既能让学生享受优质教育资源，又能更好地整合配置资源，也有助于从根本上解决农村教育师资短缺难题。

如何防止教学点撤并过程中出现的上学远、上学难和辍学问题？一些基层教育人士建议，可以调整教育经费的使用思路，将分散补助到各个教学点的公用经费和项目资金集中使用，用于建设一定规模的寄宿制学校，聘请生活老师，将教学点的孩子集中到寄宿制学校读书，或者，将经费补助给家长，让其到乡镇中心小学陪读，这样可以实现资金、师资和学生

“三集中”，既实现公平，又保证质量。

湖南教育界一位人士算了一笔账：一个10人的教学点每年公用经费为6万元，这笔钱即使全部划拨给教学点使用，也无法吸引到优秀老师，更无法提升教学质量，留住农村生源。若将这10名学生集中到寄宿制学校，完全可以免除其寄宿费，并聘请到生活老师照看起居。

“与深山扶贫一样，投再多的钱，不如搬迁下来，这样孩子吃得好、学得好、睡得好，家长也满意。”湖南省桑植县教育局基础教育股股长朱先怀说。

受访基层教育人士还建议，在适度超前集中的基础上，也要保留一些必要的教学点，保障老少边穷地区贫困群众孩子上学的权利，并通过更大力度的倾斜政策，比如大幅度提高教学点老师的工资待遇等，吸引高素质人才到教学点任教，提升这些教学点的教学质量，防止剩下的教学点成为农村教育的“洼地”。

乡村校长筹钱记

“15厘米的进水管，25厘米的出水管，水池里怎么可能有水呢？永远是干的。”说起学校入不敷出的财务状况，乡村小学校长老韩十分头疼。

尽管国家对乡村教育的投入逐年增长，但是仍然有些地方不尽如人意，记者在调研中就发现了这样一位也许并非个例的乡村校长——老韩，一位一年到头四处筹钱的“愁”钱校长。他管理的寄宿制乡村小学，位于武陵山扶贫片区内的一个国家级贫困县，多年来一直负债运营。

经费少盘子大

老韩管理的是一所乡镇完全小学，6 个年级，2014 年一共 722 个学生，在编教职工 60 人。

多少学生，意味着学校有多少教育公用经费。2014 年中央财政上调了农村义务教育阶段学校公用经费财政拨款标准，中西部小学年生均 600 元。

每个学生 600 元，还得减去县教育局统筹使用的 10% 仪器费。"600 乘以 90%，再乘以 722，等于 389880"，老韩一口气算出这笔账，掰着手指头，没用计算器，却精确到了个位数，"因为这个数字每天都在脑子里打转，得精打细算。"

精打细算是因为"盘子太大了"——722 个学生 60 位教职工，这是一个严重超编的数字。

依据中央编制办、教育部、财政部下发的《关于制定中小学教职工编制标准的意见》，农村小学教职工与学生比例（师生比）标准是 1 ：23。在老韩的学校里，这一比例约是 1 ：12。

严重超编，首先是农村空心化的结果——物质条件的改善让越来越多的农村家长带孩子进城上学以追求优质教育资源；城乡教育质量"剪刀差"的客观存在，更导致农村学生大量流失。"我们乡这两年大概有一半的孩子去了城里上学。学生少了，但在编的老师没法清退。"

严重超编，也是个历史遗留问题。"过去，年纪大的、生病的都提前内退了。现在由于有要求，在职不在岗的又都清理了回来。"老韩说，除此以外，学校位于县城和山村之间的郊区，进不了城又不愿上山的老师，多年来积聚在此，形成了膨胀的"夹心层"。

这些老师平均年龄超过 50 岁，有的离开教学岗位多年，有的身患疾病、残疾，难以胜任教学工作。

“60 个人，上课的只有 40 几个。为了给其他人安排工作，我们学校现在有 5 个保安，还有人专门管牛奶，搞印刷。”老韩说，“虽然他们不是真正意义上的完全闲人，但清闲的工作还是引来一些老师不满。”

人多了，福利待遇、办公经费、取暖费、差旅费、水电费、培训费等各项支出自然水涨船高。

老韩说，假设按照 1 ：23 的师生比，公用经费方可恰好维持学校运转，“如今还差得很远”。

钱不够校长凑

更让老韩发愁的是，多一个编制，就多一个缺口。

依据公积金管理条例，教师的公积金由财政部门核定收支后，在预算或者费用中列支。然而，老韩学校所在的国家级贫困县，至今仍是举步维艰的“吃饭财政”，很难足额拿出这笔钱。

“2012 年开始，学校才通过自筹为每个教职工保障了每个月 50 元的公积金。到 2014 年，县财政才开始保障部分公积金。”老韩无奈地说。

公积金管理条例规定，“职工和单位住房公积金的缴存比例均不得低于职工上一年度月平均工资的 5%”。

这一规定，在这所学校所在的国家级贫困县是“缩水”执行的——教师公积金按照 5% 最低比例缴纳。由于财政困难，县里只保障基本工资的 5%，剩下的部分，也就是月平均工资减去基本工资的计数部分，需要各学校自筹。

“公务员和其他单位都是以平均工资总额为基数。所以剩下的 5% 不筹不行啊，老师们觉得不公平。”老韩说。尽管如此，老师们每月住房公积金也仅 100 余元。

除了住房公积金，学校自筹的钱还有医保门诊费、少数民族教师补贴等，平均算下来，每个老师一年大约需要 2000 元。

60 个教职工，“补缺口”的公积金加上杂七杂八的保险费、补贴费，需要 12 万元。依照规定，教育公用经费是不得用于人员经费的。换言之，这 12 万元涉及教师基本保障的钱，老韩得自个儿想办法筹。

“就这，我都使出吃奶的劲儿了。如果按本地最高比例 12% 缴公积金，我就得卖教学楼。”老韩说。

“挤一点，挪一点，讨一点”

无论是严重超编下的运转经费，还是学校自筹“补缺口”的工资，都不是最让老韩发愁的。

最大的“愁”，是硬着头皮替政府“开口子”的政策和摊派的任务“买单”。

2014 年，县委县政府决定对全县公务员、事业单位等进行年终绩效考核。

问题来了——县委县政府规定，年终绩效考核评定一、二、三档，各单位发放相应等级的年终绩效奖励，但是，人均数千元的绩效奖奖金，需要各单位自筹。

2014 年，老韩的学校年终考核绩效对应奖金是每人 4000 元。这意味着，他得想办法自筹 24 万元奖金。“公用经费不能用，食堂赚利润又违规，这么大一笔钱，我从哪儿变出来？”

不发是不行的。政府宣布了年终绩效考核评比结果，不少有创收效益的事业单位、稍富裕的乡镇政府都“各显神通”筹钱发了绩效奖，消息不胫而走。“人家都有，老师没有？期末考试老师连阅卷都不肯了。”

这并不是老韩一个人面临的问题，县里几乎所有农村校长都面临着“政府请客，学校买单”的尴尬困境——

作为公益性的、不创收的事业单位，贫困地区的农村义务教育学校几乎没有任何途径可以自筹数十万元的年终绩效奖金。

记者采访了解到，面对这样一个从天而降、不得不发的“发钱任务”，不少校长为了教师队伍的稳定，选择了明显违规的做法 —— 先挪公用经费，再“寅吃卯粮”赊欠下一年的公用经费。另一方面，同样缺钱的教育行政主管部门因为别无他法，对此多是睁一只眼，闭一只眼。

同样需要硬着头皮“买单”的，还有沉重的摊派任务。老韩举例，学校每年都接到从上而下一级级摊派的报刊订阅指标，要求每个老师缴费订阅，“怨声载道，到最后还是学校想办法凑钱完成任务”。

该县教育局一位干部告诉记者，“愁”钱校长老韩，甚至还不是县里财务最困难的农村校长，他管理的学校财务状况“处于中等偏上”。

事实上，这样的“愁”钱窘境，在记者走访的河南、湖南等地都不同程度存在。

这么多校长都在“愁”钱，钱到底是怎么筹来的？

答案复杂又心酸。记者走访中，一位基层教育干部坦言，绝大多数农村校长筹钱的办法是“挤一点，挪一点，讨一点”——学前教育经费结余里挤一部分，公用经费里挪一部分，社会捐赠里“讨”一部分。

“农村校长很多时候就是‘讨钱’校长。当上了，就开始‘愁’钱又筹钱了。”

山区教育“天井县”：“盼望政策阳光更多照耀我们”

桥东头和桥西头，教师工资差了千余元；相邻的两个县，贫困生补助比例翻了一倍多……

新华社记者就乡村教育调研时发现，在中、西部交界的山区，悄然出现“四周崛起，中间凹陷”的教育“天井县”，映照出一个令人忧心的问题：人口基数大、密度高、长期相对缺乏关注的中部地区，在东部资源汇集、西部政策利好的现状下，是否正逐渐成为农村教育的“洼地”？

20米小桥，划出农村教育贫富差

从长沙驱车7小时，穿过数座大山，才能到达位于湖南西南角的国家级贫困县——通道侗族自治县。这里地处武陵山、雪峰山两大山脉之间，是典型的“老少边穷”地区，也是武陵山片区扶贫攻坚的主战场之一。

通道县位于湖南、贵州、广西三地交界区域，与广西龙胜各族自治县、广西三江侗族自治县、贵州黎平县接壤。作为“九山半水半分田”的山区县，通道县产业基础薄弱，基础设施、公共服务水平落后。

牙屯堡中学，位于湘、桂、黔交界的核心区域，是通道县牙屯堡镇唯一一所乡村中学，有初中三个年级，708名学生中，汉族学生仅30余人，绝大多数是侗族，还有少部分是苗族。

从牙屯堡中学坐车到通道县城，需要一个多小时，但离贵州林溪中学仅40分钟车程。尽管“比邻而居”，但与三江县、龙胜县、黎平县相比，不少方面差别很大。

以教师待遇为例，牙屯堡中学的教师平均薪资在每月 2100 元左右，用校长吴必钢的话说：“2000 元工资，如果只在乡下住着不进城，还可以维持，但是不敢生病，病不起。”而在相邻各县，教师平均薪资至少高出千余元。

全国人大代表、通道县一完小校长蒙兰凤向记者举例：三江县沙宜村和通道县甘溪村相邻，两村之间架了一座不到 20 米的小桥，“桥东头和桥西头的两所学校，老师工资差了一大截”。

除教师待遇外，学生资助、补助情况也有较大差距。吴必钢说，这里的学生绝大多数家住侗寨，几乎都是留守儿童，“属于侗寨里面比较穷的家庭，勉强维持生活”。但国家财政发放的每年 1250 元贫困寄宿生生活补助费，学校只有 40% 的学生可以申领。

“真正需要这笔资助费用的学生比例在 80% 到 90%，所以只能‘轮流坐庄’，除了特别困难的，其余名额只能今年给你明年给我。”而据通道县提供的材料，在属于其他省份的相邻地区，这一项补助的覆盖比例是 100%。

另一项“差别政策”是学生营养餐。“有家长为了给孩子更好的教学资源，背着铺盖带着家当从大山里出来，把孩子送来县城读书。”蒙兰凤告诉记者，学生营养餐补助计划，通道县仅农村义务教育学校享受，而且广西等一些地区，这一补助是城市农村全覆盖。

“通道作为少数民族聚居区，整体来看就是一个大农村，在县城学校上学的孩子大多来自农村贫困家庭，却享受不到营养餐。”蒙兰凤说。

一线之差天壤之别　政策不均造就教育“天井县”

“政策阳光能不能更多照耀我们？”蒙兰凤、吴必钢等基层教育工作者不明白，“明明是紧紧挨着、‘山同脉、水同源、人同俗’的相邻县，为什么通道却成了被裹在中间的一个教育‘天井’，各种资源都是‘凹陷’的？”

湖南通道县、广西三江县和龙胜县、贵州黎平县基本县情接近，皆以侗族为主，均属武陵山连片扶贫开发地区。广西、贵州的三个县呈U字形环绕在通道县的东、西、南方向。截至2012年，通道县侗族人口比例最高。

通道县提供数据称，2012年该县GDP总量在四县处于末位，比其他三县均少10亿元左右；财政收入上，2012年其总收入、公共财政预算收入都处于末位。

记者了解到，尽管经济状况处于末位，但由于通道县没有被列入西部大开发等多项政策倾斜扶持范围，因此在扶持政策上与周边不少地区存在较大差距，教育领域尤其明显。

通道县教育局计财股股长莫政林介绍，武陵山片区农村中小学教师享受津贴，在湘西自治州这份津贴由省财政全额承担，而在通道县，省财政补助60%，县财政需配套40%。“上级政策要求教育配套资金比较多，2014年通道县本级财政配套906.1万元，仅这一项就占县本级财政收入的5%。”

湖南省教育厅教师处一项摸底调查显示，2015年湖南乡村教师人均月收入2483元，待遇低导致偏远乡村学校的教师流失严重，“贵州省的乡村教师待遇远高于湖南，湘黔交界处的怀化市等地，不少教师向贵州省所辖的附近学校流动”。

莫政林说，在学生补助方面，义务教育阶段家庭经济困难寄宿生生活费补助面存在较大差异。广西的民族自治县、边境县、国家级扶贫县补助面 100%，而通道县仅 40%。2013 年，通道家庭经济困难寄宿生有 7747 人，但得到补助仅 4471 人。

普通高中国家助学金补助面和县财政配套同样存在差异，莫政林说，广西上述县补助面 40%，且所需资金由中央和地方财政按 8 ∶2 分担，而通道县仅补助 30%，且分担比例为 6 ∶4。

事实上，通道县因受地域制约，家庭经济困难学生很多。如果依据城乡低保家庭幼儿、孤残幼儿、烈士等子女、父母丧失劳动能力幼儿、少数民族特困家庭幼儿等标准计算，通道县家庭经济困难学生人数占比达 57%。

另一个数据，或可侧面说明贫困生补助比例的不均衡：从农民人均纯收入来看，截至 2012 年，通道县处于末位，比三江县、龙胜县和黎平县分别低 1130 元、906 元、853 元。

教育“洼地”：“不东不西”的尴尬

教育“天井县”湖南通道，是中部地区教育现状的一个缩影，映照出一个令人忧心的问题：中部地区的义务教育，是否呈现出“不东不西”的尴尬现状?

在储朝晖眼里，答案是肯定的。他以义务教育经费保障机制为例告诉记者，西部经费是中央和地方财政 8 ∶2 解决，而在中部这一比例是 6 ∶4。“这种划分，是由行政区划来硬性划分的，一部分中部地区经费甚至比西部还紧张。‘洼地’确实存在，而且有一段时间了。”

华东师范大学教育学院与湖北省基础教育研究中心的一项研究指出，2012 年东、中、西部小学生人均教育经费支出分别为 9603 元、4166 元和 6061 元，中部地区仅为东部、西部地区的 43.26% 和 68.73%；人均教育财政支出方面，2012 年中、东、西部地区分别约为 900 元、1600 元和

1300 元，中部同样处于末位。

资源差距和政策倾斜的效果开始显现：发展水平落后于东部，增长速度落后于西部，中部地区正逐渐成为农村教育“洼地”。

中国教育科学研究院 2014 年 3 月发布的一份研究报告显示，全国 31 个省份教育事业统计数据和 2010 年 186 个区县校级调查数据表明，中部地区小学和初中均衡水平、教育发展水平增幅均低于东部、西部。

华东师范大学的研究则显示，中部地区教育行业年人均收入水平最低，在师资、办学条件等方面也落后于东部地区和部分西部省份。

事实上，近年来国家对中部地区教育投入逐年加大。随着中部崛起战略的提出，中部地区教育事业的发展得到更多关注与支持。

然而，与中部“掉队”的现状相比，任务仍然艰巨。

对此，储朝晖建议，破题“中部新洼地”的整体思路是实现义务教育公共服务均等化。“要把硬性的宏观区域划分，转化成对个体的关照。”实际操作中，他建议将行政区划进行细化，考虑到同省不同区县等具体情况。“对地区经济能力、发展现状的评估要更科学全面，多维度进行。”

还有受访专家及业内人士呼吁，扩大中部地区农村义务教育的补偿性政策覆盖范围，形成向中部倾斜的政策体系。例如，促进中部地区农村义务教育全面比照实施西部大开发等相关政策；中央财政予以中部农村义务教育重点支持，并适当降低地方政府配套比例；中部地区农村教师地方津补贴和“三险一金”实施中央专项补助等。

探访健康乡村守望者

导言　认识中国，从乡村开始

“乡村医生”调查，是“乡村中国三部曲”的第三部。

毫无疑问，乡村中国，是全面实现小康社会的短板，中国乡村不发生彻底改变，全面小康社会谈何变成现实?

可以说，不了解中国乡村，就谈不上了解中国国情。要认识一个真实、立体、全面的中国，首先要从中国乡村开始。

正是基于这样的理念，我们从扶贫（实质是收入）、教育、医疗三个方面入手，在2015年一鼓作气组织了三次大规模调研，深入中国乡村的角角落落，探访那些在黑土地、黄土地、红土地上默默耕耘的人们……

为了了解到最基层的情况，乡村医生小分队的同事们去了四川曾经的“麻风村”，探访在那里坚守31年的乡村医生，去了位于闽西革命老区长汀县大山深处的刘源村，那里的村医充满职业自豪感：“做乡村医生也能换来别的工作无法替代的成就感……”

上百万名乡村医生为百姓健康默默奉献，撑起了我国农村医疗卫生的一片天。然而身份尴尬、待遇偏低等问题，使乡村医生们普遍缺乏职业自信心。

分布不均、队伍不稳、水平有待提高……打造健康中国，须补乡村“短板”，进一步加强乡村医生队伍建设。

直面中国最普通的乡村医生

山道蜿蜒，鸟鸣声声。

当越来越多的人走出村落，走向繁华的都市，在大山深处，在广袤乡村，有一群人却必须始终坚守，支撑起乡亲们健康生活的希望。他们是我国人数超百万的乡村医生。

138.1 万人，64.9 万个村卫生室，乡村医生们组成了我国农村医疗体系的“基石”。如果说国家医疗保障体系是一张“网”，那么，深入到乡村每个角落，与广大群众距离最近、关系最密切的乡村医生便是处于“网底”的健康卫士。

新华社记者围绕乡村医生现状展开调查，走进一个个偏远村落，近距离接触那些最普通的乡村医生，探寻“健康乡村”发展之路。

坚守“麻风村”31 年：我愿在这里当一辈子村医

康福村并不康福。这个位于四川省屏山县夏溪乡境内的边远山村，三面环山，地势险峻，交通非常闭塞，曾是令人闻之色变的“麻风村”。从建村收治 86 名麻风病患，到最后 6 名感染者完全康复解除监测，一代又一代“抗麻卫士”经历了常人无法想象的艰辛，康福村医务室主任成斌就是其中一员。

成斌出生在夏溪乡建设村，与康福村仅一条西宁河之隔。1983 年 10 月，卫校毕业后，成斌到康福村卫生室成为一名乡村医生。“当时亲戚朋友都觉得，去那种交通闭塞、与世隔绝，又随时可能染上麻风病的村子当村医，简直是疯了。”成斌回忆说。

第一次穿上隔离服、防护鞋的成斌，被麻风病人的症状所震惊：口角歪斜、眼球突出、手指关节脱落，还有因为感染造成的反复溃疡发出的阵阵恶臭。那些天，成斌每天晚上都思来想去睡不着，暗下决心，要为病人解除痛苦，让他们过上正常人的生活。

31 年来，成斌和他的同事们坚持每天为每个患者检查一遍，送药到手、看服下肚；每周去一次村组给在家治疗的麻风病人发放药品，了解病情，填好记录；对屏山县 138 个麻风病患者疫情点分别进行 5 年到 10 年、两公里半径内的流行病学调查，他的足迹踏遍了大山深处的每一个角落。

成斌的腿上至今还有一道深深的伤疤。他还记得，那是多年前的一个晚上，山上病区传来呼救，有患者自杀了，急需抢救，他赶紧带领几位医务人员赶往病区。由于通往病区唯一的一条铁索桥被洪水冲毁了桥面木板，只能在黑夜中摸索着拗绳过桥，成斌不慎踏空，险些掉入 30 多米深的河谷，幸好被卡住双脚才幸免于难。

为了减少大家对麻风病的误解和敌意，他逢人就宣传麻风病的防治知识，利用每一个机会告诉大家麻风病不可怕。“慢慢大家了解了麻风病，我的工作就好开展了。”

成斌没有想过离开。他说：“我和这里的乡亲有感情，我愿意在这里当一辈子村医。”

在成斌和同事们多年如一日地不懈努力下，屏山县的麻风病防治工作于 2000 年通过国家验收，达到基本消灭麻风病的标准。2015 年，该县连续 7 年未发现麻风病新增疫情。

传染病防治是乡村医生的一项重要职责。从 20 世纪 60 年代以来，无数个“成斌”走村串户，洒消毒水、打预防针、管理病人、上报疫情。经过持之以恒、艰苦不懈努力，许多常见病、多发病、传染病、地方病，如天花、疟疾、头癣等，在乡村渐被消灭或控制。

闽西革命老区村医：做乡村医生也能换来别的工作无法替代的成就感

位于闽西革命老区长汀县大山深处的刘源村，只有一条蜿蜒十几里的山路通往最近的河田集镇。长期以来，附近数千名村民因为看病不便，很多老人患病后嫌麻烦拖着不治，最终耽误了病情。

1998 年，刘剑从南京铁道医学院临床专业毕业。当时村里的卫生院门诊点刚撤销，又没有村卫生所，他想到家乡近 3000 人的健康保障，就放弃分配到卫生院的机会，回到刘源村租房子办起了刘源村第一个卫生所。

通往河田集镇的路弯弯曲曲。刘剑已经记不清，自己在多少个晚上用摩托车带着突发疾病的村民往镇卫生院赶。

“好几次，村里孤寡老人和空巢老人突发重病，如果不是刘剑连夜骑摩托车赶去护理，老人肯定都不在了。以刘剑的业务水平，很多乡镇卫生院都想高薪挖他，但是他还是选择了留下来，”长汀县卫校校长郭伟说，“这几年，刘剑光是免费护送重症患者到上一级医院就医的，就达到 300 多人次。”

问起村民就诊情况，刘剑信手打开电脑，当天的十几条门诊记录跳了出来。点开其中一位82岁村民的就诊记录，老人的病史、历年就诊情况，甚至每次用药量和用药后的反馈都一目了然。

“十几年跟踪下来，我对很多村民病情的了解，比对自己亲人的还多。”刘剑笑称，一些常年卧床不起的老人，什么时候该用什么药，饮食起居有什么注意事项，他都记得一清二楚。

现在，刘剑不光承担了刘源村近2000人的日常诊疗和公共健康管理工作，也是隔壁长期没有村医的红中村居民的“健康使者”。

刘剑业余时间还不断自学，在2005年成了当时长汀县400多位乡村医生中为数不多的执业医师。2010年，他再次通过考试，成为一名内科主治医师，更是成了周围乡村医生中的“业务能手”。

“做乡村医生，需要耐得住寂寞，也需要提高水平，才能换来别的工作无法替代的成就感。走在村里，老乡看到我都是笑脸，觉得到我这儿看病放心，这是我留下来的最大动力。”刘剑说。

白发村医的故乡情：再累也不能退休

他瘦，高高的，头发花白，直挺地站着，套在身上的白大褂虽略显宽松但整齐干净，十几平方米的诊所就是他一生奋斗的战场。

他是辽宁省岫岩县兴隆镇五道河村的村医马启三。生于1938年的他，凭借“一根针、一把草”行医近60年，在一方十几平方米的小诊所中见证着乡村生活的变迁，守护着几代村民的健康。

“别着急，先坐下，号号脉。”时至今天，虽然诊所也有血糖仪、血压计等设备，77岁的马启三行医依然习惯于“望闻问切”的古法。治疗时，他也习惯开饮片方子，配置中草药药剂。“这些中医疗法都滚瓜烂熟了。

我相信老祖宗们的智慧。”

1956年，18岁的马启三向当时70高龄的老中医刘万祥拜师后，悉心钻研脉理、草药配置，学会了“看家的本事”。如今，手捧几卷纸张发黄的《脉经》，马启三依然可以倒背如流。“给人看病，要是自身功底不过硬，那不是拿人家的性命开玩笑吗？”

一个洗得褪色发白的药箱中，装着一把钢针、一个听诊器、几捆草药，还有记录着村民病情的本子。路况好的地方骑自行车，路况差的地区靠双腿，无论晨昏冬夏，近60年来，马启三夏天顶着酷暑蚊虫送医送药，冬天在没膝深的大雪地徒步跋涉，治好了无数人的“头疼脑热”。

铁打的诊所流水的村医。近60年来，村子里先后出现多名医疗人才，可都出于种种原因转行，只有越来越老的马启三始终在坚守。从风华正茂的青年到耄耋老人，马启三如今头发花白，打下手的只有72岁的老伴。“村里2000多名村民等着我看病呢，再累也不能退休。”

像马启三一样，当初从“赤脚医生”走过来的乡村医生年岁渐长，又找不到合适的年轻人接班，这已不是个案——老龄化已成为乡村医生队伍建设面临的普遍问题。

有鉴于此，来自宁夏的乡村医生、全国人大代表马玉花建议，建立规范的乡村医生养老保障制度，解决乡村医生的后顾之忧。

“蛇医”曾宪国：我们更应该与政府和老百姓一起想办法，要让每个人活得健康

“永州之野产异蛇：黑质而白章，触草木尽死；以啮人，无御之者。”柳宗元的《捕蛇者说》让不少人谈蛇色变。

与永州同处湘南的郴州同样有不少毒蛇出没。1997年夏天，郴州市永兴县黄泥乡一名30多岁的村民不幸被银环蛇咬伤致死。这个不幸却传奇地开启了邻村一名年轻村医的成长之路。

他叫曾宪国，20世纪90年代从永兴卫校毕业后，就在黄泥乡东泽村开了一个卫生室。

毒蛇伤人事件发生后，曾宪国得知他所在的永兴县及周边相邻的医院都没有开设蛇伤救治专科，历来蛇伤患者只有请当地草医治疗。即使幸运得救的患者也要长时间忍受痛苦的煎熬或最终出现不同程度的残疾。

为学习蛇伤救治，曾宪国利用业余时间大量阅读蛇伤专著，恶补中医、内科、外科、急诊科等知识，并上莽山、广州拜师求学。

曾宪国的蛇伤治疗技术逐渐形成了独特完整的体系，从蛇口中救下的人数以千计。当地人说，别的病人都是小地方治不了往大地方送，“只有被蛇咬伤的人，都不往大地方送，而只往曾宪国的诊所赶”。

2005年6月的一个凌晨，曾宪国接到远在60公里外的七甲乡清塘村打来的电话：有人被蛇咬伤，生命垂危。

从黄泥乡到七甲乡，有一半路程山高路险，一不小心就可能车毁人亡。在黑暗中开着摩托车颠簸两个多小时后，曾宪国终于赶到了被五步蛇咬伤已5个半小时的患者王玉宝身边。患者已经病情危急，出现了死亡率超过80%的弥散性血管内凝血。

曾宪国没有放弃。在经过长达23天的抢救治疗后，王玉宝终于痊愈。

曾宪国的名气越来越大，做的“分外之事”也越来越多。他自编了《蛇伤科普知识》小册子，印了5万多份，免费发放给邻近村的乡亲。后来，他又在互联网上忙开了，开通了“蛇医曾宪国”微信公众号，短短几天，已有超过1.2万人关注。他希望通过网络让自己的治疗惠及更多被蛇咬伤的村民。

2013 年 1 月 5 日，中央领导在中南海接见全国首届“最美乡村医生”代表。当被问到“你们最困难、最需要政府解决的问题是什么”时，曾宪国站起来回答：“是医疗风险。”他的发言引起在场 18 位代表共鸣。

“目前的医疗和社会保障体系确实还存在不完善的地方。作为医生，我们更应该与政府和老百姓一起想办法作贡献，尽快改变这种局面，让每一个人都活得健康，活得顺心。”如今，已成为县政协委员的曾宪国依然坚守在乡村医生的岗位上。

勇于创新、勤于思考，曾宪国是新一代乡村医生的典型代表，为浩大的医改工程提供了来自最基层的有力支撑。

“乡村医生是我国医疗卫生服务队伍的重要组成部分，是最贴近亿万农村居民的健康‘守护人’，是发展农村医疗卫生事业、保障农村居民健康的重要力量。”——《国务院办公厅关于进一步加强乡村医生队伍建设的实施意见》这样“定位”乡村医生。在数月的调研中，这些健康农村守望者的形象在记者脑海里日益丰满，生动鲜活。

无论是“麻风医生”成斌的投入还是老区村医刘剑的坚持，无论是“拒享清福”的白发医者马启三还是一路走在钻研和探索路上的“蛇医”曾宪国，尽管他们各有各的故事，但他们身上坚韧、执着、负责、忘我的共同品格，都在书写着乡村医生大爱无疆的人生篇章。

他们，同样需要被守望

小康不小康，关键看老乡。老乡要小康，离不开健康

64.9 万个村卫生室，138.1 万名乡村医生，是我国农村医疗体系的“基石”，是国家医疗预防保障体系的“神经末梢”。

2015 年以来，国务院办公厅印发多个文件，要求加强乡村医生队伍建设，推进分级诊疗制度建设。

乡村医生们的生活现状如何？有哪些“成长的烦恼”？……新华社记者深入四川、江苏、辽宁、湖南等多地乡村展开调研发现，作为健康乡村的守望者，他们同样需要被守望。

痛点一：收入低，乡村医生流失严重？

55 岁的黄爱民是江苏省盐城市大丰区新丰镇老墩村村医。在他 34 年的行医历史中，有着最风光和最难熬的两段经历。

“20 世纪 80 年代，当时还是工分制，我们村医和村干部同工同酬，一天能挣 10 个工分，村民们也非常尊重我，这是我当村医最光荣的时候；进入 90 年代后，村医的收入很大一部分来源于药品差价，最高达 40%～50%，收入还是比较可观的。”

自从 2009 年国家实行基本药物制度，取消药品加成后，黄爱民的收入被“砍掉”了一大半，一年下来收入不到 2 万元。

越来越少的病人加上巨大的收入落差，让很多乡村医生不得不放弃本行而另谋出路。

记者调研发现，乡村医生的收入主要由国家和地方的财政补助、基本药物补助、公共服务补助和诊疗费用构成。

“收入上不去，队伍就难稳定。”中国卫生医学会副秘书长王禄生指出。事实上，收入低已成为乡村医生流失严重的首要问题。

为切实解决村医收入低的问题，国务院办公厅2015年3月发布的《关于进一步加强乡村医生队伍建设的实施意见》明确提出，通过切实落实乡村医生多渠道补偿政策，提高艰苦边远地区乡村医生待遇等保障乡村医生合理收入。

“除了向国家‘要钱’，我们自己能做些什么努力？”2013年9月，盐城市大丰区卫生局局长徐向东带着当地村医开始了签约服务探索。

徐向东告诉记者，他们设计了适应不同需求的健康服务包，既有不收费的基础包，也有参照医疗服务收费标准明码标价的初级包、中档包、高档包，让农村居民自主选择购买。

“对于提供签约服务的乡村医生，承担的基本公共卫生服务年补助经费不低于项目总额的40%，承担的基本医疗和个性化延伸服务，在扣除直接成本后，收入大部分用于签约乡村医生的技术劳务性补偿。”江苏省卫计委主任王咏红说，签约服务能让提升村医收入和服务村民双赢。

“实践证明，这条路走对了！”徐向东兴奋地说。

统计数据显示，2014年大丰区村医平均工资为44163元，是全区农民可支配收入的2.69倍。现在，黄爱民的年收入达到5万元，外加企业职工养老保险、医疗保险、医疗事故责任险等保障，他对目前的生活状态十分满意。

2015年9月出台的国务院办公厅《关于推进分级诊疗制度建设的指导意见》也要求，建立基层签约服务制度，由二级以上医院医师与基层医疗卫生机构的医务人员组成团队，与居民或家庭自愿签约。

国家卫生计生委基层卫生司农村卫生处副处长陈凯表示，开展签约服务规范了服务行为，有效提高了健康素养，改善了农村居民的健康服务，对促进医改任务落实和分级诊疗制度建立等也起到了积极作用。

痛点二：“尴尬”的身份 —— 医生还是农民？

2015 年 66 岁的女村医吴德志已在沈阳市苏家屯区陈相屯镇丰收村从医 40 余年，至今仍是村里唯一的村医。虽然腿脚微恙，可她每天仍需劳作不休，因为退休后只能拿到微薄的养老金。

“村医过去叫‘赤脚医生’，现在叫乡村医生，但他的身份始终没有变，仍然是农民。”王禄生说，半工半农的身份，使村医陷入了“凡是对农民有的政策他就可以享受，凡是对农民没有的政策他就不能享受”的尴尬境地。

国务院办公厅的实施意见提出，各地要结合实际，建立乡村医生退出机制。确有需要的，村卫生室可以返聘乡村医生继续执业。同时要求加强乡村医生管理，由乡镇卫生院定期对乡村医生开展考核。考核结果作为乡村医生执业注册和财政补助的主要依据。

在江苏淮安市淮阴区，记者看到了在乡村一体化发展的框架下，当地村医的身份、考核、养老方式等正在转变。

功能齐全、装饰风格标准统一的村卫生室是淮阴乡村一体化给记者带来的第一感受。在淮阴区五里镇涧桥村，140 平方米的村卫生室布置得干净整洁，10 余名村民有序地等着看病拿药。

“这里相当于五里镇卫生院的一个派出机构，我们 3 个村医也是卫生院的派出人员，工作地点由卫生院调配，工资每月也是由卫生院按考核结果发放，卫生室里上至医疗器械、药品，下至办公用品、水电费都由卫生院统一负担。”涧桥村卫生室室长、51 岁的蒋大业告诉记者，虽然自己是村医，但在一体化管理下，能和镇卫生院里的医生享受同样的待遇，包括养老保险、医疗保险等。

蒋大业说，现在每月收入稳定，有更多时间可以做公共卫生服务。另外，有了养老保险，退休后每月能拿到近 2000 元的退休金，这个钱数还会逐年上涨，这使他不再为退休而担忧。

在一体化管理下，多位村医担心的医患纠纷问题也将得到解决。记者了解到，由于村卫生室的法定代表人由乡镇卫生院院长担任，一旦在卫生室出现医疗纠纷，将直接由法定代表人出面解决。此外，乡镇卫生院为村医缴纳的医疗事故责任险也能发挥一定作用。

江苏省卫计委基层卫生处处长姜仑告诉记者，江苏省按照万分之十三至万分之十五的比例选择有资质的村医纳入乡镇卫生院的事业编制，这让村医们更有干劲。

痛点三：前途“迷茫”，“成长的烦恼”如何解？

2015 年分配到四川省荥经县农村的农村医学专业定向培养学生王姗姗并不愿扎根在这里。在她看来，村医这个职位没有太多的发展前景和上升的空间，还是希望继续学习以求更好发展。

王姗姗的担心折射了当下我国村医队伍“青黄不接”的尴尬。

记者在调研中发现，由于工作环境差、工资低、养老难等问题，我国乡村医生流失严重，白发村医往往“退而不休”；加之晋升通道不畅，发展前途“迷茫”，这一岗位对年轻人的吸引力日益减少。

荥经县所在的雅安市属经济欠发达地区，辖区总人口 154 万，农村居民占 122 万人，行政村逾 1000 个，应设村卫生室 872 个，已配备村医 503 人，缺口 369 人。

“为了解决缺口，我们曾采取过直接考核招聘、考试招聘相结合的方法专门给乡镇卫生院增加编制。后来发现一些招来的人吃不了苦，待了三五个月就跑了。”雅安市卫计委主任李志强无奈地说。

“要想解决人才的问题需要有长久之计，但绝不意味着把门槛降低。”王禄生认为，乡村医生的门还是要“严进”，保证进入的人具有一定的专业学历，具备考执业助理医师的资格。

统计数据却不太乐观：全国村卫生室从业的 138.1 万人中，具有全国统一考核的执业（助理）医师资格的只有 29.1 万人。

村医们也因“难度过大、与实际工作脱节严重”对该项考试抱怨颇多。

为优化乡村医生学历结构，国务院办公厅的实施意见明确，除了实施订单定向培养外，还要加强继续教育，鼓励符合条件的在岗乡村医生进入中、高等医学（卫生）院校（含中医药院校）接受医学学历教育，提高整体学历层次。

除了严格落实好国务院办公厅发布的关于乡村医生队伍建设、推进分级诊疗制度建设的意见外，北京中医药大学法律系教师邓勇希望，日后能有更具体的政策细则为乡村医生继续送上“定心丸”。“这样才能让这些用双脚丈量着担当与责任，用双手守住一片村民健康‘绿洲’的农村健康‘守望者’有更多欢笑，更少悲忧。”邓勇说。

七旬老村医的身份之惑

“我到底是农民还是医生？”

71 岁的村医路政文至今还在村卫生室坚守着。

这个初中毕业后就到村里当卫生员的老人，已经超期服役了 6 年。

“一旦退休，就只能和普通农民一样每月领六七十块钱的养老补助。”在四川省平武县平通镇牛飞村卫生室，路政文正在给两名和自己差不多年纪的老人量血压。或许是长期从医的缘故，老村医身体硬朗。和 45 年前穿着粗布衣裳行医不同，他如今更喜欢穿着白大褂给村民看病，衣服洗得干干净净，高大的身材把白大褂撑得有棱有角。

20 世纪 70 年代，初中毕业的路政文成了村里拥有“最高学历”的人，在县卫校接受短期培训后，他成为一名“赤脚医生”。当时，正处于“赤脚医生”的鼎盛时期，能够背起药箱行走乡间，几乎和参军当兵一样光荣。“那个年代，只有根正苗红的贫下中农才能当‘赤脚医生’。”1970 年的国庆节，挎着医药包的“赤脚医生”方队走过天安门接受了国家领导人检阅。

“地位不比村干部低，靠行医挣工分，每月还有几元钱的补助。”说起最风光的那段经历，老人眉梢带笑。

和亿万农民一样，“赤脚医生”的命运也和国家的土地政策密切相连。1984 年，随着家庭联产承包责任制的实施，路政文的身份真正回到了“半农半医”。“一边从医，一边下地干活，一大家人要指着地里的产出过日子呢。”离开了村卫生室，路政文在家开办了诊所，那时还可以靠卖药挣钱，每年诊所的收入也是一个不小的数字。

5年后，大儿子路安亮从部队退伍回乡，路政文劝儿子接班当村医，谁料儿子嫌村医执业风险大，去了镇上的畜牧兽医站当了兽医。当时这对路政文是个不小的打击。然而，也正是儿子这次有违父命的选择，让他日后备感庆幸。2005年，《国务院关于推进兽医管理体制改革的若干意见》颁布实施。2009年，路安亮通过考试被纳入事业单位编制，有了和当村医的父亲不一样的“身份”，如今每月能领到2500元的工资。

2012年，关闭了自家的诊所，路政文再次回到村卫生室工作。和当年一样，村卫生室不再靠卖药看病挣钱，主要为村民提供基本公共卫生服务和一般诊疗，路政文的工作重心也变成了为村民进行健康管理，从治疗为主转向防治结合。他们的收入主要依靠政府补助，一年有两万多元。

然而，路政文到此时依然是一个普通农民，那种和一般村民不一样的“身份”诉求愿望仍未实现。此时，一个“身份”的认定，对于68岁的路政文来说，除了心理慰藉，也意味着退休后生活能够有保障，不给子女添麻烦。“干了一辈子村医，再怎么也算是技术人员，临了也就是想有一个更好的养老保障。”

儿子没有从事乡村医生让路政文五味杂陈，外孙何小聪如今却准备接过外祖父的小药箱。18岁的何小聪现在成都中医药大学附属医院针灸学院村医班就读。为破解村医队伍当前面临的断代问题，平武县按照本地优先的原则，选送50名当地初高中毕业生到村医班学习，在校期间所有费用由政府买单，条件是毕业后要在当地村卫生室至少服务8年。

在牛飞村卫生室的院子里，何小聪手上拿着一本路政文推荐的《易经》。他不用考虑外祖父一直担心的身份问题。在村医班学满3年毕业后，何小聪将回到牛飞村卫生室工作，但那时他是作为乡镇卫生院聘用的工作人员在村卫生室执业，由乡镇卫生院发放工资，缴纳五险一金。

“农村人和城里人都统称城乡居民了，再在乎身份还有什么意义呢。”何小聪说。

让乡村医生更有自信地工作

上百万名乡村医生为百姓健康默默奉献，撑起了我国农村医疗卫生的一片天。然而身份尴尬、待遇偏低等问题，使乡村医生们普遍缺乏职业自信心。

记者采访发现，很多老村医目前仍是农民身份，难以通过考试获得执业医师资格证，也没有纳入卫生系统管理，让他们觉得身份尴尬、地位低下。据湖南省卫计委介绍，2015 年，湖南近 90% 的乡村医生不具备报考执业（助理）医师资格。

湖南一位乡村医生告诉记者，由于没有身份认定，也不具备报考执业医师资格的条件，村民一直视村医为“土郎中”，这让村医看病时少了“底气”，多了担忧，主要担心发生医疗纠纷，自己不仅赔不起，还可能陷入“非法行医”的困局。

记者发现，乡村医生普遍是农村老的“赤脚医生”转变而来，没有正式编制、待遇不高，年轻人基本不愿投身此行，乡村医生正面临队伍后继无人的局面。

很多乡村医生身兼数职才能勉强为生。记者在湖南邵阳、岳阳等地采访发现，一些乡村医生除了治病救人，还要干农活、做散工才能养活一家人，严重影响医疗服务质量。

要提高乡村医生的工作积极性，稳定和发展乡村医生队伍，就应解决其身份、待遇等问题。

首先，一个合法、合理的身份可以给乡村医生莫大的鼓舞。卫生行政主管部门可以探索将乡村医生纳入卫生系统进行统一管理，由乡镇卫生院与乡村医生签约，根据服务人口计算其工作量，将有能力的乡村医生纳入乡镇卫生院编制，给予相应的保险和养老待遇，保障其收入。

其次，建立完善的乡村医生退休、养老机制，落实乡村医生养老政策和退休待遇，妥善解决好老年乡村医生的养老保障和生活困难问题，解决乡村医生的后顾之忧，让乡村医生能安心扎根基层。

最后，偏远地区农村卫生事业发展水平较低，偏远地区卫生工作人员极不稳定。政府应根据实际需求，按照分类核定、定编不定岗的原则，为偏远地区乡镇卫生院适量增加补助事业性质的人员编制。

打造“健康中国”需补乡村“短板”

分布不均、队伍不稳、水平有待提高……新华社记者深入湖南、四川、江苏等地农村调查发现，打造健康中国，需补乡村“短板”，进一步加强乡村医生队伍建设。

据国家卫生计生委统计，2015年在我国58.9万个行政村64.9万个卫生室的从业人员共138.1万，2013年诊疗人次达20.12亿，占全国医疗卫生机构总诊疗人次的27.5%，他们还承担了40%左右的儿童保健、孕产妇和老年人健康管理等国家基本公共卫生服务。

乡村医生被称为农村居民健康“守门人”，产生于20世纪50年代，承担着农村居民一般常见病、多发病的初级诊治和基本公共卫生服务工作。

近年来，随着农村经济社会快速发展，乡村医生的服务能力与农村居民日益增长的医疗卫生服务需求不相适应，农村卫生基础薄弱的问题逐步显现。

“全面建成小康社会，短板在农村；打造健康中国，短板也在农村，我们亟须补课。”中国卫生医学会副秘书长王禄生说。

统计显示，尽管近年来乡村医生整体学历水平不断提高，但仍有 41% 的村卫生室人员不具备中专及以上学历，绝大多数难以通过现行的执业医师或执业助理医师资格考试。

记者在调研中还发现，由于乡村医生的培养渠道不够健全，各地乡村医生补偿政策落实情况差异较大，对年轻卫生人才缺乏吸引力，乡村医生年龄老化问题突出。

推进签约服务、实行订单定向培养……近年来，我国积极采取措施，加强乡村医生队伍建设。

2015 年 3 月，国务院办公厅印发《关于进一步加强乡村医生队伍建设的实施意见》，提出落实和完善乡村医生补偿、养老和培养培训政策，基本建成一支素质较高、适应需要的乡村医生队伍。

国务院办公厅印发《关于推进分级诊疗制度建设的指导意见》，提出到 2017 年，分级诊疗政策体系逐步完善，以全科医生为重点的基层医疗卫生人才队伍建设得到加强。

国家卫计委有关负责人表示，下一步，将督促各地认真贯彻落实文件精神，切实落实乡村医生多渠道补偿政策，保障乡村医生合理待遇，并坚持以地方为主尽快完善乡村医生养老政策，夯实农村三级医疗卫生服务网的“基础”。

请为乡村健康“守护人”撑起“保护伞”

打造健康中国，离不开乡村医生的默默奉献。他们是亿万农民的健康“守护人”。

从20世纪50年代的“赤脚医生”到现在的乡村医生，即使在最边远的山区，也有“最美乡村医生”在坚守，就像坚守麻风村31年的乡村医生成斌、从医近60年仍拒享“清福”的白发村医马启三……他们始终和农民生活在一起，血脉相连，情感深厚。然而，这些年来收入偏低的现实、“半医半农”的身份和对于发展空间的迷茫，导致一些地方乡村医生人才流失，队伍发展青黄不接，农村医疗卫生水平提升缓慢。

亿万农村居民的健康需要大批合格的乡村医生守护，国家医疗卫生体系需要有坚实的基层支撑。给繁星般散落在乡村的百姓健康“守护人”更多关心、关爱、关怀，为他们送上执业“定心丸”，撑起“保护伞”，使乡村医生人才留得住、队伍能发展，是全面建成小康社会的时代呼唤。

这把“保护伞”应能对症地治疗乡村医生们的“痛点”，比如切实落实好多渠道补偿政策，提高乡村医生的待遇；比如探索将乡村医生纳入卫生系统统一管理的办法，逐步解决他们“半医半农”的身份尴尬；比如通过定向培养、继续教育等方式，给他们提供学习成长的空间……

后记

穿越重重现象“迷雾”
——极度调查求解“中国策”

李斌

这是一本有问题、有现场、有思想、有建议的深度调查报告集，绝非浮光掠影之作。

——问题，是调研的出发点。比如：中国肿瘤防控现状究竟怎样？是否应该向肿瘤“宣战”？水安全问题究竟怎样？股市究竟应该向何处去？中国高铁十年路，到底给中国社会带来怎样的影响？……在这本书里，正是带着这些问题，我们遍访各方人士，寻找答案。

——百闻不如一见。现场调研，是任何其他形式的调研无法替代的，因为现场真实，真实的东西，最有冲击力、感染力。

君不见，四川省大凉山区美姑县拉木阿觉乡马依村村民尔日书进的家——漆黑的土墙，破旧的木门，屋子分成两半，左侧是牛圈，右侧是人住的地方，借着手机光亮才能看到床铺；君不见，在邢台柏乡县西汪乡寨里西村，由于地下水超采严重，地里出现了裂缝，54 岁的村民路海素追着记者去她家看看：“2006 年发现房子开裂，我们翻盖了两次，但是翻盖后还是裂。这两年裂缝越来越大，晚上睡觉都能听到裂缝声。”

——有思想，就是不人云亦云，而是或消化吸收，或兼收并蓄，归纳各方意见予以提炼新的理念、新的概念，帮助人们进一步认识事物的本质。

——有建议，就是针对现实问题提出可行性政策建议，为未来指明方向，也可以说是一种“中国策”。

有人说，新闻是易碎品，但是一些资深新闻记者并不局限于所见所闻，他们“穿越新闻”“穿越时空”，从散落零碎的新闻现象中总结、归纳、提炼出一些规律，道人之所未道，言人之所未言，从而超越了简单的新闻报道，具备一定的思想力、预见力，成为某一个方面的专家甚至未来学家、趋势预言者。

外国许多刊物和报纸的资深记者，就是走的这样一条道路。

远的，为人们所熟知的写有《红星照耀中国》《为亚洲而战》等书的埃德加・斯诺不说，近的，就像《世界是平的：21 世纪简史》一书作者托马斯・弗里德曼，曾担任《纽约时报》驻黎巴嫩的采访主任，专事报道中东问题，出版过《从贝鲁特到耶路撒冷：美国记者中东见闻录》《凌志车与橄榄树：理解全球化》等书，曾 3 次获得普利策奖，早就是美国公认最有影响力的新闻工作者。《世界是平的：21 世纪简史》一书出版后影响力更是大增。还有《失控：机器、社会与经济的新生物学》《必然》《技术想要什么》等书的作者凯文・凯利，曾是《连线》（Wired）杂志创始主编，还当过《全球评论》《信号》《全球概览》的编辑和撰稿人，文章在

《经济学人》《纽约时报》《时代》周刊、《科学》杂志等重量级媒体上广受赞誉。

这些人之所以超越新闻记者的职业，一个重要原因，就是在“极度调查”后——埃德加·斯诺深入中国战区包括多次前往延安、广泛采访中国共产党领袖和普通民众，才写出了轰动西方世界的著作，揭示了中国抗战的真相，指明了中国的希望在延安；托马斯•弗里德曼则是深入世界各地、归纳出“抹平世界的十大推动力量”，告诉人们迅猛发展的科技给世界带来了什么；凯文·凯利在互联网、大数据等现代技术的世界里遨游，提出技术是植物、动物、原生生物、真菌、原细菌、真细菌等 6 种生命形态之后的“新一种生命形态”等创新观点。

他们的一个共同特点，就是超越现象，去思考“世界”“生命”“技术”等基本问题，而成为新理念的提倡者、新思想的总结者。

在中国，这样的例子也不少，“出身”新华社的就有著名策划人王志纲、财经作家吴晓波、传统历史文化保护专家王军等。

这本名为《极度调查——告诉你一个“立体中国”》的书，在某种程度上也在做类似的尝试，从不同侧面尝试告诉你一个全面、真实、立体的中国，从资本、交通、生态、健康、网络等不同领域探讨“中国策”。

参与这些调研的同事，有的本身就是作家或者说人文历史学者，比如牵头中国高铁社会调研的刘诗平就出版了《洋行之王》《汇丰帝国》等著作；还有一些是在某一个领域耕耘多年的资深记者，如交通领域的齐中熙、樊曦、赵文君，证券领域的赵晓辉、潘清、陶俊洁、刘开雄等人。

王敏牵头的“电商痛点”等重大调研数易其稿，无怨无悔；王宇、于文静、熊争艳等牵头了直面“水困局”调研，杨步月、王思北、吴晶、吴小军、胡浩等完成了中医药调研，李柯勇、刘诗平、王清颖协调近10个分社完成了扶贫调查，袁汝婷、李亚楠、丁静、顾瑞珍、刘奕湛5人共同完成了乡村教育大调查……不一而足。

——每一次“极度调查”，都是一次全面调查，告诉人们要全面客观地看待一个现象、一件事物。

习近平总书记在党的十九大报告中指出，推进国际传播能力建设，讲好中国故事，展现真实、立体、全面的中国。

真实、立体、全面，从何而来？就要跳出现象看本质，就要“兼听则明”，就要多信源、多方听取各方的意见……

每次调查都是一次体力、脑力的高强度训练，既要行万里路，也要读万卷书，反复研讨资料，平衡各方观点，比如提“恢复高铁设计时速”，我们既说了正方观点，也说了反方观点。

互联网寡头现象的探讨，更是如此。

“正方”代表、聚美优品CEO陈欧认为，在寡头时代，如果你是别人的子集，会很难受，更可怕的是资本注入，就会带来恶性竞争。工商总局相关人士表示“市场占有率决定了话语权，容易造成店大欺客现象。监管部门一定要深入研究，防控系统性风险”。

“反方”代表、《创业家》董事长牛文文认为“并不会形成寡头格局”，因为资本和技术是逐利的、流动的，只有行政垄断会形成真正的垄断，但在电商行业，行政垄断并不存在，资本喜欢逐利，而寡头的增长相对慢，所以资本会去寻找别的势力，培育新的创新力量。真格基金创始人徐小平也认为，“对于中国互联网，我最担心的不是来自市场的寡头垄断，而是非市场因素。竞争者不断涌入，就会形成巨大的创新效应。”

互联网寡头现象的例子，就是告诉大家要注意全面、客观、立体地看待一个事物。

—— 每一次“极度调查”，都是一次焦点调查，聚焦痛点、焦点甚至燃点。

2014 年，近一年的时间里，创业板平均换手次数高达 11.08 次，很多股票日换手率 40% 甚至 50%，这意味着一天之内近一半股票完成换手。

“新庄股时代”专题调研就聚焦“庄股”魅影，告诉人们“操纵行为却如影随形，从未离开”的现实，并直指若隐若现的“操纵之手”，直接分析“上海新梅”“永泰能源”等上市公司股票，并就并购重组失败概念股、故弄玄虚的“科技”题材股、越减持越涨的股票等股价离奇的股票进行分析，用业内人士的话说出实情的真相——当前的 A 股市场是“大魔小魔共舞的名副其实的‘新庄股时代’”，“近些年的庄股，可以称之为‘阴庄’，联合坐庄的机构相对小但数量多，参与人数众多且分散，以‘信息操纵’为主”，并将坐庄操纵分为内外勾结型、投资者主导型、上市公司主导型三大类型，不可谓不犀利和尖锐，不避锋芒。这样的焦点，揭开了中国股市的“面皮”。

每一次重大调研，都聚焦焦点、痛点、难点，如《电商九大痛点：还要“痛”到何时？》聚焦低价文化、恶性竞争、假货帽子、诚信危机、税收漏洞、创新之困、监管之痛等九大痛点一一进行梳理。

——每一次“极度调查”，都是一次趋势调查。

究竟怎样描述高铁对中国的影响？

“高铁时代”用得太多太烂。苦思冥想之中，忽然灵光一闪：既然有“汽车社会”，那能否提“高铁社会”？

查资料，“汽车社会”有几条标准，包括每百户居民汽车拥有量达到20辆以上，汽车对经济社会产生巨大影响，改变城市结构以及人们的消费方式和生活方式等。又查资料，居然有一门学问叫“交通社会学”，于是打电话给某大学交通社会学教授，对方刚开始说没有听说过这个概念，后来就给对方讲几个指标：高铁已覆盖28个省份，4小时高铁圈覆盖约10亿人口，当年末将基本覆盖50万人口以上城市，全年动车组运送超过8亿人次，高铁今天对中国社会的影响已经很深……专家们不仅认可，后来对“高铁社会”的解释比我们更到位、更专业。

“高铁社会”描绘了一种高技术带来的经济社会发展趋势：真正的“朝发夕回”，真正的车轮上的国家。

面向未来，是这些“极度调查”的一个特点，类似“高铁社会”这种代表趋势的调查，还有“旅游社会”“活水中国”等，这些新理念描述了经济社会发展新趋势，告诉人们一个更加可知可感、更加光明的中国。

再以快递调研为例：2014年快递企业新建5万个农村网点，覆盖全国乡镇的48%，意味着全国34170个乡镇中，一半都有了快递员的身影。而国家邮政局、商务部联合发布的指导意见提出，到2020年我国要基本实现“乡乡有网点，村村通快递”……一个“快递中国”的雏形已经呈现在人们面前，加速形成的“快递化”的中国，改变了无数人的生活。

看全面、看焦点、看趋势……期待这本在汇编基础上再度“二次创作”、尝试提升的小书，带人们走进中国这个文明大国、东方大国、负责任大国、社会主义大国，感知一个更真实全面立体的中国、一个能够“看到”趋势和未来的中国。

这本书是集体智慧的结晶。感谢一次次指导调研的新华社各级领导，和“参战”同事们！

感谢红旗出版社，让这些已经淹没在信息海洋中的调研报道，有重新焕发生命之光的机会……

我们也在内心存一个小小的奢望：希望从这些作者中、从中国新闻人中诞生中国的托马斯·弗里德曼、凯文·凯利——那种真正跳出现象“迷雾”、能够感知和看见未来的守望者、眺望者……